**탄핵,
헌법으로
체크하다**

탄핵, 헌법으로 체크하다

FACT CHECK

JTBC 팩트체커 오대영 기자 외

반비

추천의 말

JTBC 뉴스룸 「팩트체크」의 네 번째 책이다. 당초 이 코너를 매일 하자고 했을 때 팩트체커였던 김필규 기자를 포함해 제작진들이 지었던 난감한 표정을 기억한다. 그러고 나서 벌써 3년째다. 절대로 못 할 것 같더니 그 긴 시간을 매일 해왔고, 방송 프로그램의 한 코너로서는 매우 드물게 꾸준히 책으로 만들어 벌써 네 번째를 맞고 있는 것이다.

변화도 있었다. 팩트체커는 오대영 기자로 바뀌었고, 이른바 창업 멤버였던 작가진에도 새로운 얼굴들이 보인다. 오대영 기자와 함께 진행하는 앵커도 내가 아니라 안나경 앵커다. 뉴스 운영상 어쩔 수 없는 측면이 있었고, 나도 서운함이 있었지만 지금 곁에서 보고 있으면 좋은 선택이었다는 생각이 든다. 김필규 기자와 내가 진행했던 1기 팀에 비해 오대영 기자와 안나경 앵커의 2기 팀의 특징은 한마디로 '진지함'이다. 오대영 기자의 캐릭터에 영향 받은 바가 크겠지만, 안나경 앵커도 그 경력에 비해 때로는 좀 지나치다 싶을 정도로 진지한 면이 있다. 물론 가끔씩 「소셜 라이브」에서는 전혀 다른 유쾌함을 보여주기도 하지만…….

그런데 「팩트체크」가 보다 진지하게 변화한 데에는 비단 진행자들의 캐릭터만 작용했던 것은 아니다. 「팩트체크」를 둘러싼 여러 가지 환경도 분명 영향을 끼쳤다. 우선 2기 오대영 체제로 들어선 지 얼마 안 되어 박근혜-최순실 게이트가 터졌다. 뉴스룸이 최순실의 태블릿 PC를 최초로 보도하면서 한국 사회는 거대한 소용돌이 속으로 들어가기 시작했고, 그날 이후 매일 새로운 사실과 그에 대한 논란이 쏟아져 나왔으므로, 「팩트체크」는 자연스럽게 그 소용돌이 속으로 들어가게 되었다. 그 속에서 팩트와 거짓, 의혹과 주장을 걸러내는 역할을 떠맡게 된 것이다. 게다가 우리가 모두 아는 것처럼 대통령 탄핵 국면으로 들어가면서는 온갖 가짜 뉴스들이 범람하고 그것이 실제로 일부 지지 세력에 영향을 끼치기 시작했으므로 팩트체크의 필요성은 더 커지게 되었다.

이러한 과정에서 무엇보다도 팩트체크팀이 몰입할 수밖에 없었던 것은 '헌법의 문제'였다. 생각해보시길. 박근혜-최순실 게이트의 가장 핵심은 헌법을 위반했다는 것이고, 결국 대통령 탄핵이라는 역사적 귀결을 결정지은 것도 헌법재판소였다. 대통령 탄핵 과정에서 가장 많이 운위됐던 것이 바로 '헌법'일 수밖에 없었다. 너무 자신감 넘치게 말할 수는 없지만, 아마도 JTBC 뉴스룸의 팩트체크팀이 이를 위해 헌법을 들여다보고 공부한 양은 웬만한 헌법학자 다음쯤 될 것이다. 그래서 좀 용기를 낸 것이 이번의 네 번째 책인 것이다. '너무 자신만만한 것 아니야?'라는 생각이 드실지도 모르나 「팩트체크」답게 딱 공부한 만큼, 그리고 꼭 현실에서 벌어진 정치 현상에 적용할 수 있을 만큼만 내놓았으니 안심하셔도 될 것 같다. 무엇보다도 이 책은 2016년과 2017년 사이 한국에서 벌어졌던 엄청난 정치적 사건의 흐름을 그대로 담고 있다는 점에서 하나의 정확한 기록서로 평가받을 만하다.

본 방송뿐 아니라 페이스북의 「소셜 라이브」까지 준비하는 격무 속에서도 지금까지 나온 세 권의 책과는 또 다른 버전의 '팩트체크 북'을 만들어낸 '팩첵팀'에게 박수를 보낸다. 팀 리더인 오대영 기자는 전임이었던 김필규 기자의 그늘(?)을 완전히 벗어나 자신만의 영역을 이뤘고, 창업 멤버인 임경빈 작가는 여전히 팀의 활력소이며, 새롭게 합류한 배준, 오지현, 민소영 작가들도 늘 믿음직하니, 바라건대는 다섯 번째 책도 세상에 나오길······.

2017년 3월
손석희 JTBC 보도 부문 사장

책을 펴내며

　팩트체크는 유력 인사의 발언이나 사회 현상이 사실인지 거짓인지를 판별하는 저널리즘의 한 분야다. 그리고 헌법은 우리 삶을 결정짓는 최상위 규범이다. 팩트와 헌법, 그래서 이 둘은 무척이나 닮아 있지만 동시에 전혀 다른 공간에 있기도 하다. 팩트가 '맞다 VS 틀리다'의 영역이라면 헌법은 '옳다 VS 그르다'의 차원에 속한다. 헌법이라는 틀을 기준으로 팩트를 체크한다는 것은 어떻게 보면 적확하지 않을 수 있다.

　그러나 2016년 11월부터 2017년 3월까지 4개월간 우리는 '팩트체크×헌법'이라는 콜라보를 시도했다. 사실인지 거짓인지를 따지는 것은 물론이고, 옳은지 그른지까지 한 걸음 더 들어갔다. 팩트체크의 본령인 '사실 검증'을 넘어 '당위성 검증'까지 했으니 팩트체크의 진화라면 진화이고, 일탈이라면 일탈일 수도 있다. 그 진화와 일

탈은 시대적 요구였다. 대통령을 둘러싼 의문들이 쏟아지는 위중한 정국에서 단지 사실 확인에만 머무를 수 없었다. 사실이 곧 옳음은 아니기에, 헌법적 판단을 한 번 더 거쳐야 했다. 언론인으로서의 사명이기도 했지만, 동시에 국민 한 사람으로서의 책무였다. 그래서 지난 4개월의 여정을 굳이 표현하자면 팩트체크라기 보다는 '헌법체크'였다.

　"한 주간 고생 많았다! 다음 주에는 헌법 이야기 안 했으면……." 2016년 11월 3일 팀 메신저에 이런 글을 올렸다. JTBC 특별취재팀의 최순실 태블릿 PC 보도로 국정농단이 수면 위에 드러난 지 열흘째 되는 날이었다. 그때만 해도 이 사태가 100일이 넘도록 이어질 줄은 몰랐다. 그러나 돌이켜보니 그날은 서막에 불과했다. 이후 팀원들은 대학 도서관에 쭈그리고 앉아 서가에 꽂힌 헌법학 원론 책을 모조리 뒤져야 했다. 팀장인 나는 아침저녁으로 헌법학 교수들과 통화하는 게 일상이 됐다. 밥 먹고 커피를 마시면서도 우리는 헌법을 이야기했고, 헌법의 가치가 무엇이냐를 놓고 거칠게 논쟁하다 서로의 마음에 상처를 입히기도 했다. 며칠 만에 끝날 줄 알았던 팩트체크와 헌법의 협주는 가을에서 겨울로, 겨울에서 봄으로 계절이 옷을 갈아입는 동안 계속되었다.

　나는 헌법 전문가가 아니다. 부끄러운 고백을 하나 하자면 '정치'와 '법조' 기자로 10년 넘게 일하는 동안 헌법을 단 한 번도 펼쳐본 적이 없다. 헌법 문외한, 요즘 말로 하자면 '법알못'이었다. 팀원

중에도 헌법을 제대로 공부한 사람이 없다. 그래서 이 책을 펴내기로 마음을 먹기까지 무척이나 망설였고, 원고를 쓰다 덮기를 몇 번이나 반복했다.

그럼에도 결국 펜을 들기로 한 것은 나와 팀원들이 비전문가라는 바로 그 이유 때문이다. 우리는 국민과 시청자의 시각에서 헌법을 바라보고, 그들을 대신해 질문했으며, 그들과 함께 고민했다. 이 과정에서 얻은 깨달음을 독자들과 나누는 일은 기존의 헌법학 교과서가 채워주지 못하는 빈틈을 채우는 일이라 생각한다. 헌법의 주인은 곧 국민이고 헌법을 해석하는 일도 궁극적으로 국민의 몫이다. 평범한 눈높이에서 헌법을 고민하고 풀어낸 이런 책이 세상에 하나쯤 있어도 되겠다고 판단했다.

헌법은 총 130조로 이루어져 있다. 국민의 기본권과 국가기관 체계, 지방자치, 경제 등의 주제로 구성되어 있다. 그 첫머리인 '전문'에는 이런 문장이 있다. "모든 사회적 폐습과 불의를 타파하며, 자율과 조화를 바탕으로 […] 자유와 권리에 따르는 책임과 의무를 완수하게 하여……." 1987년 이래 헌법은 이 전문을 통해 국민에게 쉼 없이 말하고 있었던 것이다. 사회의 불의와 타협하지 말고, 자유롭고 조화롭게 생각하라고. 그리고 국민이 누린 자유와 권리에는 책임과 의무도 반드시 뒤따른다고. 그런 나라가 바로 대한민국이라고.

지난 4개월간 국민이 보여준 헌법 정신은 실로 대단했다. '폐습과 불의'를 타파하라는 헌법의 요구대로 광장에 섰고 거대한 함성으로 '민주주의'를 외쳤다. 밝게 타오른 촛불은 '자율과 조화'라는 헌법 가치를 질서정연하게 표현했다. '권리에 책임이 따른다'는 헌법의 규정대로 국민은 4년 전의 선택을 스스로 철회하고, 광장에 서서 그 책임을 나누어 짊어졌다. 박근혜-최순실 게이트에서 가장 빛났던 대목은 다름 아닌 국민이고 민주주의이고, 곧 헌법이었다.

이번 사태를 경험하며 헌법은 죄가 없었음을 다시 한번 깨달았다. 일각에서는 대통령의 탄핵 사태가 '제왕적 대통령제'를 택한 헌법 때문에 일어났다고 주장한다. 그러나 이런 주장은 사실이 아니다. 현행 헌법은 견제와 균형의 원리를 담고 있다. 1987년 이후 국민은 이 헌법으로 유구한 역사를 이어왔고 시민의식을 발전시켰다. 대통령의 의지에 따라 국민을 섬기는 운영이 충분히 가능하다. 요컨대 이 모든 사태의 원인은 제도가 아니라 운영자였다. 오히려 대통령이 헌법을 지키지 않아 탄핵된 것이다.

물론 우리 헌법에 한계가 있는 것도 사실이다. 자유권과 평등권, 참정권이 더욱 강화되어야 한다는 목소리가 학계에서 나온다. 지방분권을 강화해 중앙집권적 국가 운영을 바꿔야 한다는 요구도 있다. 대통령 5년 단임제가 아닌 새로운 권력 구조가 우리에게 더 적합하다는 의견도 끊이지 않는다. 하지만 이 모든 논의에서 가장 중심이 되어야 하는 주체는 바로 국민이다. 헌법이 말하는 가장 중요한 팩트는 대한민국과 헌법의 주인이 바로 국민이라는 점이다. 그래서 헌법을 읽고, 즐기고, 토론하고, 해석하고, 고치는 일까지 모두 국민의 몫이고 국민이 중심에 서야 한다는 것이다.

박근혜 전 대통령 탄핵은 국가의 큰 불행이고 되풀이되어서는 안 될 역사다. 깨끗이 인정하고 더 나은 대한민국을 만드는 밑거름으로 승화해야 한다. 그러나 책의 서문을 쓰고 있는 이 순간에도 박 전 대통령은 삼성동 자택 앞에서 "언젠가 진실은 밝혀질 것"이라며 헌법재판소의 결론을 부정하고 있다. 탄핵 대통령을 추종하는 몇몇 정치인과 지지자 사이에서 '불복성' 발언이 나온다. 우리는 이념과 진영을 떠나 '피청구인 대통령 박근혜 파면'이라는 사실에 승복해야 한다.

이 책은 총 3부로 구성되어 있다. 1부 '탄핵의 전조들'에서는 말 그대로 박근혜-최순실 게이트가 수면 위로 떠오르기 전 전조 증상들을 사실 검증으로 풀어냈다. 2부 '대통령 탄핵'에서는 JTBC 특별취재팀의 태블릿 PC 보도 직후부터 국회의 탄핵소추안 가결, 헌법재판소의 탄핵 인용 결정까지의 과정을 당위성의 차원까지 확장해 돌아봤다. 광장에서 빛났던 국민의 헌법 의식과 대통령이 일관했던 반헌법적 태도들이 담겨 있다. 마지막으로 3부 '탄핵, 그 후'는 대선 문제와 앞으로 헌법의 가치를 어떻게 지키고 발전시켜야 할지, 정치권 일각에서 나오는 개헌 주장이 국민의 요구에 과연 부합하는지 등을 미래지향적으로 서술했다. 『탄핵, 헌법으로 체크하다』는 실패한 정권에 대한 이야기만은 아니다. 앞으로 새롭게 탄생할 정권에 던지는 메시지이기도 하다. 이 책에 담긴 까칠한 시선과 비판들을 다음 대통령이 참고할 만하다고 자평한다. 정권을 초월해 대통령에게 물을 수 있는, 물어야 하는 질문들이자 그에 대한 헌법의 답변이다.

책이 나오기까지 여러 분이 도움을 주셨다. 정론직필의 저널

리즘을 강조하며 늘 귀감이 되어주시는 손석희 JTBC 보도 부문 사장께 감사의 말씀을 전한다. 「팩트체크」는 손 사장의 뉴스룸이 태어난 날과 생일이 같다. 공정, 균형, 품위, 그리고 팩트. 손 사장이 제시한 보도의 4대 원칙과 함께 「팩트체크」는 탄생했다. 편집회의에서 '팩트체크를 팩트체크' 해주신 오병상 보도총괄과 권석천 보도국장, 각 부장께도 머리 숙여 감사드린다. 불쑥불쑥 물어봐도 늘 아낌없이 도와준 선후배와 동료 들도 고맙다. 미국에서 팩트체크를 공부 중인 김필규 선배는 무척이나 보고 싶다. 마지막으로 매일매일 전력질주를 주문하는 팀장에게 반기 한 번 들지 않는 팀원들, 무척 고맙다!

2017년 3월
오대영 JTBC 기자

차례

1부

탄핵의 전조들

"주문. 피청구인 대통령 박근혜를 파면한다."

2017년 3월 10일, 헌법재판소 대심판정에 이정미 헌재소장 권한대행의 목소리가 울렸다. 헌정사상 최초로 대통령 탄핵이 결정되는 순간이었다.

우리는 그 역사적 순간에 조금 특별한 감회를 함께 느꼈다. "아, 그때 그것들이 결국 여기까지 왔구나."라는 일종의 깨달음이었다. 초유의 국정농단 사태와 이어진 대통령 탄핵 정국 이전에 이미 많은 전조가 깔려 있었고, 우리는 그게 전조인 줄도 모르고 매일매일 그 문제들을 확인하는 작업을 해왔다. 그런데 그 모든 사건들이 긴 간격을 두고 퍼즐 조각 맞춰지듯이 하나의 방향을 향하고 있었던 것이다.

거대한 파도를 등지고 서 있을 때는 정작 파도의 크기를 짐작할 수 없다. 그러나 모든 현상에는 그에 앞선 전조 현상이 있게 마련. 쓰나미가 밀려오기 직전, 해변에는 오히려 물이 빠져나가면서 일시적으로 수면이 잠잠해지는 현상이 일어난다. 원래 수면 아래 잠겨 있던 것들이 그 순간 살짝 드러나기도 한다. 우리는 2016년 초부터 그 '수면 위로 드러난 것들'을 보고 있었다. 국정을 농단하고 헌법을 유린하는 반헌법적 행태의 파편들, 국민을 무시하고 시민의 눈을 가리려 한 무모한 도전이 계속해서 드러났다.

대한민국 헌법은 전문을 통해 국가 정체의 핵심적인 요소들을 설명하고 있다. "유구한 역사와 전통에 빛나는 우리 대한국민은 3·1운동으로 건립된 대한민국임시정부의 법통과 불의에 항거한

4·19민주이념을 계승하고"라는 대목은 대한민국이란 나라의 뿌리가 어디에 있는지를 명확히 밝힌 대목이다. 그런데 박근혜 정부는 8월 15일 광복절을 '건국절'로 대체하려는 징후를 보였다. 이에 대한 이념 논쟁은 국론을 분열시켰다. 특히 대통령은 보수 일각만을 의식한 행보를 했다는 의혹을 샀다. 역사교과서 국정화 추진 역시 이런 '이념적 편가르기'의 전형이었다.

다른 한편으로는 헌법재판소의 결정에 반하는 정책도 추진했다. 대표적인 게 2015년 이뤄진 '한·일 위안부 합의'다. 최종적·불가역적이라는 대못을 박은 이 '합의'는 헌법재판소가 2011년 내렸던 관련 결정의 취지를 전혀 살리지 못했다는 비판을 받았다.

2011년 8월 30일, 헌법재판소는 위안부 피해자들을 위한 외교적 노력에 소극적이던 대한민국 정부의 행태에 대해 '위헌' 결정을 내렸다(2008헌마648). 정부가 위안부 피해자들의 배상청구권과 관련해 구체적인 해결 노력을 하지 않는 것 자체가 헌법 위반이라고 못 박은 것이다. 헌재는 한일청구권협정과 관련해 외교적 보호권을 행사하지 않는 국가의 부작위로 헌법상 인간의 존엄과 가치를 침해받았다는 점을 분명히 했다.

그런데 박근혜 정부는 '10억 엔 재단 출연' 합의라는 모욕적 결과물을 당사자들에게 받아들이라고 했다. 결국 위안부 피해자들뿐만 아니라 국민적 반대 여론에 부딪혀 문제의 '화해·치유 재단'은 표류했다.

집권 4년차인 2016년에는 누적된 전조들이 제방 너머로 넘치기 시작했다. 연초에 국회에서는 테러방지법 처리를 막기 위한 야당 국회의원들의 필리버스터가 벌어졌다. 8박 9일간 총 192시간 27분 동안 진행된 필리버스터는 세계 최장 기록이라는, 달갑지만은 않은 정치사적 기록이 되었다.

집권여당인 새누리당에서는 '친박(친 박근혜)'을 넘어 '진박(진정한 친박)'을 감별해 공천하겠다는 일까지 벌어졌다. 당 대표가 직인을 가지고 잠적하는 '옥새 파동'의 결말은 4월 총선 참패였다. 박 전 대통령은 총선을 앞두고 '정부를 비판하는 국회를 심판해 달라.'고 호소했다. 삼권분립 위배 논란을 자초한 대통령의 '국회 심판' 발언은 오히려 '정권 심판'의 부메랑이 되어 돌아왔다.

이러한 전조들은 사실 2014년 세월호 참사 때부터 또렷한 징후를 보이고 있었다. 정윤회 문건 파동과 '의혹 종합선물세트' 우병우 민정수석 사태까지, 박 전 대통령의 주요한 통치 수단은 국민들을 편 가르고 반대자를 억압하는 방식이었다. 박 전 대통령은 '저를 뽑아준 국민'이라는 표현을 즐겨 사용했다. 지지자와 반대자, 국민과 비국민을 가르고, 반대자의 인내와 전향만을 강요했다는 비판을 피하기 어려웠다.

이 전조들이 모여, 결국 거대한 파도가 되어 대한민국과 대통령을 덮쳤다. 나라 전체가 엄청난 혼란과 역동적 에너지에 동시에 휩싸여 흔들렸다.

해일이 휩쓸고 지나간 뒤에야 해변에 서 있던 사람들은 깨닫게 된다. 아, 그게 다 앞으로 일어날 일들에 대한 전조였구나. 그 한

가운데서 뉴스를 만들던 우리도 마찬가지였다. 매일매일 터져 나오는 뉴스들에 맞춰 그날그날의 아이템을 찾고 정신없이 달려왔는데, 돌아보니 하나의 줄기를 이루는 기나긴 과정의 일부였음을 알겠다.

2016년부터 2017년에 걸친 '박근혜 대통령 탄핵' 사태는 정권의 초입부터 잠재되어 있던 모순들의 결과물이었다. 정책을 추진하고 권력을 행사하는 과정마다 목격된, 헌법에 배치되는 모습들이 결국 대통령 탄핵이라는 최종 결과까지 이어졌다. 이 전조는 탄핵된 박근혜 정권에 국한되지 않는다. 언제든 재연될 수 있다. 그래서 지금 시작하는 이 기록은 완료형이 아니라 진행형이다. 그리고 우리의 기록은, 그 전조들을 되짚어보는 데서부터 시작된다.

건국절 논란

> 헌법 제1조 1항, 2항. 대한민국은 민주공화국이다. 대한민국의 주권은 국민에게 있고, 모든 권력은 국민으로부터 나온다.

◗ "혼이 비정상이다."

박근혜 정권이 남긴 최대 유행어이다. 국정교과서 논란이 정점이던 2015년 11월에 국무회의에서 나온 대통령의 발언이었다. 전체 문장은 이렇다. "자기 나라 역사를 모르면 혼이 없는 인간이 되는 것이고, 바르게 역사를 배우지 못하면 혼이 비정상이 될 수밖에 없다"

9개월 뒤인 2016년 광복절, 우리는 TV앞에 모여 대통령의 기념사에 귀를 기울였다. "건국 68주년을 맞이하는 역사적인 날……." 팀원 한 명이 놀라며 말했다.

"혼이 비정상이라는 말이 결국 건국절 논란으로 이어졌네요."

그렇다. 대통령이 역사와 이념대결에 뛰어든 순간이었다. '1948년 8월 15일=건국절'이라는 뉴라이트의 오랜 주장을 광복절 기념사에서 꺼내다니. 대통령은 보수, 그 안에서도 일부 진영만의 대통령인

가. 한 팀원이 물었다.

"그렇다면 건국을 정확히 언제로 봐야 해요? 고조선? 단군?"

순간 말문이 막혔다. 정적을 깬 건 팀장의 한마디였다.

"그거 오늘 아이템으로 해보면 되겠네!"

팩트체크팀은 이날 헌법 책을 꺼내들었다. 우리 헌법은 이렇게 시작된다.

"유구한 역사와 전통에 빛나는 우리 대한국민은 3.1운동으로 건립된 대한민국 임시정부의 법통과 불의에 항거한 4.19민주이념을 계승하고……."

헌법 전문의 첫 문장에 바로 답이 있었다. ◖

건국과 정부수립의 개념 정리

2016년 광복절을 사흘 앞두고 박 전 대통령은 독립유공자들을 청와대에 초청했다. 이 자리에서 광복군 출신의 한 유공자가 마이크를 잡았다. "건국절 주장은 헌법에 위배되고 실증 사실과 부합하지 않는 왜곡이다." 대통령 면전에서 건국절 주장을 비판한 것이다. 대통령은 이에 대해 일절 답하지 않았다.

답이 나온 것은 광복절 당일이었다. "제71주년 광복절이자 건국 68주년을 맞이하는 역사적인 날……." 대통령은 이날 기념사에서 '정부수립일'과 '건국일'을 등치시켰다. 독립유공자의 발언을 전면

1948년 5월 31일 제헌국회 개원식

반박한 것이었다. 박 전 대통령은 1년 전인 2015년 광복절에도 "광복 70주년이자 건국 667주년을 맞이하는 역사적인 날"이라며 숫자만 빼고 정확히 같은 기념사를 읽었다.

8월15일은 우리가 일제 치하에서 벗어난 날(1945년)이다. 동시에 정부가 수립된 날(1948년)이다. 이 날을 우리나라의 건국일로 볼 수 있을까? 아니라면 과연 언제를 건국 시점으로 봐야할까? 그 답을 찾기 위해 팩트체크는 1948년으로 거슬러 올라갔다.

1948년 5월 31일. 이승만 의장, 대한민국 국회 개회사

"이 국회에서 건설되는 정부는, 즉 기미년에 서울에서 수립된 민국의 임시정부의 계승에서 이날이 29년 만에 민국의 부활일임을 우리는 이에 공표하며 민국 연호는 기미년에서 기산할 것이요."

1948년 8월 15일 이승만 대통령, 광복절 기념사

"공화주의가 30년 동안에 뿌리를 깊이 박고 지금 결실이 되는 것이므로 굳게 서 있을 것을 믿습니다."(국사편찬위원회, 『자료대한민국사 제7권』)

초대 이승만 전 대통령의 1948년 5월 31일 연설에 "29년 만에 민국의 부활일"이라는 표현이 있다. 특히 "민국 연호는 기미년에서 기산할 것"이라고 밝혔다. 이 얘기는 기미독립선언이 있었던 1919년을 대한민국의 시작으로 봤다는 것이다. 그해 8월 15일 기념사에서도 "공화주의 30년"이라는 표현으로 같은 인식을 보여줬다. 팩트 체크는 이런 사료를 통해 초대 정부가 건국 시점을 1919년으로 규정했음을 확인했다.

제헌 헌법의 전문도 마찬가지였다. '기미삼일운동=대한민국 건립'을 명확하게 밝히고 있다. '재건'이라는 표현도 눈여겨볼 부분이다.

제헌 헌법 전문

"유구한 역사와 전통에 빛나는 우리들 대한국민은 기미삼일운동으로 대한민국을 건립하여 세계에 선포한 위대한 독립정신을 계승하여 이제 민주독립국가를 재건함에 있어서……."(법제처 국가정보법령

센터)

현행 헌법도 일맥상통한다. "3·1운동으로 건립된 대한민국임
시정부의 법통을 계승하고"라고 돼 있다. 대한민국 최고의 규범인 헌
법은 대한민국이 1919년에 건국되었다고 말하고 있다.

현행 헌법 전문

"유구한 역사와 전통에 빛나는 우리 대한 국민은 3·1운동으로 건
립된 대한민국임시정부의 법통과 불의에 항거한 4·19 민주 이념을
계승하고……."

건국절 논란의 의도

과거 대통령 중에서도 건국과 정부수립을 혼용한 사례는 있
었다. 김대중, 노무현 전 대통령이 한두 차례 그런 표현을 썼다. 그러
나 이념 논쟁을 의도한 발언은 아니었다. 역사 논쟁과 진영 다툼으
로 번지기 시작한 것은 이명박 정부 때부터이다. 뉴라이트라는 학술
단체를 가장한 정치 집단이 1948년을 건국으로 보자는 주장을 내
놨고 당시 한나라당은 '국경일에 관한 법률 개정안'을 발의하며 본격
적인 법제화에 나섰다.

그러나 모두 실패했다. 반대 여론이 거셌고 반박 논리 역시 뚜

렷했기 때문이다. 1948년이 건국 시점이 되면 일제 치하의 우리 역사는 사라진다. 친일 행위자에게 면죄부를 주는 셈이 된다. 그래서 대한민국 광복에 앞장선 이들의 후손, 그 정신을 이어받은 국민들이 강하게 반대했다.

그런데 박근혜 전 대통령이 나서서 이 논란에 다시 기름을 부은 것이다. 제헌 헌법과 현행 헌법이 모두 1919년을 가리키고 있는데, 반대 방향의 주장을 한 것이다. 이때부터 대통령의 반헌법적 태도가 목격되었던 것이다.

'8·15 건국절'은 반헌법적 주장

박근혜 전 대통령의 발언대로 1948년 8월 15일이 '건국절'이 되려면 헌법을 바꾸어야 한다. 개헌을 통해 새로운 건국 시점을 정해야 한다. 개헌을 하려면 국회 3분의 2의 찬성이 있어야 하고 국민투표도 거쳐야 한다. 민주적 합의가 요구된다는 뜻이다.

그러나 국민은 이런 합의를 단 한 번도 해준 적이 없다. 해준 적이 없기 때문에 지금의 헌법이 우리의 규범이다. 대통령의 건국절 주장은 결과적으로 헌법에 의해 반박되었다. 물론 헌법과 무관하게 역사학계에서는 건국절 논란이 있는 것도 사실이다. 그러나 대통령은 역사학자가 아니다. 헌정 질서의 수호자이다. 자신이 존재할 수 있는 근거가 곧 헌법이다.

2016년 겨울 「헌법 제1조」라는 노래가 광장에서 다시 울려퍼졌다. "대한민국은 민주공화국이다. 대한민국의 주권은 국민에게 있고 모든 권력은 국민으로부터 나온다." 박근혜 정권은 끝내 국민에 의해 탄핵되었다. 집권 4년차에 벌어졌던, 하지만 끝내 거부되었던 '건국절 논란'은 탄핵의 분명한 전조였다. 지금 이 순간 그날의 논란은 새삼스러운 깨달음을 준다. 헌법 1조 2항 "대한민국의 주권은 국민에게 있다." 다음 정부에서도 재연될 수 있는 건국절 논란에 대한 명쾌한 답은 바로 헌법이다.

청와대 보고 체계와
검찰 수사 독립성

헌법 제87조 2항. 국무위원은 국정에 관하여 대통령을 보좌하며[……]

◗ "이거 완전 셀프수사가 되겠는데요?"

방송이 끝나고 늦은 식사를 하던 중 팀원 한 명이 던진 말이다. 우병우 청와대 민정수석에 대한 온갖 의혹이 쏟아지던 2016년 8월의 여름밤이었다. 우 전 수석은 이석수 특별감찰관의 해임을 주도했다는 의심을 받았고, 가족회사인 정강의 자금을 횡령했다는 혐의로 수사 대상이 되었다. 정권의 부패를 도려내야 할 민정수석이 도리어 의혹의 가장 중심에 섰다. 이례적인 폭염과 전기요금 누진제로 민심이 끓어오르던 그 시기에 이 뉴스는 국민의 혈압을 더 오르게 했다.

"선배, 설마 진짜 이렇게 될 수 있어요? 자기가 수사 내용을 보고받고, 그걸 컨트롤하고…… 무슨 영화도 아니고요."

그러나 영화에나 나올 법한 스토리는 현실이 될 가능성이 컸다. 청와대 민정수석은 마음만 먹으면 검찰 수사 내용을 알 수 있는 자리이기 때문이었다.

"그럼 민정수석이 어떤 일을 하는지, 정말 셀프수사가 가능한지 한번 체크해볼까?"

과거 기사와 자료를 뒤졌다. 하지만 뚜렷하게 설명해놓은 자료는 없었다. 설익은 궁금증만으로 덤벼들기에는 무리였다. 청와대, 그중에서도 민정수석실이라는 베일에 싸인 조직을 취재하는 일은 시작부터 꼬였다. 우리가 과연 팩트를 도출해낼 수 있을까? 막연한 불안감을 안고 맨손으로 취재를 시작했다. ◐

우병우 '셀프 수사' 가능성

2016년 8월 25일, 검찰은 특별수사팀을 출범시켰다. 우병우 수석이 대통령 측근을 감찰해온 이석수 특별감찰관의 해임을 주도했다는 의혹이 수사 대상이었다. 우 수석의 가족회사와 관련한 횡령 의혹도 불거진 상황이었다. 훗날(그해 12월) 이석수 감찰관은 국회 국정조사에 출석해 최순실의 전횡을 견제하고 감시해왔다고 밝혔다. 특별수사팀이 구성된 8월만 해도 국정농단 사태는 거의 알려지지 않았다. 이제 와서 모자이크를 맞춰보면 최순실을 건드린 이석수 감찰관을 청와대에서 찍어내려 했던 것으로 보인다. 당시 감찰이 제대로 되었다면 일찌감치 국정농단의 전모가 드러날 수도 있었다. 이미 그때부터 대통령 탄핵의 전조들이 수면 위로 떠오르고 있었던 것이다.

김수남 검찰총장은 특별수사팀을 꾸리면서 "중간보고는 받지 않겠다."고 말했다. 수사 대상이 청와대 민정수석이다 보니 독립성을 보장해주겠다는 의미였던 것으로 보인다. 곧바로 특별수사팀장을 맡은 윤갑근 대구고검장이 기자들에게 이렇게 강조했다. "수사에 방해받지 않도록 하겠습니다. 수사 상황이 외부로 나가지 않는 것이 원칙입니다."

일반적으로 중요 사건은 청와대까지 보고가 된다. '수사팀→검찰총장→법무부장관→청와대'라는 공식 라인을 통해서다. 헌법과 하위 법령에 근거가 있다. 헌법 87조는 "국무위원은 국정에 관하여 대통령을 보좌"한다고 규정하고 있다. 또 '법무부와 그 소속기관 직제' 10조에는 법무부가 "형사사건의 수사[……]에 관한 지휘·감독"을 하도록 돼 있다. 검찰청법 8조는 "법무부장관은 검찰사무 최고 감독자로서 [……] 구체적 사건에 대하여는 검찰총장만을 지휘"한다고 명시했다. 검찰청법 7조는 "검사는 검찰사무에 관하여 소속 상급자의 지휘·감독에 따른다."고 정해놓았다. 요약하면 대통령은 법무부장관을, 법무부장관은 검찰총장을, 검찰총장은 수사팀과 검사를 지휘할 수 있다. 궁극적으로 청와대가 특정 사건에 대해 수사 상황을 보고받고 영향을 미칠 수 있는 구조다.

그렇다면 중간보고를 받지 않겠다는 김수남 검찰총장의 선언으로 우병우 사건에 대한 수사의 독립성이 지켜질 수 있을까? 팩트체크의 결론은 쉽지 않다는 것이었다. 공식 보고 라인을 끊더라도 비공식 라인은 여전히 살아 있기 때문이다. 특히 우병우 수석이 자

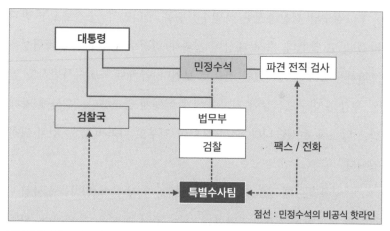

정부와 청와대 조직도 및 보고 라인

리를 지키는 이상, 자신에 대한 수사 상황을 보고받고 지휘할 가능성은 충분했다. 법적인 지휘가 아니라 정치적 지휘가 가능한 것이다.

이런 일이 어떻게 가능한지 이해하려면 민정수석이라는 자리에 대해 자세히 알 필요가 있다. 검찰은 정권의 입장에서 양날의 칼과 같다. 거침없는 수사가 정권 자신을 향하게 될 때 청와대는 대응하기 힘들어진다. 청와대는 검찰총장은 물론이고 검사장과 같은 수뇌부의 인사권을 통해 검찰을 컨트롤한다. 민정수석은 대통령과 검찰을 잇는 '다리' 역할을 한다. 대통령을 보좌하고 있다는 이유로 특정 사건에 대한 보고 내지는 지휘를 할 수 있다. 민정수석이라는 자리가 잊을 만하면 한 번씩 논란이 되는 것도 이런 이유 때문이다.

'비공식 핫라인'이라는
불편한 진실

공식 조직표에서 민정수석은 검찰과 직접 연결되지 않는다. 대통령이 법무부장관을 통해 검찰총장을 지휘하는 방식이 현행법이 규정하고 있는 바이다. 그러나 '비공식 핫라인'이라는 불편한 진실이 존재한다. 민정수석이 직접 검찰과 내통(?)하는 루트가 있다는 얘기다.

민정수석실은 검찰에서 파견 검사를 받는다. 과거 정권에서도 흔히 있는 일이었다. 박근혜 전 대통령은 대선 후보 시절 파견 검사제를 없애겠다고 공약했지만 지키지 않았다. 파견 검사들은 여러 업무를 하게 되는데, 그 가운데 자신이 몸담았던 검찰과 연락해 동향과 수사 정보 등을 파악하는 일도 있다. 하지만 이런 업무는 법에 근거가 없다. 과거부터 이어져 내려온 일종의 관행이다. 따라서 검찰로부터 정식 보고서를 받지 않고, 전화 통화나 팩스 등으로 보고 아닌 보고를 받는다.

청와대를 보좌하는 법무부 역시 검찰에 대해 안테나를 가동하고 있다. 법무부 검찰국도 관행적으로 수사팀과 통화를 하는 등의 방식으로 수사 내용을 파악할 수 있다. 이 역시 공식 보고 절차는 아니지만 과거 정권부터 이어져온 관행이라는 것을 검찰 내부에서 모르는 사람은 없다.

따라서 검찰총장의 공언에도 불구하고 청와대 민정수석실은 이런 비공식 루트들을 통해 사건 내용을 파악할 가능성이 충분히 열려 있었다. 검찰 출신의 김희수 변호사는 "상사(청와대)가 그거 지금 어떻게 되어가고 있냐고 물어보는데 '이건 비밀이어서 말할 수 없습니다.' 이렇게 답할 사람이 존재할 수 없다. 검찰은 군대보다 더한 조직이다."라고 팩트체크팀에 조언하기도 했다. 검찰 출신의 김경진 국민의당 의원도 "오히려 실무진 단계에서는 공식 보고보다 더 빈번하게 작동되는 시스템이라고 보면 된다."고 말했다.

이런 폐해 때문에 과거 정권에서는 핫라인을 폐지했던 사례도 있다. 2003년 출범한 노무현 청와대는 민정수석실과 검찰 사이의 행정 전화(핫라인)를 모두 없앴다. 박정희 정권부터 이어져온 직통 연락망인 청와대와 검찰의 핫라인을 30년 만에 끊어버린 것이다. 노무현 정권은 청와대 파견 검사 제도도 폐지했는데, 심지어 기존 파견 검사가 이용하던 검찰 지원차량 두 대와 운전기사까지 돌려보내는 조치를 취했다. 노무현 전 대통령은 "검찰에 신세를 지지 않겠다."는 의지를 밝힌 바 있다. 노 전 대통령이 재임 중은 물론이고 퇴임 이후에도 왜 검찰과 악연을 거듭할 수밖에 없었는지를 추측해볼 수 있는 대목이다.

파견 검사를 없애겠다는 박근혜 정권의 공약은 지켜지지 않았고, 도리어 비리 의혹으로 사퇴 요구를 받는 민정수석을 지키면서까지 수사의 독립성 논란을 자초했다. 무엇보다 수사 대상자가 그 수사에 관해 보고받고 정치적 지휘를 할 수 있는 구조를 방조했다는 것은 정치사에서 매우 희한한 코미디로 기록될 것이다. 전대미문의 대통령 탄핵이라는 사태를 맞이한 지금, 이미 이런 문제들로 탄핵의 전조가 나타나고 있었음을 뒤늦게 확인할 수 있다.

위안부 '치유금'

2008헌마648. '외교관계의 불편'이라는 매우 불분명하고 추상적인 사유를 들어, 그것이 기본권 침해의 중대한 위험에 직면한 청구인들에 대한 구제를 외면하는 타당한 사유가 된다거나 또는 진지하게 고려되어야 할 국익이라고 보기는 힘들다.

◑ "배상금적 치유금?"

"그게 대체 무슨 소리야?"

"나 국문과 나왔는데 뭔 소린지 모르겠다."

"국문학 박사과정 밟고 있는데도 모르겠는데?"

"무슨 '소리 없는 아우성'도 아니고……."

화해·치유재단 김태현 이사장이 일본의 출연금에 대해 "배상금적 성격을 띤 치유금"이라는 기묘한 정의를 내리면서 이 말이 팀 내에서도 논란이 됐다. 일본에서 정체 모를 돈이 민간재단에 들어왔다. 일본 정부는 그 돈 10억 엔이 위안부 피해자에 대한 치유금이라고 하는데, 정작 우리 정부는 그 돈의 성격에 대해서 제대로 된 답변을 내놓지 못했다.

위안부 문제는 결국 헌법의 문제다. 국가가 어떻게 피해 당사자인 국민을 보호하고 그들을 위해 싸워주느냐의 문제다. 이미 이 싸움은 위안부 피해자 개인의 싸움이 아닌 국가의 싸움이어야 한다고 헌재가 결정한 바 있다(2008헌마648). 국가가 국민의 권리를 찾아오려는 노력을 제대로 하지 않았다는 '부작위' 결정으로, 그동안 정부는 일본 정부를 상대로 위안부 문제 합의를 추진해왔다.

그러나 결국 국가가 내민 답안지에는 "배상금적 치유금"이라는 말장난이 적혀 있었던 셈이다. 명백한 피해자가 있고, 명백한 가해자가 있다. 그런데 우리 정부는 피해자 편이 아닌 '중재자' 위치에 서려는 입장을 바꾸지 않고 있는 듯했다. 그래서 우리는 이 문제를 하나하나 따져보지 않을 수 없었다. ◑

2016년 5월 31일, 김태현 위안부재단 설립준비위원장(현 화해·치유재단 이사장)은 "일본 정부가 출연하는 10억 엔은 치유금이지 배상금이 아니라고 생각한다."는 발언으로 홍역을 치렀다. 이틀이 지나 김 위원장은 본인의 발언을 철회하고 말을 바꾸었다. "일본이 법적 책임을 인정하고, 치유를 통해 결국 배상을 했다는 뜻에서 돈을 낸 것이다." "배상금이라고 본다." 그리고 9월 27일, 국회 국정감사장에서 다시 논란이 불거져 나왔다. 화해·치유재단이 설립한 뒤였던 이때, 김 이사장은 배상금인지 치유금인지 돈의 명확한 성격을 묻는 질문에 "배상금적 성격을 띤 치유금"이라고 답했다. 국감장에서는 비웃음과 한숨이 동시에 흘러나왔다.

범죄 피해자에게 가해자가 전하는 돈은 법적으로 배상금이라고 부른다. 그런데 일본이 낸 10억 엔은 '법적'으로 배상금이 아니다. 그렇다면 2015년 12월 28일, 일본 외무성이 아베 총리 명의로 인정한 책임 통감, 사죄와 반성은 모두 그들의 '선의'에 지나지 않게 된다. 배상이냐 아니냐. 이 의혹과 질문에 모호한 태도를 보일 수밖에 없었다는 점에서 박근혜 정부의 위안부 합의는 정당성을 잃고 있었다. 배상을 했다는 '뜻'이라는 한국 정부 측 해석은 일본이 이 문제의 해결을 선언한 방식이 '법'을 회피한 결과임을 여실히 드러냈다.

위안부 피해자가 가해자인 일본을 향해 물은 법적 책임을 도의적인 책임으로 바꿔온 한국 정부야말로 이 과정에서 가장 무책임한 주체가 아닐 수 없었다. 배상금이라고 '본다'는 그 위로금은, 위로가 아닌 배상을 원하는 피해자들을 향해 출발하지 못한 채 묶여 있을 수밖에 없었다. 일본 정부와 한국 국민 사이에 어색하고 불편하게 끼어 있는 초라한 박근혜 정부의 입장을 어떻게 볼 것인가. 팩트체크팀은 이 돈의 성격을 재차 묻지 않을 수 없었다.

위안부라는 한일관계 변곡점

광복절인 8월 15일, 한국 대통령이 한국 역사상 가장 감격적이었던 순간을 되살리는 그날, 일본의 총리는 패전국이자 전범국이 되었던 '종전일'을 담담히 맞는다. 1995년 이날, '전후 50년 담화'에서 무라야마 도미이치 일본 총리는 일본의 전쟁 범죄를 최초로 인정했다. 흔히 '무라야마 담화'라고 부르는 이 사과는 일본의 "식민지 지배와 침략"을 "의심할 여지없는 역사적 사실"로 규정했다. 일본은 "통절한 반성"과 "사죄"의 뜻을 표했다.

1945년 이후, 일본이 정부 차원에서 표명한 공식적 사죄는 총 네 번으로 꼽힌다. 최초 담화였던 1995년 무라야마 담화는 1998년 양국 정부가 맺은 한일공동선언에 공식 문서화되기도 했다. 2005년엔 고이즈미 준이치로 총리가 10년 전의 사과를 다시 한번 "통절한 마음"으로 되풀이했다. 다시 5년이 지나 국권피탈 100주년을 맞는 2010년, 한국에 보내는 사죄 담화에서 간 나오토 총리는 "아픔을 준 쪽은 잊기 쉽고, 받은 쪽은 이를 쉽게 잊지 못하는 법"이라며 단서를 달기도 했다.

일본의 사과는 1945년 이후 무려 50년이 지나서야 시작되었다. 1995년을 전후한 몇 년간 한일 양국의 과거사 문제는 그 어느 때보다 뜨겁게 달아올랐다. 그 한가운데 오늘날 위안부 피해자라고 불리는 여성들이 있었다.

1989년, 해방 후 일본 정부에 의해 묻히고 잊혔던 일본군 위안부의 존재가 세상 밖으로 나왔다. 일본 정부 입장에서 종군 위안부의 존재는 부정해야 할 대상이었다. 패전 이후 이미 대가를 치렀다고 여겼던 일본에서 위안부는 아직 면죄 받지 못한 범죄의 증거였으므로, 1990년대 이래로 일본은 한국인 피해 여성들을 철저히 외면했다. 외면하기 어려워졌을 때는 회유하는 동시에 비난했다. 당연하게도 우리 정부에게는 그들의 싸움을 도울 의무가 있었다.

수십 년간 한일 관계의 변수이자 가늠자는 독도 문제와 위안부 문제였다. 특히 위안부 문제는 상대적으로 늦게 등장했지만 훨씬 더 명확한 법적 투쟁의 성격을 지니고 있다. 그 발단을 알기 위해서는 우선 1965년, 한일 간의 전후 배상 문제가 최초로 일단락되었던 당시로 돌아가야 한다.

1965년 한일협정이 놓친 것

1965년, 한일 양국 정부 사이에 맺어진 한일청구권협정은 해방 이후 불가피하게 빚어진 채무관계를 민사적으로 청산하는 것이었다.

일본의 전쟁범죄에 대한 책임자 처벌과 승전국에 대한 전쟁 배상, 일본이 아시아 전역의 피해국들에서 착취한 채무 청산은 1951년 9월 8일 48개국이 서명한 '샌프란시스코 강화 조약'에 의해 이뤄졌다. 미국 주도로 당사국 대부분이 일괄적으로 참여한 이 조약에 따라 일본은 전쟁에 따른 법적 책임 대부분을 마무리했다. 반면 한국 정부는 승전국이 아니었다는 이유로 샌프란시스코 조약에 초대받지 못했고, 대신 배상 청구와 정식 국교 수립을 논의할 일본과의 양자 회담에 나섰다. 1960년 4·19 혁명 이후 장면 내각이 세워진 제2공화국 수립 직후까지 가다 서다를 반복하던 한일 예비 회담이 활

1965년 한일협정에 서명하는 박정희 전 대통령

기를 띠게 된 계기는 5·16 쿠데타였다. 일본에 23억 달러의 손해 배상금을 요구한 장면 내각의 요구가 받아들여지지 않고 있던 상황에서 박정희 정권은 집권과 동시에 일본과의 협상 테이블에 앉게 된다.

당시 한국 정부는 국제법상 정당하게 청구할 수 있는 대일 청구권을 일괄 행사했다. 정해진 액수는 5억 달러, 당시 환율로 약 1800억 엔에 이르렀다. 단 이 돈은 국제법상 전쟁범죄로 인해 입은 피해를 '배상'하려는 목적에서 지불된 것이 아니었다. 법률 용어로 '손해배상'이란 불법 행위, 의무 불이행으로 발생한 손해를 물어주는 것이다. 예를 들어 일제가 식민지 조선에 살고 있던 한국인들에게 불법적, 위법적으로 공권력을 행사해 발생한 피해에 대해서는 '배상'을 하는 것이다. 반면 손실 보상이란 적법한 공권력 행사로 발생한 재산 손실을 행정적으로 메워주는 개념이다. 협상 과정 내내 일본은 식민지 지배가 불법적 침략·지배였음을 인정하지 않았으며, 한국 정부는 국민과 국체를 대변한 역사적 매듭을 짓기보다 일본이 약속한 청구 금액과 경제협력 약속에 더 의미를 두었다. 특히 무상 제공한 3억 달러의 최종 성격은 민간 '보상금'이었다. 이 '보상금적' 성격은 실제 피해를 입었던 수많은 국민들이 아니라 당시 양국 정부의 이해에 따라 규정되었다.

정당성이 약했던 집권 초기 박정희 정권에게 거액의 대일 청구권은 놓치고 싶지 않은 재원이었다는 것이 역사학계의 중론이다. 실제 일본으로부터 받은 보상금은 정부 주도의 막대한 개발 자금으로 흘러 들어간다. 한국 정부가 내세운 민간인 피해 보상 요구는 배상 책임을 인정하지 않는 일본을 압박하는 수단이었다. 역사적 고통에 대한 정치적 보상을 하라는 것이었고, 법적으로는 피해를 입은 한국인 개인들에 대한 보상 청구권을 한국 정부가 넘겨받겠다는 의미이기도 했다. 무단 반출된 금과 은, 일본에 남겨둔 한국 기업의 재산, 청산되지 못한 임금, 찾지 못한 예금과 연금, 그리고 군인이나 노동자로 징용된 강제 동원 피해자들의 몫으로 책정된 금액이 3억 달러였다.

협상 과정에서 103만 명분의 민간인 피해액을 강조했던 한국 정부는 이후 이 자금을 민간 보상액으로 할당했다. 그러나 문제는 민간인 각자의 신청을 통해 지급한 이 '대일 민간청구권 보상'이 전체 보상액에 비해 터무니없이 작았다는 점이다. 박정희 정권은 1971

년부터 단 10개월간 보상 신청을 받아, 1975년까지 민간에 총 91억 8769만 3000원을 지급했다. 홍보는 부실했고 지급액 산정에는 극도로 소극적이었다. 적정 보상 액수와 심사 기준에 대한 당사자들의 불만과 논란이 끊이지 않았지만 묵살되었다.

그 상태로 한일 정부는 "양 체약국 및 그 국민(법인을 포함함)의 재산, 권리 및 이익과 양 체약국 및 그 국민간의 청구권에 관한 문제"가 "완전히 그리고 최종적으로 해결된 것"임을 확인하는 불가역적 협정을 발효시킨다. 이 과정에서 1989년에야 공론화 조짐을 보였던 일본군 위안부 피해자들은 보상 대상에도 오르지 못했다.

따라서 뒤늦게 제기된 위안부 문제는 일본 입장에선 이미 마무리됐던 1965년의 협정을 미완으로 돌릴 수 있는 뇌관이었다. 일본이 단 한 번도 인정하지 않았던 '배상 책임'이 새로운 쟁점으로 부상한 것이다. 일본의 배상 책임을 면해준 것은 박정희 정권이었다. 그러나 한일청구권협정의 사각지대에 놓였던 이들에 대한 일본의 법적 책임도 면책된 것인가? 이는 1965년에 일괄 소멸된 청구권이 피해 보상에 국한된 것이었는지, 구체적 피해자에 대한 배상 책임이 새로 생겨났다고 볼 수 있는지 따져봐야 알 수 있다.

위안부 문제가 수면 위로 떠오르자, 일본은 우선 '국가 책임 없음'을 내세웠다. 1990년 일본 정부는 종군 위안부가 군이나 국가가 아닌 민간 업자의 소관이었다고 주장했다. 군대나 제국 정부가 민간인 여성을 군 위안부로 동원하는 데 직접 개입했다는 정황은 은폐되었기 때문에 일본 정부는 이에 대한 새로운 배상 책임을 인정하지 않았다.

그러나 일본 학자에 의해 일본군의 개입을 증명하는 자료가 1992년 일본 방위청 도서관에서 발견됐다. 일본 정부의 대응 전략은 바뀌기 시작했다. 위안부 피해를 국가 폭력이자 전쟁범죄에 대한 추가 책임으로 인정하는 대신, 도의적 차원의 '사죄 및 위로' 대상으로 격하하는 모호한 문법이 이때 만들어진 것이다.

사태 직후 가토 고이치 당시 관방장관은 "필설로 다할 수 없는 쓰라린 고통을 당한 모든 분들에게 충심으로 사죄와 반성의 뜻을 전한다."는 입장을 내놨다. 일본 정부 최초의 공식 인정이었다. 동시에 일본 정부는 "사죄의 마음을 표명하는 조치"를 언급하며 강제징용에 대한 배상 책임이 없음을 강조했다. 일본군 위안부를 동원한 행위에는 도덕적 책임감을 느끼지만, 국가 차원의 인신매매나 노예화 같은 범죄 행위는 아니었다는 것이다. 설령 부당한 대우를 받았다 하더라도 그에 대한 보상은 한일청구권협정에 의해 이미 일괄 해결되었으므로 위로금 혹은 생활 지원금 지급으로 갈음하겠다는 입장도 이때 등장했다. 불과 4개월 뒤인 1992년 5월, '종군 위안부 기금'이라는 민간 차원의 보상안이 거론되기 시작했다. 그렇게 위안부 피해자 대 일본 정부의 기나긴 법적 투쟁이 시작됐다.

1993년 문민정부가 출범하며 김영삼 대통령은 위안부 문제 해결을 촉구하는 공식 서한을 일본에 전달한다. 그가 남긴 말은 "일본 측에서 진실을 밝히는 것이 중요하지 물질적 보상은 필요치 않다."는 것이었다. 진실, 즉 법적 배상 책임을 인정하라는 것은 한국

1997년 아시아여성기금의 위로금 전달에 항의하는 위안부 피해자들

정부의 공식 입장이 되었다. 반면 무라야마 담화 직후, 일본은 '여성을 위한 아시아 평화 국민기금'을 출범시키며 재단에 의한 위로금 출연 방침을 고집했다. 일부 피해자들에게 개별적으로 위로금을 전달하려는 일본 재단 측과 배상 책임을 인정하라는 대다수 피해자들의 갈등은 여러 차례 되풀이되었다.

국가의 역할

일본 정부와 피해자들 사이의 입장 차이는 20년 동안 변하지 않았다. 갈등의 구체적인 양상도 새로운 것이 아니었다. 2015년 위안부 합의 이후 바뀐 것은 일본 정부와 위안부 피해자 사이에 선 한국

정부의 입장뿐이었다. 한국 정부는 위안부 문제 해결의 주체가 아니라 대리인이다. 2011년 헌법재판소는 1965년 협정으로 모든 청구권이 말소되었다는 법리적 쟁점 사안에 대해 명확한 해석을 내놓았다. 1965년에 해소된 민사적 보상 책임과, 이후 새로 나타난 피해자들에 대한 일본 정부의 배상 책임은 다르다는 것이다. 따라서 헌법재판소는 외국 정부를 상대로 벌이는 국민의 법적 싸움을 한국 정부가 적극적으로 대리해야 할 책임이 있다는 결정을 내렸다.

> 대일 민간청구권자로 논의되어 알려졌던 민사채권 또는 은행예금채권 등을 가지고 있는 민사청구권 보유자에 한정되었고, 청구인들과 같은 원폭피해자, 피징용부상자, 일본위안부 피해자 등은 그 보상 대상에 포함되지 아니하였다. [……] 국제정세에 대한 이해를 바탕으로 한 전략적 선택이 요구되는 외교행위의 특성을 고려한다고 하더라도, 피청구인(정부)이 부작위의 이유로 내세우는 '소모적인 법적 논쟁으로의 발전가능성'이나 '외교관계의 불편'이라는 매우 불분명하고 추상적인 사유를 들어, 기본권 침해의 중대한 위험에 직면한 청구인들에 대한 구제를 외면하는 타당한 사유라거나 진지하게 고려되어야 할 국익이라고 보기는 힘들다.(2011년 8월 30일 2008헌마648)

한국 정부는 위안부 피해자들의 존재를 일종의 '외교적 부담'으로 여겼다. 헌법재판소는 한국 정부의 그런 전략이 국가가 가진

의무를 다하지 않은 '부작위', 즉 불의한 방관이라고 판단했다. 헌법의 명령에 따른 정부의 목표는 보상이나 위로가 아닌, 범죄 피해에 대한 배상금을 받아내라는 국민의 요청을 대리하는 것이어야 했다.

그러나 2016년 일본이 출연한 10억 엔이 배상금이 아니라는 것은 여러 증거를 통해 드러난다. 8월 24일자 일본의 정부 회의록에 해당하는 내각 의사록에 관방장관의 발언으로 기록된 돈의 성격은 '거출금'이다. 거출금이라는 개념은 납부금, 부담금, 출자금에 해당한다. 화해·치유재단으로 넘어온 돈의 법적 성격은 일본 정부의 '재단 출연금'이다. 배상금도, 보상금도 아닌 이 돈의 성격을 두고 한국 정부가 추진한 재단은 법적 정체가 없는 '위로금'이라고 명명했다. 헌법이 명령한 국가의 책임은 이번에도 '부작위' 상태였다.

1965년 당시 일본이 우리 정부에 건넨 돈은 국가가 국민을 대신해 받아낸 것이었다. 정부는 이 중 일부를 정식 제정한 법률에 따라 대상자들에게 합법적으로 지급했다. 최소한 당시의 정부는 국가 간의 약속인 협정을 통해 우리 국민에 대한 보상 책임을 이끌어냈다고 할 수 있다. 50년이 지나 박근혜 정부는 양 국가 사이의 협정이 아닌 외교장관들의 '구두 합의'를 통해 이 문제를 미봉했다. 국회의 동의도, 법률적 뒷받침도 없었다. 모호한 성격의 돈이 오가는 동안 그 돈에 붙어야 할 이름표는 실종됐다. 국가폭력을 반성하겠다는 가해국 정부도, 국민을 보호하겠다는 피해국 정부도 존재하지 않았다. 그렇게 박근혜 정부는 '국가는 피해자를 대변하라.'는 헌법의 해석과는 정반대의 길을 택했다.

'위안부' 문제가 던지는 물음

2015년 12월 28일, 위안부 합의는 28년 만의 역사적 순간이 아닌 '잊고 싶은 실책'이 됐다. 고령의 일본군 위안부 피해자들이 하나둘 세상을 등지고 있는 가운데, 일본의 우경화 걸음은 그때도 가쁘게 이어지고 있었다. 그해 광복절, 아베 총리의 전후 70년 담화는 "우리는 통절한 반성과 사죄를 표명해왔다."는 해괴한 어법으로 도마에 올랐다. 아베 내각은 "반성은 끝났다."는 말과 함께 전후 세대의 면죄를 부르짖었다. 의도가 의심스러운 일본의 행보 앞에서 박근혜 정부는 국민적 여망을 외면한 합의를 선택했다.

2015년 합의 선언 전문에 담긴 '불가역적 해결'의 의미에 대한 논란은 진행형이다. 피해자들은 여전히 합의의 폐기를 원하고, 대다수 국민들이 이를 지지하고 있다. 탄핵 정국이 몰아치던 2016년 12월 28일 팩트체크팀은 '불가역성'을 못 박은 한일 위안부 합의의 번복 가능성을 다뤘다. 이미 그해 3월 유엔 여성차별위원회는 위안부 합의를 통한 해결이 "이뤄지지 않았다."고 말했다. 위안부 문제에 대한 일본 정부의 공식 사죄와 배상이 여전히 필요하다고 공식 권고하기도 했다.

위안부 문제가 국제적 이슈가 되지 않기를 원했던 일본 정부로서는 당황스런 상황이었을지 모른다. 12월 27일에 나온 일본 정부의 공식 입장은 양국 국민과 세계 앞에 선언한 불가역적 해결 약속을 책임감 있게 이행하라는 것이었다. 그러나 유엔 여성차별위원회가 지적한 합의의 맹점은 "'피해자 중심의 접근'을 충분히 택하지 않았다."는 점이었고, 이에 대해서는 아베 내각은 물론 박근혜 정부의 책임도 뚜렷하다.

물론 전 세계로 송출된 양국 정부의 선언이 손바닥 뒤집듯 폐기되어서는 안 될 것이다. 그러나 한일 양국이 공식 외교 협약에 준하는 법적 절차를 밟지 않았다는 사실은, 그만큼 이 합의에 대한 양국 정부의 민주적 정당성이 (서로 다른 사정에 의해서라도) 약하다는 점을 방증한다. 국회의 비준 동의를 거치지 않았기에 대통령의 서명된 문서 한 장 남지 않은 한일 위안부 합의에는 헌법적 권한이 없다는 주장이 강하게 제기되기도 했다.

주요 대선 주자들 역시, 위안부 합의의 재검토를 주장했다. 무엇을 놓쳤기에 박근혜 정부의 '졸속 합의'는 국민적 저항을 불러일으켰을까? 위안부 문제의 진정한 해결은 어떻게 해야 하는가? 이 물음은 '국가는 무엇인가'라는, 광장으로 쏟아져나온 한없이 열려 있는 질문과도 멀지 않다. 국가의 도움이 필요한 국민이 있다면, 그가 단 한 사람일지라도 국가가 그를 위해 모든 노력을 쏟아야 한다는 것. 국가가 자신의 책임을 회피하거나, '외교적 전략' 따위를 내세워 방기해서는 안 된다는 것. 그것이 어쩌면 일본 공관 앞에서 소녀상이 묵묵히 던지고 있는 질문에 대한 답일지도 모른다.

박근혜 정부의
국정 홍보비

헌법 제46조 2항. 국회의원은 국가이익을 우선하여 양심에 따라 직무를 행한다.

◑ 2016년 9월 28일. 이틀 전부터 단식 중이던 새누리당 이정현 당시 대표가 관훈클럽 초청토론회에 참석했다. 사상 초유의 집권 여당 발 '국정감사 거부' 사태가 사흘째 이어지고 있는 와중이었다.

상황은 여당에게 불리했다. JTBC의 최순실 태블릿 PC 보도가 있기 한 달 전, 철옹성 같았던 대통령의 30퍼센트대 지지율은 서서히 붕괴 직전에 이르러 있었다. 김재수 농림부 장관에 대한 무리한 임명과 해임건의안 거부, 우병우 민정수석의 버티기가 극에 달한 때였다. 더불어 미르·K스포츠재단 의혹, 정유라 특혜 입학 의혹 등이 꼬리를 물면서 '최순실 게이트'가 점화되고 있었다. 여당 교문위원들이 국정감사 증인 채택을 막아서는 동안, 청와대는 어떠한 구체적 해명도 내지 않았다. 당권을 쥔 친박계는 대통령을 대신해 전선에 나섰다. 새누리당 내에서도 친박계의 과잉 행보에 우려의 목소리가 커져갈 정도였다. 박 전 대통령의 오랜 그림자이자 입이었던 이정현 대표의 말에 관심이 쏠릴 수밖에 없는 상황이었다.

이정현 대표의 대담 전문을 훑어보던 팀 내부에서는 이내 장탄식이 이어졌다. "박근혜 정부는 과소평가됐"고, "제대로 국민에게 알려지지 않"았다는 그의 호소는 집권 여당 대표의 발언 수준으로 믿기 어려우리만큼 안이한 것이었다.

"아니, 무슨 광고회사 대표야?"

정권에 대한 국민의 '평가'를 일차원적이고 일방적인 것으로 전제한 그의 전직은 청와대 홍보수석이었다. ◐

2016년 9월 28일 관훈클럽 초청토론회에 여당 당대표로 나선 새누리당 이정현 대표는 이틀 전부터 단식을 이어가던 중이었다. 동시에 사상 초유의 집권 여당발 국정감사 거부 사태가 사흘째 벌어지고 있었다.

이날 이 대표는 '당신들은 모르는 청와대'가 존재한다는 전략으로 맞섰다. 현 정부의 지난 성과가 제대로 홍보되지 않았고, 그래서 과소평가되었다는 주장이었다. 제기된 비판에 해명하는 대신 이를 정치 공세로 번안하는 과정에서 지난 정부의 사례는 곧잘 활용된다. 이정현 대표의 주장은 이런 식이었다.

"김대중, 노무현 정권을 포함한 과거 정권들은 국정홍보처라는 것을 별도로 둬서 직원들을 몇백 명 두고 예산을 몇천억을 써가

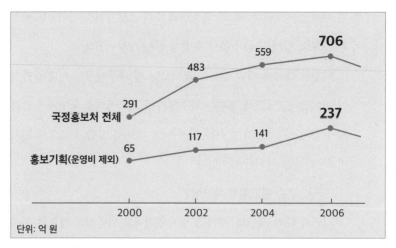

국정 홍보 지출액(2000~2006)

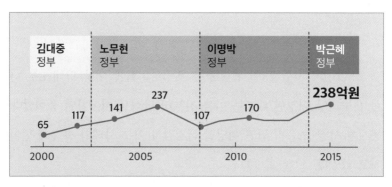

국정 홍보기획 지출액

면서 국정 홍보를 해왔습니다. 그런데 지금 적어도 이 정권에서는 그런 것은 없지 않습니까. 제대로 된 평가를 받을 때가 저는 있을 것이라 확신합니다. 솔직히 말해서 박근혜 대통령의 지난 3년 7개월에 대해서는요, 굉장히 과소평가된 게 많고 제대로 국민한테 알려지지 않은 게 많습니다."

탄핵으로 정권이 막을 내린 지금, 돌아보면 이런 '충성 멘트'들이 오히려 국민의 눈과 귀를 막고 있었다는 걸 일깨워준다. 사실을 직언하는 참모가 필요함을 차기 대통령에게 알려주는 사례이기도 하다.

역대 정부의 국정 홍보 비용

이 대표가 꺼낸 말의 진위 여부를 확인하기 위해 먼저 역대 정부의 국정 홍보 예산을 들여다봤다. "몇천억을 썼다"는 표현은 사실이 아니었다. 이전 정부에서 사용한 국정 홍보 예산은 각 회계연도 정부 결산 자료를 살펴보면 정확히 대조할 수 있다.

방대한 자료 중 2000년대 이후를 기준으로 삼는다면, 부처 운영비를 제외하고 홍보기획 분야에 소모된 돈은 2000년에 65억 원으로 시작해 노무현 정부 들어 237억까지 늘어났다가 이후 감쇄하는 곡선을 그린다. 어느 정부도 한 해, 혹은 전체 재임 기간 동안 지출한 금액이 2000억 원이 채 되지 않았다. 몇천억 원 이상을 국정 홍보에 들였다는 표현은 지나친 과장이었다. 이 전 대표가 노무현 정부 5년 혹은 국민의 정부부터 10년치의 전체 국정홍보처 예산을 모두 합쳐 몇천억 원이라 표현했을 수 있다. 그러나 10년 예산의 총합을 박근혜 정부의 3년 7개월 예산과 비교하는 것은 적절치 않다.

두 번째 확인할 부분, 역대 정부에서 국정 홍보를 위해 투입

된 인력 현황이다. 예산안보다 더 복잡한 확인 과정을 거쳐야 했다. 국정홍보처라는 조직의 역사는 국민의 정부 때 시작되어 참여정부에서 끝난다. 하지만 그전에도, 또 그 후에도 국정 홍보를 관장하는 정부 인력과 예산은 존재했기 때문이다. 새 정부가 들어서고 정부 조직이 개편되면서 공무원 인력이 재배치되는 과정을 추적할 필요가 있었다.

역대 정부의 국정 홍보 업무는 1961년부터 '공보부'에서 담당해왔다. 그러던 것이 1990년 '공보처'로 정부 조직이 바뀌었고, 1998년 '총리실 소속 공보실'로 개편되었다가 그 후신으로 1999년 김대중 대통령이 '총리실 소속 국정홍보처'를 신설했다. 노무현 정부까지 이어지던 국정홍보처를 없앤 것은 2008년 이명박 대통령이다. 다만 그 업무는 고스란히 문화체육관광부로 이관되었다. 이정현 대표가 "별도로 두었다"고 강조했던 국정홍보처는 사라졌지만, 지금까지도 정확히 같은 성격의 업무를 문체부 안의 '국민소통실'에서 담당하고 있다. 문체부 내 국민소통실은 관련 산하기관과 민간기관을 관장하며 국정 홍보 전반을 기획하고 실행한다고 정부조직법에 명문화되어 있다. 국정홍보처의 몸집이 가장 컸던 2007년, 참여정부의 국정홍보처 법정 배치 인원은 194명이었다. 현 국민소통실에 배치된 인원이 111명으로 줄어들었고 잔여 인력이 문체부의 다른 부서로 배치된 것은 사실이다. 그러나 "직원 몇백 명"을 썼다는 이정현 대표의 주장은 역시 과장이다.

광고보다는 소통이 중요하다

　그렇다면 박근혜 정부의 국정 홍보가 줄어들기는 했을까? 문체부 내 국민소통실과 여타 관련 부서가 쓰는 예산과 독립 기관인 국정홍보처 예산은 단순 비교하기 어렵다. 대신 이관된 국정 홍보기획 분야의 명목 비용을 비교해보면 알 수 있다. 확인 결과는 그래프와 같이 사실이 아니라는 것이다.

　2015년 문체부가 국정 홍보기획에 쓴 돈은 총 238억 원이다. 최고점으로만 따져도 역대 정부 중 가장 높은 금액이다. 작은 정부를 지향하며 국정 홍보비를 일시 감액했다가 2년차부터 증액한 전임 이명박 정부에 비해서도 더 많은 예산을 썼음을 확인할 수 있다.

　박근혜 정부가 즉각적인 국정 홍보에 상당한 공을 들였다는 사실은 정부 광고비 예산 추이를 통해 단적으로 확인할 수 있다. 예

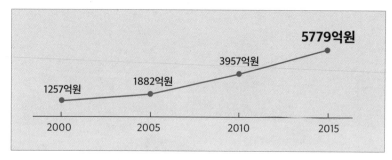

정부 광고 집행 내역(자료: 한국언론재단, 김병욱 의원실)

를 들어 2015년 국정교과서 추진 관련 논란이 뜨거워지며 제작·방영된 국정 홍보 광고비로 집행한 돈이 이 광고비 예산이다. 텔레비전, 인쇄매체, 온라인 등을 통해 배포되는 정부 광고는 한국언론진흥재단을 경유해 집행된다. 일정치 않은 정부 직제, 물가상승률 등을 고려할 때 부처 예산을 단순 비교하는 데에는 늘 무리가 따른다. 이 점에서 정부 광고 집행 내역은 우리가 접한 자료 중 가장 정확하게 비교가 가능한 자료이기도 했다.

　　박근혜 정부의 광고비 지출액은 역대 정부 중 가장 높았다. 취임 초에 비해서도 액수는 꾸준히 늘어나 2015년 한 해에만 5779억 원이 광고비로 지출됐다. 역시 2000년도와 비교해본다면 다섯 배에 가까운 '몇천억' 원의 돈이 오직 국정 홍보만을 위해 쓰였음을 알수 있다. 박근혜 정부가 홍보처가 없어서 과소평가됐다는 집권 여당 대표의 주장이 얼마나 터무니없는지 숫자는 말하고 있다.

　　집권 여당 대표는 박근혜 정부가 인기 없는 이유를 '홍보 부족'에서 찾으려고 했다. 하지만 우리가 확인해보니 역대 정부에 비해

FACT CHECK

홍보를 적게 한 것은 아니었다. 오히려 그런 "정부는 잘못이 없고 몰라주는 게 억울하다."는 식의 태도가 문제였다. 국민과 제대로 소통하지 못한 '불통'이야말로 정권의 진짜 문제였음은 이후 이어진 국정농단 사태에서 그대로 증명됐다.

국회의장의 정치적 중립

국회법 제20조의2 1항. 의원이 의장으로 당선된 때에는 당선된 다음 날부터 그 직에 있는 동안은 당적을 가질 수 없다.

◗ 2016년 9월 1일 정기국회 첫날. 충격적인 사진 한 장이 언론사 카메라에 찍혔다. 여당 국회의원이 국회의장실을 점거하는 과정에서 경호원의 멱살을 잡고 있는 장면이었다. 국회의장은 국민의 대표기관인 국회의 수장이다. 여당 의원이 입법부 수장의 멱살을 잡은 것이나 다름없는 상황이었다. 동물 국회, 몸싸움 국회를 없애겠다고 국회선진화법까지 만들었는데. 의장실에서 왜 이런 일이 일어난 것일까?

발단은 그날 오전 정세균 국회의장의 개회사였다. 정 의장은 본회의장에서 박근혜 정권의 정책을 거침없이 비판했다. 이를 놓고 당시 새누리당 의원들은 거세게 반발했고 유례를 찾기 힘든 '여당의 국회의장실 점거' 사태로 이어졌다. 여당에서는 의장의 중립을 규정한 국회법 20조의2를 근거로 제시하며 정세균 의장의 사퇴까지 촉구했다.

새누리당의 '국회의장 흔들기'는 한 번으로 그치지 않았다. 김재수 농림부 장관에 대한 해임 건의안 처리를 두고서는 '의사 일정 협의'를 제대로 하지 않았다고 문제 삼았다. 이번엔 국회법 77조를 어겼다는 건데, 역시나 야당에 기울어진 의사진행을 했다는 주장이었다.

그러나 풀리지 않는 의문이 있었다. 헌법은 삼권분립을 보장하고 있고, 헌법상 입법부는 행정부를 견제하는 기능을 한다. 입법부의 장이 행정부의 잘못된 점을 비판하는 게 과연 잘못된 일인가. 특히 헌법은 국회의원이 양심에 따라 일하도록 규정해두었는데, 국회의원의 대표인 국회의장이 소신 발언을 할 수 없는 것일까. 또 국회의장이 국회 일정을 조정할 때 어디까지 재량권을 가질 수 있는 것일까. 이 궁금증을 해소하기 위해 헌법과 국회법을 동시에 펼쳐들었다. ◑

사상 초유의
국회의장실 점거 사태

국회의장은 대통령에 이어 대한민국 의전 서열 2위다. 권한과 책임이 막중하고, 그만큼 특별한 경호를 받는다. 그런데 2016년 9월 1일 밤, 국회의장실이 점거를 당했다. 경호도 속수무책이었다. 다름 아닌 집권 여당(새누리당) 의원들에 의해서였다. 이 과정에서 여당 의원이 경호원의 멱살을 잡는 장면이 언론사 카메라에 찍혀 국민의 공분을 샀다. 사흘 뒤 새누리당은 '정세균 의장 사퇴 촉구 결의안'까지 냈다. 여당의 의장실 점거 사건, 사상 초유의 이 사태가 도대체 왜 벌어진 것일까?

국회의장은 본회의에서 국회의원들의 표결을 통해 선출된다. 주로 다수당의 최다선 의원이 후보로 나서고 큰 이변이 없는 한 당선되는 게 관례다. 국회의장이 되면 즉시 '당적'을 버려야 한다. 국회법 20조의2 때문이다. 2016년 총선으로 다수당이 된 제1야당 더불어민주당은 자당 소속의 정세균 의원을 국회의장 후보로 내세웠다. 여야 의원들은 정세균 의원을 의장으로 선출했고, 정 의장은 곧바로 탈당해 무소속이 되었다.

국회는 매년 9월 1일 정기국회의 문을 연다. 국회의장 개회사는 정기국회의 첫 일정이다. 역대 국회의장들은 주로 국정감사와 예산안 심의에 만전을 기해줄 것을 당부하는 원론적 수준의 개회사를 해왔다. 그러나 이날 정세균 의장은 달랐다. 박근혜 정부와 집권 여당을 향해 '날이 벼려 있는' 메시지를 세 개나 던졌다.

당시 우병우 청와대 민정수석은 가족회사의 공금을 횡령했다는 의혹 등으로 검찰 수사를 받고 있었다. 그런데 민정수석은 대통령의 법무부와 검찰 지휘를 보좌하는 자리다. 수사 대상이 수사 주체를 지휘하는 형국이었다.

사드(THAAD) 배치 문제로 논란이 거세던 시점이기도 했다. 그해 7월 8일, 정부는 공론화 과정을 거치지 않은 채 사드 배치를 결정해 발표해버렸다. 그리고 경상북도 성주군을 배치 후보지로 낙점

했다. 배치 결정에서 후보지 발표까지 걸린 시간은 고작 일주일이었다. 누가 봐도 졸속이었다.

전·현직 검찰 간부의 비리가 터져 나오던 시기이기도 했다. 특수부 검사로 이름을 날리며 검사장까지 지낸 홍만표 변호사가 검찰 이력을 악용했다가 대형 법조 비리에 연루됐다. 현직이던 진경준 검사장은 넥슨(NEXON)의 주식 120억 원 가량을 공짜로 받았다는 의혹에 휩싸였다. 검찰 개혁이 화두로 다시 떠올랐고, 고위 공직자와 검찰을 견제하고 감시하는 '고위공직자비리수사처(공수처)'를 만들어야 한다는 목소리가 야당을 중심으로 나왔다.

이날 정세균 의장이 한 개회사의 핵심은 첫째, 우병우 사퇴, 둘째, 사드 원점 재검토, 셋째, 공수처 신설이었다. 야당이 주장해오던 대로였고, 청와대 입장에서는 듣기 불편한 내용이었다. 새누리당이 '중립 위반'을 주장한 건 이런 청와대의 심기가 작용했다는 것이 정치권 전반의 분석이었다. 그렇다면 국회의장의 대통령 비판은 정말로 정치적 중립 의무의 위반일까?

새누리당은 국회법 20조의2를 '중립 의무'로 해석했다. 당적이 없는 국회의장이 야당의 주장에 힘을 싣고 정부 정책에 반대할 수 없다는 규정이라는 것이다. 반면 야당은 소속을 두지 말자는 것이지 정치 현안을 말하지 못한다는 규정은 아니라고 반박했다. 오히려 국회의 어른으로 시국에 대해 충분히 쓴소리를 할 수 있다는 의견도 나왔다. 같은 법을 달리 해석하는 여야, 그렇다면 그 법이 어떤 취지로 만들어졌는지를 따져봤다.

국회법 20조의2가 처음 만들어진 건 2002년이다. 그때만 해도 국회의장은 당적을 유지했다. 통상 여당이 다수당이고, 그래서 대통령과 국회의장이 같은 당 소속인 경우가 잦았다. 그러다 보니 국회의장에게는 독립성이 보장되지 못했다. 대통령이 추진하는 정책을 반대하기 어려운 구조였기 때문에 '허수아비'라는 비판을 종종 받던 시기였다.

이것을 깨보자고 나선 인물이 이만섭 당시 국회의장이었다. 같은 당인 김대중 대통령의 영향력에서 벗어나기 위해 국회법 개정을 추진했다. 당시 한나라당도 찬성했다. 국회 속기록에 따르면 허태열 한나라당 의원(정치개혁특별위원장)은 "국회의장 중립성을 보장하기 위해 의장의 당적 보유를 금지하도록 한다."고 밝혔다. 즉 '당적 보유'를 금지한 이유는 국회의장의 중립성을 강제하기 위한 것이 아니라, 국회의장이 정권 눈치 보지 말고 소신 있게 일하라는 것이었다. 따라서 팩트체크팀은 정세균 의장이 국회법 20조2를 어긴 것으로 단정 짓기 어렵다는 결론에 도달했다.

국회의장의 권한

2016년 9월 23일 김재수 농림축산식품부장관 해임건의안이 국회 본회의에 올라왔다. 장관이 된 지 한 달도 채 되지 않은 시점이었다. 특정 업체와 유착관계가 있다는 의혹 때문이었다. 김 장관이

1억 9000만 원의 전세금으로 경기도 용인의 93평 아파트에서 7년간 거주했다는 내용이었다. 그런데 이 아파트는 한 해운중개업체 명의였고, 김 장관이 저렴한 전세금을 대가로 부실 대출을 알선해줬다는 주장이 야권에서 제기됐다.

국회에 올라온 해임건의안은 당일 자정까지 처리되지 않으면 폐기될 상황이었다. 차수를 변경하지 않으면 자정을 기해 본회의는 종료된다. 그런데 정세균 국회의장은 24일로 넘어가기 직전 '차수 변경'을 선언했다. 그리고 24일 새벽이 되자 해임건의안을 표결에 부쳤고 결국 통과됐다.

새누리당은 정세균 의장이 독단적으로 차수를 변경해 본회의 일정을 연장시켰다며 반발했다. "의장이 각 교섭단체 대표의원과 '협의'하여 필요하다고 인정할 때에는 의장은 회기 전체 의사일정의 일부를 변경하거나 당일 의사일정의 안건 추가 및 순서 변경을 할 수 있다."라는 국회법 77조를 어겼다는 것이다. 정진석 새누리당 원내대표는 "종이 한 장 전달했지 협의하지 않았다."며 무효를 주장했다. 반면 우상호 더불어민주당 원내대표는 "그게 협의다. 의장이 의사전달을 하는 과정 자체가 협의"라고 반박했다. 종이를 보내든 팩스를 보내든 협의라는 것이다.

종이 한 장 달랑 전달하는 것이 과연 '협의'일까? 결론은 '협의'가 맞다. 이 법에서 말하는 '협의'의 개념이 무엇인지 헌법재판소가 명료하게 결정한 바가 있다. 2010년 이명박 정부는 아랍에미리트 파병을 추진했고 '파병 동의안'이 국회 처리를 앞두고 있었다. 이 동

	건수	인용	기각·각하	취하
2015년	1		1	
2010년	2		2	
2009년	5		5	
2008년	3		3	
2006년	1		1	
2005년	1		1	
2002년	1		1	
2000년	1			1
1990-1999년	5		5	
	20	0 (일부인용 4건)	19	1

국회 권한쟁의심판 청구 건수

의안에 대해 여당인 한나라당은 찬성, 야당인 민주당은 반대 입장이었다. 그런데 박희태 국회의장은 처리에 앞서 민주당에게 '전화'와 '팩스'를 통해 일정을 통보했다. 이에 대해 민주당은 "이건 협의가 아니다."라며 헌법재판소에 권한쟁의심판을 청구했다. 그 결과 "협의의 개념은 의견의 교환·수렴 절차"이고 "다양한 방식으로 이루어질 수 있다.", "결정은 종국적으로 국회의장이 한다."고 헌재는 판단했다. 즉 협의 방식은 국회의장이 정한다는 결론이다.

두 번째 사례는 2006년이다. 사학법 개정안 처리를 앞두고 열린우리당 출신의 김원기 국회의장이 한나라당에 '서면'으로 일정을 통보했다. 이에 한나라당은 "이것은 협의가 아니다."라며 헌재에 권한쟁의심판을 청구했다. 헌재는 "반대하던 한나라당과의 협의는 실질적 의미가 없는 상황", "한나라당과 직접 협의 없이 의사일정 변경하였더라도 위반으로 보기 어렵다.", "국회법 77조 위반으로 보기 어렵다."라고 결론지었다. 반대할 게 불 보듯 뻔한 상황에서 협의를 안 했다고 문제되지 않는다는 것이다.

마지막 사례는 2004년 3월 12일. 박관용 당시 국회의장이 열린우리당에 본회의 일정을 통보했다. 노무현 대통령 탄핵소추안을 처리하기 위해서였다. 그런데 이 통보를 '서면'으로 했다. 그 뒤 극한 반대 속에서 탄핵안이 처리됐다. 이에 대해 헌재는 "직접 협의하지 않았다 하더라도 그 점만으로 국회법을 명백히 위반한 흠이 있다거나", "열린우리당 의원들의 심의·표결권이 침해되었다고 보기 어렵다."고 결정했다. 헌재는 의사일정 통보권에 대해 세 차례에 걸쳐 이렇게 결정한 것이다.

「팩트체크」의 결론은 국회 권한쟁의심판 청구 건수를 전수조사한 뒤 나왔다. 표에서 보듯 의사일정에 대해서 헌법재판소가 국회의장의 권한을 최대한 보장하는 쪽으로 결정을 내려왔다는 것이다. 헌재가 국회의장의 의사일정 진행에 대해 위헌이라고 판단한 경우는 단 한 건도 없었다. 그만큼 우리 헌법은 국회의장의 권한을 폭넓게 인정하고 있었다. 소신에 따른 권한 행사는 국회의원뿐 아니라 의장에게도 적용되는 권리다. 또 이 숫자는 국회의장의 독립성이 얼마나 중요한지를 보여준다. 국회의장과 유독 악연을 만들었던 박근혜 정권을 다음 정권은 반면교사로 삼아야 한다.

2부

대통령 탄핵

2012년 12월 19일 광화문광장은 '사상 최초의 여성 대통령' 탄생을 축하하는 공간이었다. 당선이 확정된 뒤 박근혜 당선인은 특설 무대에 올랐다. "국민 행복시대를 반드시 열겠습니다." 짧지만 강한 한마디가 광장에 울려 퍼졌다. 그를 지지했든 하지 않았든, 모든 이들이 '100퍼센트 대한민국'을 만들겠다는 공약이 실현되기를 한 마음으로 바랐을 것이다. 그러나 4년 뒤 광화문 광장의 풍경은 180도 뒤바뀌어 있었다. '사상 최초의 대통령 탄핵'을 촉구하는 국민의 외침으로 광장은 뒤덮였다.

국민은 선거를 통해 대통령을 선출한다. 그리고 권력을 위임한다. 선거라는 행위는 국민의 대리인인 대통령에게 절차적 정당성을 보장해준다. 대통령은 임기 내내 국민의 뜻을 최우선으로 여겨야 한다. 이는 곧 헌법 가치를 수호해야 하는 의무와 맞닿아 있다. 그러지 않으면 국민은 언제든 그에게 책임을 물을 수 있고 극단적인 경우 그를 물러나게 할 수도 있다. 이것이 헌법의 원칙이라고 학자들은 말한다. 2016년과 2017년, 국민은 잘못된 선택의 대가를 감당해야 했다. 대통령의 당선을 축하했던 그 광장에서 대통령의 퇴진을 말했다. 민주주의는 국민에게 선택의 자유를 보장하지만 그 자유에는 책임 역시 뒤따른다. 국민은 스스로의 선택을 철회하는 방식으로 그 책임을 감수했다.

탄핵 정국에서 연인원 1500만 명의 국민이 광장에 나왔다. 1960년 4·19혁명과 1987년 6월항쟁을 뛰어넘는 숫자다. 이런 민심의 크기는 각종 여론조사를 통해서도 그대로 나타났다. 80퍼센트에

육박하는 탄핵 찬성 의견이 석 달 넘게 이어졌다. 광장을 밝게 비춘 촛불은 민주주의를 향한 흔들림 없는 에너지였고, 더 나은 세상을 향해 울려 퍼진 외침이었다.

이를 두고 '여론 재판'이라며 평가 절하하는 목소리도 있었다. 광장의 요구만으로 현직 대통령을 파면해서는 안 된다거나, 대통령을 여론 재판의 희생양으로 삼을 수 없다는 주장이었다. 일각에서 진행된 탄핵 반대 집회에서는 특검과 헌법재판소, 특정 언론사를 겨냥한 위협적 발언도 서슴없이 나왔다. 그러나 헌법의 관점으로 본다면 광장의 민심을 이런 식으로 축소하는 것은 바람직하지 않다. 헌법 제1조 2항은 이렇게 명시한다. "대한민국의 주권은 국민에게 있고, 모든 권력은 국민으로부터 나온다." 주권자인 국민이 압도적으로 요구하고 광장에서 그 요구를 표출한 행위는 오히려 헌법에 부합한다고 전문가들은 분석했다. 여론 재판이라는 부정적 프레임의 용어로 가둘 수 없는 것이다.

국회에 의해 탄핵소추된 대통령은 국민의 눈높이와 다른 시각을 보여주었다. 대통령 측은 세월호 참사라는 국가 위기 상황의 진실을 알고자 했던 국민에게 '사생활'이라며 언급 자체를 막았다. 여러 의혹에 대해 오히려 대통령도 '연좌제'의 피해자라는 논리로 국정농단의 책임에서 벗어나려고 했다. 국민이 단 한 번도 권력을 부여한 적 없는 한 개인의 국정 개입을 '키친 캐비닛'이라는 모호한 용어로 합리화했다. '무죄 추정의 원칙'이 지켜지지 않았다며 탄핵소추의 부당함을 주장했다. 그러나 이런 주장들은 헌법재판소의 탄핵 결정에 의해 일축되었다.

2016년 3월 10일 헌법재판소는 '파면 선고 요지'를 밝혔다. 재판에 참여한 여덟 명 가운데 여덟 명이 모두 탄핵 인용에 손을 들었다. 이런 압도적 결과는 광장에서 분출된 국민의 요구가 헌법과 일맥상통했음을 재차 증명해주었다. 아이러니하게도 가장 비정상적인 시국에 국민의 민주주의 의식은 더욱 선명하게 깨어났던 것이다. 우리는 이러한 국가적 경험을 통해 헌법의 가치를 새삼스럽게 확인했다. 이는 앞으로 탄생하게 될 대통령에게도 말하고 있다. 헌법을 초월해 국민 위에 군림한다면 헌법이 결코 용납하지 않는다는 것을, 4·19혁명과 6월항쟁, 촛불집회로 이어진 국민의 결단이 마침표가 아니라 쉼표가 될 수도 있다는 것을, 그러한 불행을 다시는 겪지 않기 위해 결국 헌법으로 다시 돌아가야 한다는 것을.

2부에는 치열했던 석 달 간의 탄핵 정국이 고스란히 녹아 있다. 취재 과정에서 많은 분들이 보내주신 의문점과 논쟁적 주제에 대해 방송에서 다 하지 못한 뒷얘기들도 적었다. 헌법학자와 정치 전문가, 법률가 들의 조언도 함께 확인해볼 수 있다.

1장

태블릿 PC 보도에서
탄핵안 가결까지

청와대는 어떻게 뚫렸나

군사기밀보호법 제13조 1항. 업무상 군사기밀을 취급하는 사람[……]이
[……] 타인에게 누설한 경우에는 3년 이상의 유기징역에 처한다.

◗ "아니, 무슨 청와대가 이렇게 쉽게 뚫리나요?"

2016년 10월 24일 JTBC 특별취재팀의 최순실 태블릿 PC 보도
는 청와대 내부 문건이 한 개인에게 무더기로 넘어간 정황을 보여줬
다. 이날 텔레비전으로 뉴스를 보던 팀원들은 황망해했다.

"청와대 출입기자들도 택시 타고 춘추관에 가려면 일일이 검문
을 다 받는데……. 이건 누가 도와주지 않으면 불가능한 일이야."

청와대는 1급 보안 시설이다. 출입문뿐 아니라 주변 지역까지 3
중으로 경호를 하고 있다. 누군가가 그런 청와대를 뚫고 들어가서
문서를 빼내온 것인가. 아니면 그 안의 또 다른 누군가가 문건을 밖
으로 유출시킨 것인가. 이렇든 저렇든 철통보안을 생명처럼 여기는
청와대의 보안이 허술하기 짝이 없었음은 분명했다. 과연 어떤 루트
로 문서가 샜을까?

"그런데 그게 취재가 될까요?"

청와대는 여러 기밀들로 둘러싸여 있다. 공식적으로 취재를 하려 해도 '보안 사항'이라는 이유로 취재가 늘 막힌다.

"하는 데까지 해보고 안 되면 방송 펑크 나는 거지 뭐. 일단 뛰어 들자. 우리가 아니면 누가 하겠냐?"

무모함으로 시작한 주제, 그러나 취재가 거듭될수록 알려지지 않 았던 사실의 퍼즐들이 맞춰졌다. ◗

2016년 10월 24일 JTBC 특별취재팀의 최순실 태블릿 PC 보 도는 청와대 문건이 한 개인에게 손쉽게 넘어간 정황을 그대로 보여 줬다. 대통령의 연설문 초안과 외교안보 비밀이 담긴 문서 등 일반인 이 접하면 안 되는 것들이었다.

1급 보안 시설인 청와대의 보안을 누군가가 뚫은 것인지, 대 통령의 묵인으로 보안 시스템이 무력화된 것인지는 파악하기 어려웠 다. 중요한 것은 그 어느 곳보다 보안이 철저해야 할 청와대가 그렇 지 못했다는 것이다. 팩트체크팀은 과거 정권의 청와대 근무자들을 중심으로 이런 일이 어떻게 가능한지를 취재했다.

취재를 거듭할수록 의문은 커져만 갔다. 청와대는 물리적으 로 3중 경호를 하고 있어서 외부인 출입을 철저히 봉쇄해왔다. 정상 적으로 작동했다면 최순실이 자유롭게 드나들 수 없는 구조였다. 전 산 시스템도 마찬가지였다. 문서를 하나라도 외부로 유출하면 반드시 흔적이 남았고, 자체적으로 감시하는 체계도 갖추고 있었다. 그렇다면 대한민국을 뒤흔든 국정농단의 자료들은 어떻게 최순실이라는 민간인의 손으로 넘어갈 수 있었을까?

청와대 문서를 유출하는 방법

팩트체크팀은 이명박 대통령 시절 청와대에서 근무한 한 인사에게 연락했다. 문서 유출이 가능하냐는 질문에 그는 단호하게 답했다. "세 겹의 방호막을 쳐서 외부에서 해킹이나 이런 것을 못하도록 위민 시스템을 보강해서 운용했다. 시스템이라는 것은 예외를 두지 않는다. 대통령을 포함해서……." 대통령조차 강력한 보안 시스템 하에서는 문서 한 장 외부로 빼돌릴 수 없다는 것, 그래서 상식적으로 납득할 수 없는 일이라는 말이었다.

청와대에는 대통령의 집무실이 있는 본관과 본인 및 가족이 생활하는 관저가 있다. 그리고 대부분의 직원은 위민관(비서동)에서 근무한다. 대통령은 청와대 영내에서 머무는 반면, 청와대 직원은 출근하면 연풍문을 통해 청와대 안으로 들어간다. 출입이 잦은 직원들에 의해 유출됐을 가능성이 더 크다는 얘기였다.

연풍문에는 검색대가 있다. 공항의 보안 검색대와 비슷하다. 자신의 소지품을 다 꺼내서 검사를 받는다. 인가를 받지 않은 개인의 PC나 스마트폰, 전산기기 등은 반입이 금지되어 있다. 이 검색대

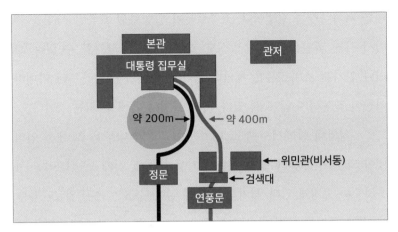

청와대 구조

는 대통령과 수석비서관을 제외하면 거의 모든 직원이 다 지나가야 한다는 게 청와대 근무자들의 증언이었다. 근무자들이 연풍문의 검색대를 통과해 사무실로 가면 책상 위에는 두 대의 컴퓨터가 놓여 있다. 하나는 문서 작성만 가능한 내부용 PC이다. 다른 하나는 문서를 만들 수 없고 인터넷만 가능한 외부용이다. 문서를 만들어 메일로 외부에 보내려면 두 대의 컴퓨터를 모두 거쳐야 하는 구조다.

먼저 내부용 PC를 가동하려면 청와대에서 부여받은 고유 암호를 넣어야 한다. 그러지 않으면 시스템 자체가 열리지 않도록 돼 있다. 이 PC로 문서를 작성한 뒤에 한글 파일로 저장을 하면 청와대 서버에도 그 기록이 남는다. 이렇게 만들어진 문서를 유출하려면 가능한 방법은 크게 세 가지이다. 외부용 PC로 옮겨 이메일을 보내는 방법, 출력을 해서 들고 나가는 방법, 출력한 문서를 복사해서 청와대를 빠져나가는 방법이다. 스마트폰이 일상화된 요즘은 사진을 찍어서 사진 파일을 보내는 방식도 가능하리라고 생각할 수 있다. 그러나 인가된 스마트폰은 청와대 영내로 들어가는 순간부터 카메라 기능이 작동하지 않게 돼 있다. 사진 촬영이 아예 안 되는 것이다.

청와대 안에서 외부로 메일을 보내려면 내부용 PC에서 인터넷이 되는 외부용 PC에 문서를 옮겨야 하는데, 이때 보안 USB를 사용하도록 규정돼 있다. 허가되지 않은 일반 USB는 속된 말로 '먹통'이 된다. 문서를 옮긴 다음 외부용 PC로 이메일 계정에 로그인을 한다. 하지만 네이버, 다음, 지메일 같은 외부 계정은 막혀 있다. 오로지 'president.go.kr'이라는 도메인의 청와대 계정만 접속이 된다. 이 계정으로 외부로 메일을 발송하면 된다. 따라서 외부로 문서를 보내는 것이 불가능한 일은 아니다. 하지만 반드시 사전 허가를 받도록 되어 있다. 예를 들어서 '최순실이라는 민간인에게 내부 문건을 보내겠다.'고 보안 담당자에게 허락을 구해야 한다. 이 단계를 건너뛰면 사후에 적발이 되는 구조이다.

출력이나 복사로 문서를 내보내는 것도 매우 까다롭고 전부 기록이 남는다. 어떤 문서를 누가, 어디서, 언제, 몇 장을 출력했는지 흔적이 남게 되어 있다. 복사를 하려면 직원에게 부여된 고유 카드를 인식시킨 뒤에 사용할 수 있다. 청와대는 누가, 언제, 몇 장의 문서를 복사했는지까지 관리하는 셈이다. 그리고 이런 정보들을 청와대 전산 담당 부서에서 수집한다. 유출하려면 할 수 있지만, 아무도 모르게 할 수는 없다는 얘기다. 특히 내부 감찰을 담당하는 민정수

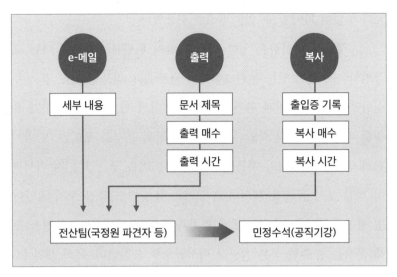

청와대 전자문서에 남는 기록

석실 산하의 공직기강비서관실에서는 이런 기록들을 수시로 파악할
수 있다. 자체 감사로 부적절한 행위를 적발할 수 있다. 따라서 문서
를 외부로 유출한다는 것은 정상적인 시스템에서는 매우 어려운 일
이다.

    과거 청와대에서 근무한 한 인사는 "유출은 사실상 불가능하
다고 보면 된다. 내부의 네트워크 팀에서 용인하거나 풀어주지 않는
한은 어렵다."고 팩트체크팀에게 알려주었다. 이 말대로라면 누군가
가 허락을 해줬거나, 아니면 아예 허락 자체가 필요 없었던 것은 아
니었을까? 그런데 취재가 한창이던 10월 26일 JTBC 사회부의 특별
취재팀은 새로운 보도를 내놓았다. 유출된 문건 중 일부는 정호성
청와대 제1부속비서관이 작성했다는 내용이다. 문서 유출의 경로를

보다 뚜렷이 파악할 수 있는 중요한 단초였다.

정호성 비서관은 일반 직원과 달리 위민관(비서동)이 아닌 대통령의 집무실이 있는 본관 2층에서 근무했다. 집무실 바로 옆 사무실이었다. 다른 직원과 완전히 격리돼 있어서 이 문서를 제3자가 유출할 가능성은 극히 작았다. 또 정 비서관의 문서를 보려면 정 비서관의 암호가 필요하기 때문에 열람조차 어려운 구조였다. 정 비서관이 직접 문서 유출을 했거나, 누군가의 유출에 도움을 주지 않았다면 불가능했다는 것이다. 훗날 검찰과 특검 수사의 공소 사실을 통해 문서를 유출한 장본인은 정 비서관으로 드러났다. 특히 개인 PC를 버젓이 반입해서 외부 메일을 통해 문서를 최순실에게 전달했다는 사실도 수사 결과 나타났다. 이 공소 사실이 뒤집어지지 않는 한, 대통령의 문고리로 불리는 최측근이 청와대 보안 규정을 완전히 무력화한 사실이 밝혀진 셈이다.

개인 PC를 청와대 내에 들여오고 아무런 제지 없이 사용했다는 것은 조직적인 방조 없이는 불가능하다. 앞서 설명한 대로 연풍문 검색대 단계에서 제대로 걸러지지 못한 것이다. 또 비인가 PC를 사용하면서도 내부 감찰에서 문제되지 않았다는 것은 청와대 민정수석실이 의무를 다하지 못했다는 뜻이다. 청와대의 보안 책임자는 다름 아닌 '또 다른 문고리' 이재만 전 총무비서관이다. 전산 관련 정보들을 철저히 따지고 자그마한 문제도 걸러내야 할 이 비서관의 책임은 없을까? 청와대 문서 유출은 한두 명의 일탈이 아닌 박근혜 청와대의 조직적인 묵인과 방조의 결과였다고 우리는 결론지었다.

청와대 정문으로 드나드는 방법

청와대에는 총 네 개의 문이 있다. 그중 정문과 연풍문이 주로 사용된다. 연풍문은 청와대 직원들이 수시로 드나드는 문이다. 출입증을 보여주면 검색대를 통해서 들어갈 수가 있다. 반면 정문은 아주 제한적으로 열리고 닫힌다. 주로 대통령이 사용한다. 두 문의 용도 차이는 매우 크다. 전직 청와대 직원은 "정문은 국무회의나 외빈이 왔을 때 아니면 드나들기 어렵다. 그래서 최순실이 이 문을 사용했다는 것은 위세를 과시하기 위한 게 아니었을까 싶다."고 말했다.

정문은 평소에 굳게 닫혀 있다. 그렇다고 일반인이 출입을 아예 못 하는 것은 아니다. 예를 들어 어린이날 초청을 받은 초등학생들, 만찬 행사를 위해 찾은 민간단체 회원들은 정문을 통해 청와대로 들어간다. 과거 정부에서는 청와대 정문을 국민에게 얼마나 개방하느냐가 탈권위의 척도가 되기도 했다. 하지만 박근혜 정권은 국민이 아닌 최순실이라는 국정농단의 핵심 인물에게 이 문을 자유롭게 개방했다는 게 수사 결과 드러났다.

정문 출입은 사전 허가가 원칙이다. 장관들이 회의 때문에 들어온다고 허가를 받았다면 통과가 된다. 물론 검문까지 안 할 수는 없다. 청와대에서 상시 근무하는 수석비서관도 정문 출입이 가능하지만 검문을 받는다. 반면 외국 정상은 사전 허가를 받지만 검문은 하지 않는다. 국빈에 대한 예우 때문에 관례적으로 생략한다. 결

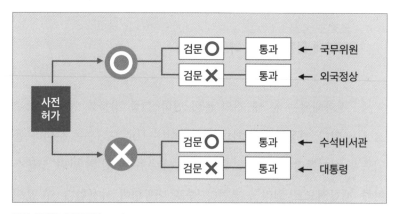

청와대 정문 출입 방법

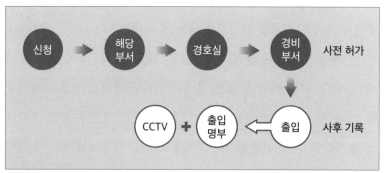

청와대 정문 출입 절차

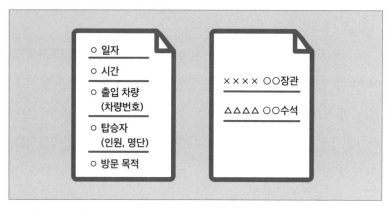

정문 출입 신청서 양식

국 사전 허가도, 검문도 필요 없는 대상은 대통령밖에 없다는 얘기가 된다. 최순실의 출입 허가 및 검문 기록이 존재하는지는 대통령이 탄핵된 지금도 뚜렷이 밝혀지지 않았다. 청와대가 자료를 내어주지 않았고 압수수색도 거부했기 때문이다. 최 씨가 정문을 제집 드나들 듯이 무사통과했다면, 대통령급 특혜를 받았다는 뜻이다.

　　언론의 취재 결과 최순실은 청와대 행정관의 차량을 타고 정문을 통과했다고 한다. 이른바 측근 3인방 중 한 명인 안봉근 비서관의 차량으로 알려졌다. 이런 경우에도 출입 기록을 남겨야 할까? 이에 대해 설훈 더불어민주당 의원이 국회 국정조사에서 이런 질문을 했다. "청와대 관용차를 사용해서 본인들이 먼저 탑승한 이후 대통령이 뒷좌석에 누군가 모셔오라고 하면 들어갈 수 있습니까, 없습니까?" 당시 이영석 경호실 차장은 "들어갈 수 있는데 기록은 다 남습니다."라고 답했다. 기록은 반드시 남게 돼 있다는 것이다.

　　정문을 출입하려면 먼저 신청서를 접수해야 한다. 신청서는 방문 부서에 통보된다. 만날 사람, 목적 등을 검토한 뒤에 출입 허가 여부를 결정하고 경호실에 알려준다. 경호실은 가부에 따라서 현장 경비 부서에 이를 다시 알리게 된다. 이를 근거로 경비 근무자들은 정문을 활짝 열게 된다. 출입 즉시 출입 명부와 CCTV 기록이 남는다. 또 정문 근무자들은 '상황일지'도 작성한다. 군대의 '위병소 상황일지'와 비슷한 개념이라고 보면 된다.

　　팩트체크팀이 경비대 근무 경험자를 통해 파악한 내용은 대략 이렇다. 상황일지에는 일자, 시간, 차량번호, 탑승자 신원, 인원수,

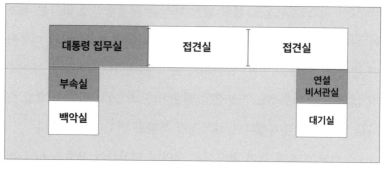

청와대 본관 2층 구조

방문 목적 등이 적힌다. 대통령의 차량이 들어오고 나간 것도 원칙대로 했다면 기록에 다 남는다. 최순실의 기록이 없다면 대통령보다 더한 출입 특혜를 받았다는 얘기다.

　이렇게 까다로운 정문 출입 절차까지 감수하면서 왜 굳이 정문을 택했을까? 위세를 과시하려 했다는 추측 외에도, 최순실의 목적지가 분명했기 때문일 수도 있다. 정문에서 청와대 본관은 대략 200미터 정도 떨어져 있다. 대통령이 일하는 본관에 갈 필요가 없다면 상식적으로 정문을 이용할 필요가 없다. 위민관에 가려 했다면 연풍문이 가장 편리하다. 그래서 청와대 본관 2층을 주목해야 한다.

　본관 2층에는 대통령의 집무실이 있고 그 옆에 부속실이 있다. 또 맞은편에 연설 비서관실이 있다. 이곳들은 박근혜-최순실 게이트의 여러 의혹이 생겨난 진앙지였다. 그곳에는 방대한 자료와 국가 기밀이 있다. 최순실이 단순히 이메일로 청와대 문건을 주고받은 데 머물지 않고 '국가 안보의 심장부'를 자유롭게 드나든 셈이 된다.

법원의 영장을 받은 검찰과 특검조차 그곳에 끝내 진입하지 못하고 돌아갔다.

최 씨의 출입 기록은 국정농단이 탄핵으로 마무리된 지금도 우리에게 알려지지 않고 있다. 기록이 있다면 언젠가 반드시 밝혀져야 할 것이고, 없다면 대통령부터 정문 경비대까지 조직적인 묵인이 있었다는 얘기가 된다. 이런 사태의 재발을 막기 위해서라도 반드시 밝혀야 할 부분이다.

거국내각의 가능성

헌법 제66조 4항. 행정권은 대통령을 수반으로 하는 정부에 속한다.

◑ JTBC의 최순실 태블릿 PC 보도 일주일 만인 2016년 10월 31일, 거국내각을 추진하자는 의견이 새누리당에서 나왔다. 청와대도 우호적이었다. 거국내각은 여야가 함께 내각(행정부)을 꾸리는 정치 형태를 말한다. 대통령제에서 행정부 구성은 대통령의 고유 권한이지만 거국내각이 이뤄지면 이 권한을 국회가 가질 수 있다. 예를 들어 20대 국회처럼 여소야대 상황에서는 야당 추천의 국무총리가 탄생할 수도 있고 국정을 그 총리가 담당하게 된다. 대통령은 정치 일선에서 물러난다.

그날 팀원 사이에서 격론이 벌어졌다. "국정농단이 현실화되자 여당이 이를 모면하기 위해 야당과 공동정부를 구성하는 쪽으로 돌파구를 마련한 것이다. 야당을 끌어들이는 물타기다."라는 쪽과 "어떤 이유든 거국내각을 통해 비정상의 상황을 조금이나마 빨리 회복해야한다."는 의견이 부딪혔다.

그런데 회의 중 팀원 한 명이 말했다.

"최순실 사태 전에 야당이 거국내각 제안했었잖아요. 그때 새누리당은 헌법 정신과 충돌한다면서 단칼에 거절했는데, 이제 와서 말을 완전히 뒤집었는데요?"

그렇다. 새누리당은 불과 6개월 전 거국내각은 불가능하다고 했다. 그때와 지금, 무엇이 달라진 것일까? 분명한 것은 헌법은 그대로라는 것이다. ◑

거국내각 제안의 역사

"민생경제 극복 위해 거국내각, 초당적 내각 하자." 2005년 9월 7일, 노무현 대통령이 박근혜 한나라당 대표에게 한 제안이다. 열린우리당의 과반 의석이 무너져 한나라당의 협조가 반드시 필요했던 때였다. 그러나 당시 박 대표는 "더는 말씀 않기를 바란다."며 거절했다.

2016년 5월 3일, 더불어민주당은 새누리당에게 거국내각을 제안했다. 4월 총선이 끝나고 여소야대가 된 뒤였다. 여소야대에서 정부와 여당 혼자의 힘만으로는 국정 운영이 어렵다. 그러나 여당은 이번에도 거절했다. 헌법 정신과 충돌한다는 것이 이유였다.

거슬러 올라가면 거국내각 제안은 1992년에도 있었다. 당시

난국수습 '비상정치회의' 제의

김대중대표 회견 **거국내각 구성 요구**

공무원 선거개입 금지·노대통령 당적 이탈도

1992년 8월 27일자 《한겨레》 1면 기사. "국민들은 민자당이 국정을 수습할 능력을 상실했다고 보고 있다". 김대중 당시 민주당 총재의 발언이다.

민주당 총재였던 김대중 대선 후보는 거국내각 구성을 제안했다. 여당이었던 민자당을 향해서였다. 노태우 대통령의 대선 개입 의혹, 관권선거 의혹이 짙던 시기였다. 노태우 정부에게 대선 관리를 맡겼다가는 공정한 대선이 이루어질 수 없다는 판단이었다. 그러나 당시 민자당은 "대통령제에서 이질적 요소"라며 거절했다.

이런 '거절의 역사'를 가진 박근혜 대통령과 새누리당이 최순실 국정농단 사태가 일어나자 야당에게 거국내각을 제안하는 아이러니한 상황이 벌어졌다. 헌법은 달라지지 않았으니, 달라진 건 최순실 사태로 난처해진 여당의 입장이었을 것이다. 우리는 그때그때 달라지는 정치권의 행태에 크나큰 문제의식을 가지고 있었다. 그러나 의견보다는 사실에 초점을 맞춰야 하는 일의 특성상 최대한 건조하게 이 사안을 바라보려 했다.

거국내각의 헌법상 근거

취재를 시작했다. 학교 다니면서 법전이라고는 본 적도 없는 문외한들이 팔자에도 없는 헌법을 펼쳐들었다.

"선배, 대통령이 자리에 있는데 거국내각이 가능한가요?"

기초적인 물음부터 막혔다. 대통령제를 택한 한국은 행정부를 대통령이 구성한다. 고유 권한이다. 그런데 거국내각을 하려면 일단 야당 쪽 국무총리가 들어서야 한다. 총리가 박근혜 행정부를 새롭게 바꾸는 것이다. 탄핵이나 하야 없이 대통령은 2선으로 물러나고, 국무총리가 국정을 대행하는 식이다. 이게 가능할까?

헌법에서는 대통령의 권력 공백을 크게 두 개념으로 규정한다. '궐위'와 '사고'. 궐위는 그 자리가 빈다는 뜻으로 이승만 전 대통령의 하야, 박정희 전 대통령 사망 같은 경우이다. 지금은 탄핵된 박근혜 전 대통령의 상황도 궐위에 해당된다. 대통령 궐위 시에는 60일 이내에 대선을 치르게 되어 있다. 반면 사고는 잠시 해외 출장을 떠났거나 병으로 직무 수행이 어려운 상황 등에 해당한다. 국회의 탄핵소추로 헌재의 최종 결정을 기다리는 상황도 사고로 본다. 노무현 전 대통령의 63일 직무정지 기간이 이에 해당한다. 대통령 사고시에는 국무총리가 권한을 대행하도록 되어 있다.

당시 박근혜 대통령은 탄핵소추를 받기 전이었다. 스스로 하야를 할 생각도 없었던 것 같다. 새누리당의 거국내각 제안은 대통

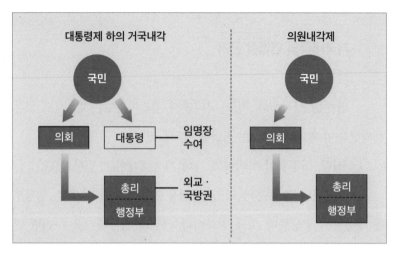

의원내각제의 형태와 대통령제 하에서의 거국내각 운용 예시

령이 자리를 그대로 유지한 채 국정 일선에서 뒤로 빠져 있게 하겠다는 구상이었다. 우리는 헌법학자들을 폭넓게 취재했다. 그 결과 대통령의 2선 후퇴는 헌법상 '사고'로 볼 수 있다는 해석을 얻었다. 우리 헌법은 거국내각에 대해 규정하고 있지 않지만, 대통령을 사고 상황으로 규정해 일선에서 물러나게 한 뒤, 국회가 국정을 대행할 거국내각 총리를 내세우면 된다는 것이었다. 다시 말해 '거국내각은 헌법상 불가능하지 않다.'는 것이 첫 번째 결론이었다.

현실적 어려움

그렇다면 이론상의 거국내각이 현실적으로도 가능할까? 대통령의 고유 권한을 어디까지 이양할 수 있을까? 학자들의 자문을 받아 '인사권'과 '외교·국방권'으로 나누어 살펴보았다. 먼저 인사권을 대통령이 내려놓을 수 있느냐는 질문에 우리가 취재한 학자들은 예외 없이 가능하다고 답했다. 한국은 대통령제이긴 하지만 대통령만 결단하면 국회가 국무총리를 내세우고, 그 총리가 독립적으로 행정부를 꾸리면 된다는 것이다. 개

박근혜 전 대통령이 펴낸 『절망은 나를 단련시키고 희망은 나를 움직인다』(위즈덤하우스, 2007)의 표지

헌을 하지 않고도 의원내각제적 형식의 운용이 가능하다는 뜻이다. 물론 어디까지나 박근혜 정부가 동력을 잃어 비정상적인 상황이라는 걸 감안했을 때의 이야기다. 대통령제에선 대통령제에 충실한 방식으로 운영되는 것이 원칙이다.

　　헌법상 보장된 대통령의 외교·국방권도 마찬가지이다. 안보 위협이 닥쳤을 때 대통령이 결정하느냐 총리가 결정하느냐 하는 혼란스러운 상황이 벌어질 수도 있다. 헌법학자들은 실질적인 결정은 총리가 하고 형식적인 절차는 대통령이 맡는 방식이 불가능하지 않다고 답했다. 의사결정은 총리가 하고 절차상 서명만 대통령이 하는 식이다. 물론 이게 바람직하다는 얘기는 아니다. 헌법학자들은 '비상

시국'인 점, 그리고 '권력 공백'을 채울 대안이 마땅치 않아 헌정이 중단되는 것을 막기 위한 불가피한 방법이라는 점을 분명히 전제했다.

하지만 이런 방법은 '대통령의 결단'과 '정치적 약속'을 전제로 한다. 자신의 인사권과 군 통수권 등을 다 넘기고 형식적인 존재로 남겠다고 밝혀야 하는 것이다. 밝힌다고만 되는 것도 아니다. 그 약속을 뒤집지 않겠다는 약속도 국민에게 해야 한다. 대통령이 언제든지 헌법적인 권한을 되돌리겠다고 하면 국민이 정치적으로 반대할 수는 있어도 강제하지는 못한다. 개헌을 통해 헌법을 바꾼 게 아니라, 헌법을 유지하며 그 안에서 대통령이 뒤로 물러나 있는 것이기 때문이다. 극단적인 경우 청와대가 입장을 철회하면 그만이다. 심지어 대통령이 야당 출신의 국무총리와 갈등을 빚다가 해임해버리고 원래 자리로 복귀하는 것도 가능하다.

우리의 최종 결론은 거국내각이 이론적으로 불가능하지 않지만, 대국민 약속이 전제되어야 하고, 그 약속을 대통령이 끝까지 지켜야 한다는 것이었다. 2005년 거국내각을 거절한 박근혜 한나라당 대표는 훗날 자서전에 노무현 대통령을 비판하며 이렇게 적었다. "권력이란 국민이 부여하는 것이다. 어느 누구도 권력을 나눈다고 말할 수가 없다. 민심이 중요하다는 점을 아셨으면 한다." 아이러니하게도 2017년 박근혜 대통령은 민심을 잃고 결국 국민이 부여한 권력을 국민의 뜻에 따라 박탈당한 전직 대통령이 되었다.

민정수석의 역할과 책임

**헌법 제7조 1항. 공무원은 국민전체에 대한 봉사자이며,
국민에 대하여 책임을 진다.**

◑ "민정수석비서관이 어떤 일을 하는 사람인지 다뤄주세요."

출근해 자리에 오니 한 시청자가 보내온 제보가 책상 위에 도착해 있었다. '민정수석이라…….' 회의감부터 들었다. 어렵고 딱딱한 데다 취재하기 어려운 대상이기 때문이었다. 팀원들의 반응도 비슷했다.

"관심 있긴 한데, 너무 어렵지 않을까요?"

그렇다. 청와대와 관련한 팩트체크는 늘 망설여진다. 정보가 부족하고 관련자들이 대체로 함구한다. 자칫 확인이 부족한 정보로 방송을 해야 할 수도 있다.

결국 시청자의 의견을 채택하기로 했다. 민정수석 역사상 가장 유명세(?)를 타고 있는 우병우 수석 문제였기 때문이다. 그는 최순실에 대해 '모르쇠'로 일관했다. 두 사람의 관계를 추정할 수 있는 보

도들이 연일 쏟아지고 있었으나 모두 부인했다. 그의 말이 사실인지 아닌지를 꼭 밝히고 싶었다. 민정수석이 어떤 일을 하는 자리인지, 그가 재임했던 시기에 어떤 일들이 있었는지를 칠판에 그리기 시작했다. 이 내용을 시청자들이 알게 된다면 그의 말을 곧이곧대로 믿을 수 없을 것이라는 확신이 들었다.

취재 과정에서 우 수석의 몇 달 전 언론 인터뷰 내용을 발견했다. "검찰총장도 2년짜리 권력 [……] 국민이 '거기 잠시 앉아 있어라.' 이런 것이지, 지 권력이냐." 모든 권력은 국민으로부터 나온다는 헌법 1조 2항을 언급한 것이다. 무척이나 아이러니했다. 그 말은 바로 국민이 우 수석에게 해주고 싶었던 말이었기 때문이다. ◑

민정(民政, civil affairs)은 청와대 비서실의 업무 분야 중 하나다. 민정수석은 '국민 여론과 민심 동향'을 파악하고 '공직과 사회 전반의 기강'을 잡는 일을 담당하고 있다. 따라서 박근혜-최순실 게이트에서 결코 자유로울 수 없는 자리였다.

애초에 민정수석이 자신의 역할에 충실했다면 어땠을까? 국정농단과 대통령 탄핵이라는 대한민국의 부끄러운 역사를 막을 수 있지 않았을까? 하지만 우병우 전 수석은 국회 국정조사에 나와 "모릅니다"만 반복했다. 몰랐다는 답도 믿기 어렵지만, 정말 몰랐다면 그 책임도 크다.

대한민국 모든 정보가 모이는 자리

우병우 전 민정수석은 자리에서 물러난 뒤에도 여전히 '권력자'라는 평가를 받았다. 검찰총장, 법무부장관보다 더 세다는 말은 여의도 정가나 서초동 법조계에서는 기정사실이었다. 검찰에 소환돼 조사를 받는 와중에 점퍼 차림으로 팔짱을 끼고 있는 한 장의 사진은 그의 위상(?)을 단적으로 보여줬다.

청와대는 대통령 밑에 비서실장이 있다. 그리고 비서실장 아래로 총 열 명의 수석비서관이 일한다. 그중 한 명이 민정수석이다. 민정수석은 네 명의 비서관을 둔다. 민정비서관, 공직기강비서관, 법무비서관, 민원비서관이다.

민정비서관은 검찰과 경찰, 국세청, 감사원, 국정원 등 5대 사정기관과 관련한 업무를 한다. 대통령은 이 조직들의 인사권을 가지고 있고, 그래서 민정수석의 영향력은 막강하다. 이 기관들이 청와대로 보내오는 각종 보고와 정보도 민정수석을 거쳐서 대통령에게 간다. 공직기강비서관은 청와대 내부 감찰 및 대통령 측근 관리, 인사검증을 주로 한다. 대통령의 가족뿐 아니라 가장 가까운 측근인 최순실도 공직기강비서관의 감찰 대상이다. 법무비서관은 법원, 헌법재판소 등의 사법부 관련 업무를 관장한다. 마지막으로 민원비서관은 말 그대로 민원을 주로 맡는다. 따라서 민정수석에게 대한민국의 주요 정보가 다 모인다는 말은 결코 과장이 아니다.

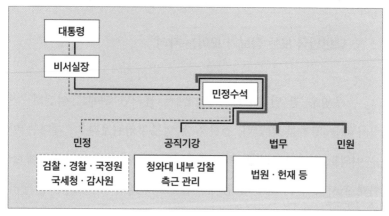

민정수석의 업무 영역

이 중에서 공직기강비서관은 특별감찰반을 꾸려서 운영하고
있다. 특별감찰은 공직사회에서 '저승사자'라고 불리며 환영받지 못
한다. 하지만 특별감찰이 잘 되어야 정권이 투명하고 깨끗해지기 때
문에 국민으로선 격려해야 할 대상이기도 하다. 우리는 '모르쇠로
일관하는 우병우 수석이 정말 모를 수 있을까?'라는 물음과 함께 공
직기강비서관실의 업무를 구체적으로 파헤쳐보기로 했다.

대통령 최측근을 감찰할 의무

대통령비서실 직제를 나타내는 대통령령(제26797호)의 제7조 1
항은 특별감찰반의 감찰 대상을 뚜렷하게 정의하고 있다.

1. 대통령이 임명하는 행정부 소속 고위공직자

2. 대통령이 임명하는 공공기관·단체 등의 장 및 임원

3. 대통령의 친족, 대통령과 특수한 관계에 있는 자

이 가운데 대통령의 최측근인 최순실은 3번에 해당한다. 최순실의 국정농단이 불거지기 전에도 최순실의 존재는 세간에 알려져 있었다. 2014년 11월 이른바 '정윤회 문건'과 함께 언론에 대대적으로 보도됐다. 2014년 초에는 승마협회가 최순실의 딸 정유라에게 특혜를 줬다는 의혹이 일어 그해 국정감사의 이슈가 되기도 했다. 우병우 전 수석은 2014년 5월 민정비서관이 됐고, 2015년 1월 민정수석으로 '승진'을 했다. 시기상으로만 봐도 최순실의 존재를 몰랐을 가능성은 거의 없다.

국정농단의 구체적인 사건도 마찬가지다. 삼성그룹이 최순실 측에 35억 원을 송금한 시점은 2015년 9월이다. 미르재단과 K스포츠재단의 774억 원 모금은 2015년 10월부터 2016년 1월까지 계속됐다. 롯데그룹이 재단에 70억 원을 출연했다가 되돌려 받은 시기는 2016년 5월이다. 모두 우병우 전 수석이 민정수석으로 재직할 당시의 일이다. 검찰과 특검 수사로 확인되었듯 안종범 전 청와대 경제수석은 이 모금 활동에 깊숙이 개입했다. 최순실과 안종범을 감찰할 책임이 있는 우병우 전 수석이 이런 정황을 몰랐을 리 없다.

또 최순실이 청와대에 수시로 드나들었다는 책임도 우 전 수석은 회피하기 어렵다. 최순실이 비정상적 방식으로 국가 1급 보안

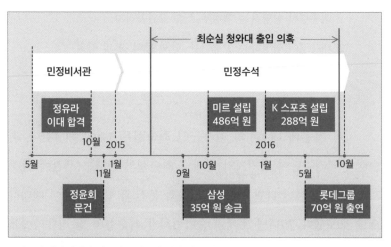

우병우의 재직 기간과 최순실 국정농단 관련 의혹 시기

시설인 청와대를 오갔으며 문고리 3인방을 비롯한 청와대가 조직적
으로 이를 방조했거나 협조했다는 게 의혹의 핵심인데, 이 역시 민정
수석의 감찰 대상이기 때문이다. 청와대의 감찰 시스템이 정상이었
다면 말이다.

모르는 것이 더 문제

아주 극단적으로 이런 모든 일들이 우병우 수석이 몰랐을 만
큼 비밀리에 이뤄졌다면 어떨까? 그것은 더욱더 큰일이다. 대한민국
청와대의 감찰 기능이 무너졌다는 뜻이니 말이다. 주요 감찰 대상자
들이 감찰 시스템을 비웃듯 농단을 일으키는 중에 그것을 견제하고

감시해야 하는 민정수석이 눈치도 채지 못했다는 뜻이다. 알고서도 묵인했으면 직무유기이고, 몰랐다면 허수아비 수석이었다는 게 결론이다.

과거 정권의 청와대 민정수석실에서 일한 인사는 취재 과정에서 매우 흥미로운 이야기를 풀어놓았다. "당시 대통령이 신뢰하던 K씨, L씨는 실세가 될 우려가 있었던 사람들이었다. 그때 민정수석실에서 K씨, L씨를

2016년 11월 6일. 검찰에 출두한 우병우 전 청와대 민정수석은 숱한 의혹과 혐의에 아랑곳 없는 고압적 태도로 구설에 올랐다.

탐문하고 견제했다. L씨는 직접 불러서 조사도 했다. 그렇게 철저하게 감찰한 결과 문제의 소지를 미리 차단했다. 이것이 민정수석의 기본 업무다." 실제로 K와 L은 당시 기사만 검색해도 '비선 실세'로 표현될 정도의 주요 인물들이었다. 그러나 해당 정권에서 두 사람의 문제는 크게 불거지지 않았다.

우 전 수석은 2016년 9월호 《신동아》 인터뷰에서 이렇게 말했다. "검찰총장도 2년짜리 권력이라고. 그게 지 자리고 지 거냐? 국민이나 대통령이 '거기 잠시 앉아 있어라.' 이런 거지, 지 권력이냐고요." 그러면서 "저는 세상에 도(道)통한 사람이라고 할까요……"라고도 했다. 우 전 수석은 왜 정작 본인의 일에서는 도통하지 못했을까?

민정수석 역시 궁극적으로는 국민이 일시적으로 부여한 '권한'으로 일하는 것이고, 그 권한은 국민 위에 군림하라는 '권력'이 아니다. 청와대와 대통령 주변을 잘 감시하고 견제하라는 '의무'였다. 우 전 수석이 그 의무를 저버린 대가는 결국 국민들이 치러야 했다. 민정수석이 언론에 많이 오르내릴수록 그 정부의 청렴도가 떨어진다는 뜻이라고들 한다. 다음 청와대에 「팩트체크」가 전하고 싶은 이야기다.

실질적 내각통할

헌법 제86조 2항. 국무총리는 [······] 행정에 관하여 대통령의 명을 받아 행정각부를 통할한다.

◗ 탄핵 국면에서 위기를 모면하려는 대통령의 꼼수는 계속됐다. 대표적인 사례가 2016년 11월 8일의 일이었다. 임기 내내 국회를 무시했다는 비판을 받았던 대통령이 사면초가의 상황에 빠지자 스스로 국회의장실을 찾았다. 그 자리에서 여야가 합의해서 총리를 추천해주면 그 총리에게 실질적으로 내각을 통할하게 해주겠다는 말을 했다. 듣기에 따라서 그럴싸한 말이었다. 국회에 와서 큰 것을 양보하고 돌아간 듯 했다.

"저게 뭔 소리죠? 그래서 알맹이가 뭘까요?"

질문이 나왔다.

"한마디로 책임총리를 하겠다는 얘기 같은데······ 여야가 뽑은 총리로······."

텔레비전 화면에서는 "총리에게 실질적 내각통할 보장"이라는 속보 자막이 반복적으로 나왔다. 그 자막만 본다면 대통령은 자신의 권한을 국회에 이양한 것이 된다. 과연 그런 것일까?

실질적 내각통할이라는 말은 의문투성이었다. 가장 궁금했던 것은 그것이 우리 헌법의 테두리 안에서 가능할지였다. '실질적'이라는 표현은 또 무엇인가. 형식적으로 안 되는 것인데 실질적으로는 보장하겠다는 것인가. 이런 방식의 국정 운영은 헌정 이래 목격했던 적이 없지 않은가? 그래서 헌법을 다시 펼쳐 들었다. 헌법 전문가들에게 전화를 돌렸다. 그리고 내린 결론은 '하나 마나 한 얘기'라는 것이었다. 대통령은 국회를 찾아 속이 텅 빈 발언만 하고 돌아간 셈이었다. ◐

국정농단 사태로 퇴진 요구가 거세진 2016년 11월 8일, 박근혜 대통령은 "여야 합의 총리가 실질적으로 내각을 통할하도록 하겠다."고 말했다. 언론에서는 거국내각 총리에게 권한을 대폭 이양하고 2선으로 후퇴하겠다는 뜻으로 해석했다. 그러나 이 발언을 헌법적으로 따져보면 '하나 마나 한' 이야기였다. 구체적으로 무엇을 포기하겠다는 것인지, 어떤 권한을 국무총리에게 넘기겠다는 것인지 모호하기 때문이다. 탄핵 정국에서 박근혜 대통령은 모호한 표현으로 상황을 모면하려는 모습을 자주 보였다.

다음 날 청와대 홍보수석이 더 구체적인 설명을 내놨다. '헌법에 명시된' 권한을 보장하겠다는 뜻이라고 했다. 그러자 이런 발표는

FACT CHECK

'꼼수'라는 비판이 제기됐다. 이미 보장돼 있는 권한인데 새로이 보장하는 것처럼 말했다는 것이다. 헌법에 나온 대통령과 국무총리의 권한, 그 모호한 경계에 초점을 맞춰보면 답은 쉽게 나온다.

빈껍데기 발언이 나온 맥락

박근혜 대통령의 지지율은 곤두박질치고 있었다. 국민은 대통령을 뽑았는데, 정작 무자격 민간인이 국정에 상당 부분 개입하고 있었다는 사실은 분노를 넘어 퇴진 요구로까지 이어졌다. 박근혜 대통령은 이에 대한 돌파구를 국회에서 찾은 것으로 보였다. 2016년 11월 8일 대통령은 정세균 국회의장을 만나러 국회를 찾았다. 정권 내내 국회를 무시한다는 비판을 받아온 대통령이 스스로 국회의장실의 문을 두드린 것은 국정농단 의혹이 사실이었다고 스스로 증명해 보인 결과를 낳았다.

"국회에서 여야 합의로 좋은 분을 추천해주신다면 그분을 총리로 임명해서 실질적으로 내각을 통할해 나갈 수 있도록 하겠습니다." 박 대통령의 육성이 텔레비전 화면을 통해 흘러나왔다. 대통령이 자신의 권한을 새로운 총리에게 대폭 이양하겠다는 의미라고 분석한 언론 속보들이 나왔다. '책임총리' 약속이라는 분석들도 이어졌다. 하지만 이 장면을 지켜보던 한 팀원은 "그래서 무엇을 내려놓겠다는 거지?"라고 물었다. "그러게……." 우리 중 누구도 뚜렷하게

2016년 11월 29일, 박근혜 대통령의 3차 대국민담화를 지켜보는 시민들.

답하지 못했다. 대통령이 뒤로 물러서는 것처럼 말하긴 했는데, 알맹이가 빠져 공허하게 들렸다.

다음 날 청와대 홍보수석은 '내각통할권, 임명제청권, 해임건의권'이라는 세 개의 권한을 보장하겠다는 뜻이라고 설명했다. 다시 말해 직무와 인사에 대한 대통령의 권한을 나누겠다는 취지였다. 박근혜 정권에서 국무총리는 '대독총리', '의전총리'라는 혹평을 들을 정도로 존재감이 미미했다. 대통령의 말대로라면 국정농단으로 정당성이 훼손된 대통령이 일선에서 후퇴하고, 새 총리가 강력한 리더십으로 국정을 이어받을 수 있게 하겠다는 듯 보였다.

의미도 없지만 구속력도 없는 발언

그러나 우리가 헌법을 분석하고 전문가들을 폭넓게 취재한 결과, 이 말은 별다른 의미가 없는 말이었다. 헌법상 대통령은 국가 원수이자 헌법기관 구성권자인 동시에 행정부의 수반이다. 권한의 범위는 매우 넓다. 청와대가 말한 '내각통할권'은 '행정 수반'으로서 가진 권한을 쪼개어 주겠다는 뜻이었다. 하지만 이 권한은 이미 국무총리가 헌법상 보장받고 있는 권한이다. 헌법 86조에 "국무총리는 […⋯] 행정에 관하여 대통령의 명을 받아 행정각부를 통할한다."고 되어 있다. 대통령이 국회까지 찾아가 큰 것을 내어주는 것처럼 말한 것과 달리, 이미 국무총리에게 보장했어야 하는 권한이었다. 지금도, 과거에도 할 수 있었으며 또 해야 했던 일이다. 오히려 지금껏 하지 않았던 것이다.

'임명제청권'도 마찬가지였다. 대통령은 국가 원수의 자격으로 청와대와 해외 사절을 임명할 수 있다. 또 헌법기관 구성권자로서 헌법재판소장과 대법원장 등을 임명하게 돼 있다. 행정 수반으로서는 국무위원 등을 임명할 수 있다. 박근혜 대통령은 이 가운데 국무위원 임명제청권을 주겠다고 했다. 그러나 헌법 87조 1항은 "국무위원은 국무총리의 제청으로 대통령이 임명한다."고 나와 있다. 현행 헌법이 이미 국무총리에게 부여한 권한이다.

'해임건의권'은 어떨까? 이 역시 헌법 87조 3항에 나와 있다.

"국무총리는 국무위원의 해임을 대통령에게 건의할 수 있다." 따라서 박근혜 대통령은 헌법에 이미 정의된 내용을 되풀이한 것뿐이었다. 헌법학자인 이종수 연세대학교 교수는 "어차피 그 내용은 헌법에 있는 내용 그대로이고, 문제는 이런 상황에서 지금 우리가 말하는 거국내각의 책임총리란 대통령의 권한 제한을 전제로 하는 것 아닌가? 그렇기 때문에 어제 국회에서의 대통령 말씀은 새로운 상황 변화가 전혀 반영이 안 된 내용이라고 판단한다."라고 분석했다.

결국 대통령이 꺼낸 거국내각, 책임총리 카드는 알맹이가 빠진 정치적 수사일 뿐이었다. 국무총리가 국정을 주도하는 시스템을 도입하려면 총리가 대통령으로부터 독립적인 지위를 가져야 한다. 이는 헌법을 바꾸어야 확실하게 보장될 수 있다. 개헌이 어려운 상황이라면 대통령이 명확하게 선언하고 철저하게 약속을 해서 정치적으로 해결하는 방법도 있다. 그러나 박 대통령과 청와대의 제안은 말로만 '책임총리'였을 뿐, 속 빈 강정이었던 것이다.

헌법학자 전학선 한국외국어대학교 교수는 한 걸음 더 들어간 분석을 내놨다. 대통령이 이런 식으로 정치적 선언을 해서 책임총리를 추진한다고 해도 나중에 말을 바꿔버리면 방법이 없다는 것이었다. 전 교수는 "그냥 두루뭉술하게 해놓으면 그걸 [대통령이] 철회하는 순간 어쩔 수 없는 것, '내가 얘기한 건 여기까지였다.' 이렇게 해버리면 어쩔 수 없는 것"이라고 했다. 즉 정치적 상황이 바뀌어서 대통령이 다시 일선으로 복귀하겠다고 해버리면 약속은 아무런 의미가 없어질 수 있다는 얘기였다.

1996년 겨울에 회동한 김영삼 대통령과 이회창 전 국무총리. 웃음 뒤의 앙금은 모두 풀렸을까.

이런 분석을 구체적인 사안에 대입해보았다. 2015년 말에 타결된 한일 위안부 합의를 새로운 책임총리가 재협상하기로 했다고 가정해보자. 총리는 국무회의를 열어서 이 안건을 심의하고 의결하면 된다. 그러면 정부는 '재협상'에 나설 수 있다. 국정 역사교과서 문제도 마찬가지다. 국정화 방침을 폐기하려고 한다면 국무회의를 거쳐서 결정하면 된다. 그런데 이 과정에서 대통령이 갑자기 '내가 국무회의를 주재할 테니 빠지라'고 막아선다면 어떻게 될까. 그러면 총리는 방법이 없다. 헌법 88조에 "대통령은 국무회의의 의장이 되고, 국무총리는 부의장이 된다."라고 돼 있다. 대통령이 뒤늦게 헌법을 들고 나오면, 국무총리는 정치적 약속으로 넘겨받은 권한을 다시 대통령에게 돌려줄 수밖에 없다.

김영삼 대통령과
이회창 국무총리의 충돌

매우 극단적인 가정이지만, 이런 상황까지 확인할 필요는 분명히 있다. 전례가 있기 때문이다. 1993년 당시 김영삼 대통령은 이회창 전 감사원장을 신임 총리로 임명했다. 이회창 총리의 취임 일성은 "헌법에 규정된 대로 하겠다."는 것이었다. 헌법에 나온 총리의 권한을 충분히 행사하겠다는 야심찬 출발이었다. 그런데 불과 넉 달 뒤 외교 안보 문제로 대통령과 충돌했다. 이 총리는 통일안보정책조정회의 안건도 사전에 총리의 승인을 받으라고 지시했다. 그러나 청와대는 외교 안보는 대통령의 고유 권한이라며 반대 의사를 밝혔다.

이 사건을 시작으로 대통령과 국무총리의 충돌은 매우 거칠게 전개됐다. 결국 이회창 총리는 스스로 자리에서 물러났다. 모양새는 자진 사퇴였지만 사실상의 경질이었다는 분석도 있다. 이회창 총리의 차기 대선 출마를 위한 '대통령과의 각 세우기'로 보는 해석도 있다. 어찌되었든 대통령과 국무총리가 '헌법적 권한'을 놓고 맞서면 그 결과가 어떻게 되는지를 가늠할 수 있다.

이회창 총리는 1994년 4월 23일 퇴임하며 이런 말을 남겼다. "소신껏 해보려 했지만……." 22년 전 마지막 이 한마디는 국정농단 사태를 벗어나고자 책임총리 카드를 던진 박근혜 대통령의 말이 얼마나 공허한지를 보여주는 단적인 사례다.

탄핵이라는 차선책

헌법 제65조 1항. 대통령[……]이 그 직무집행에 있어서 헌법이나 법률을
위배한 때에는 국회는 탄핵의 소추를 의결할 수 있다.

◑ "당장 내려와야 될 것 같던데요?"

취재차 주말 촛불집회를 다녀온 팀원 하나가 '상황 보고'를 했다.
2016년 10월 말 JTBC의 최순실 태블릿 PC 보도를 기점으로 주말
집회는 언덕을 내려가는 눈덩이처럼 규모가 커지고 있었다.

그런데 당시 여의도 정치권은 굉장히 혼란스러웠다. 야권에서는
즉각 하야, 명예로운 퇴진, 즉각 퇴진 등 다양한 '퇴진론'이 엇갈렸
고, 여당에서는 갑자기 '차라리 탄핵론'이 힘을 받고 있었다.

반면 광장의 촛불 민심은 선명하게 한 방향을 가리키고 있었다.
대통령의 즉각적이고 신속한 퇴진. 시민들은 믿을 수 없는 이 혼란
상을 최대한 빨리 끝내고 싶어 했다.

탄핵은 그런 열망을 받아내기엔 너무 많은 시간이 걸리는 작업이
었다. 물론 '헌법적 전범을 남긴다'는 의미는 있겠지만, 그 과정에서

민심이 제대로 반영되지 않을 수 있는 문제가 있었다. 헌법에 보장된 탄핵과 하야 사이에 어떤 차이가 있는지, 그 과정에서 얻는 것은 무엇이고 잃는 것은 무엇인지 설명할 필요가 있었다.

그리고 그때의 취재 결과는 이후 일어난 일련의 과정에서 그대로 드러났다. 극단적인 극우 집회, 가짜 뉴스의 창궐, 헌법과 헌법재판소에 대한 모독들, 특검과 헌법재판관을 향한 살해 위협까지. 탄핵과정이 얼마나 길고 힘겨우며, 그 사이 얼마나 막대한 혼란을 겪어야 하는지 고스란히 알 수 있었다.

지난한 탄핵 과정의 출발점으로 돌아가보면 시민들이 이루어낸 것이 얼마나 대단한 일인지 더 선명하게 드러난다. ◐

"국민들이 거리에서 요구하는 하야를 곧바로 받아들인다면, 그에 따른 더 큰 혼란이 생길 수도 있다. 때문에 지금 헌법 절차에 따라서 할 수 있는 길은 탄핵밖에 없다."

2016년 11월. 최순실 국정농단의 거대한 실체가 드러나기 시작하면서 거리로 나선 시민들은 '박근혜 대통령 즉각 하야'를 외치기 시작했다. 그런데 집권 여당 대표를 지낸 김무성 의원이 '즉각 하야'에 반대하며 '탄핵밖에 없다'는 의견을 내놨다. 이에 호응하듯 새누리당 내 소위 비박계 의원들이 말을 보탰다. 하태경 의원은 "쾌도난마가 될 수 있다."고 찬성했고, 김성태 의원은 탄핵에 새누리당 의원 30명 이상이 찬성할 수 있다는 취지의 발언을 했다. 당시 야당 의원들이 170명 정도였다. 여당 의원 30명이 더해진다면, 탄핵안 의결 기준인 원내 3분의 2 찬성(200명 이상)이 가능해진다는 얘기였다.

새누리당 일각에서는 '대통령 탄핵'을 주장하면서 이것이 촛불 민심을 반영하는 유일한 방법이라고 말했다. 이미 탄핵 절차가 모두 마무리된 지금에 와서 보면 굉장히 합리적인 의견을 내놓은 것 같지만, 당시 상황에서는 그렇게 간단한 문제가 아니었다.

탄핵 절차를 둘러싼 암초들

당시 박근혜 대통령의 국정수행 지지율은 5퍼센트에 불과했다.(한국갤럽 주간 조사 11월 1~2주차 연속) 부정평가는 90퍼센트에 달해, 사실상 정권에 대한 국민의 거부 의사를 밝힌 셈이었다. 시민들은 당장 이 정권을 끝내라고 요구하고 있었다. 그 요구에 부응하는 가장 빠른 길은 대통령의 '즉각적인 하야'였다. 대통령이 하야를 하면, 대통령직은 '궐위' 상태가 된다. 그러면 헌법 제68조에 따라 60일 이내에 새로운 대통령을 선출해야 한다. 박근혜 정권이 끝나고 새로운 정권이 탄생하는 데까지, 빠르면 60일이면 끝난다.

하지만 대통령 탄핵은 훨씬 더 복잡하고 긴 절차를 요한다. 어찌 보면 당연한 일이다. 국민의 총의를 모아 선출한 국가 원수를 쉽게 끌어내릴 수 있다면 그게 더 이상한 일이다. 결국 오랜 시간이 걸리는 탄핵 절차 때문에 사안의 본질이 흐려질 가능성이 있다는

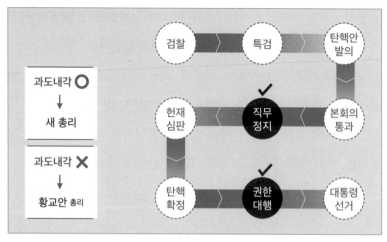

권한대행 문제

것이 당시 국민의 우려였다. 2016년 11월 14일 「팩트체크」에서는 탄
핵의 절차와 기간에 초점을 맞춰 이 문제를 파고들었다.

아직 특검법이 발의되기도 전이었다. 수사에 미적거린다는 비
판을 받던 검찰이 태블릿 PC 보도를 기점으로 이제야 제대로 수사
를 시작하려는 참이었다. 언론의 보도만을 가지고 대통령 탄핵이라
는 엄청난 일을 벌일 수는 없었다. 검찰과 특검 수사를 통해 제기된
의혹들의 실체를 어느 정도 밝힌 뒤, 탄핵 사유를 추려내는 작업이
우선 필요했다. 특검법은 여야의 합의 통과가 필수이기 때문에 상당
한 시간이 걸릴 것은 불을 보듯 뻔했다.

수사를 통해 탄핵 사유가 정리되면 국회가 탄핵안을 발의하
고 본회의에서 처리한다. 국회 재적의원 3분의 2의 찬성으로 탄핵안
이 통과되면 대통령 직무는 정지되고 국무총리가 권한을 대행한다.

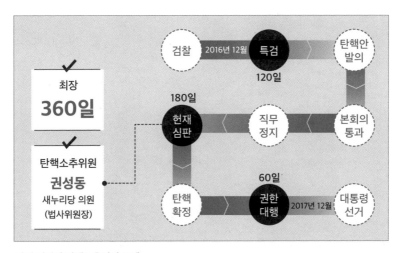

검찰 2016년 12월 특검 탄핵안
발의

120일

180일

최장
360일

헌재
심판 직무
정지 본회의
통과

탄핵소추위원
권성동
새누리당 의원
(법사위원장)

60일

탄핵
확정 권한
대행 2017년 12월 대통령
선거

탄핵 기간과 탄핵소추위원 문제

여기까지가 국회가 하는 일이고, 탄핵을 확정짓는 것은 헌법재판소
다. 헌재가 심리를 거쳐 탄핵안을 인용하면 대통령은 최종적으로 지
위를 잃게 된다. 그 뒤 총리가 국정 운영을 대신하고 60일 안에 보궐
선거를 열어 다음 대통령을 뽑는다.

　　이 3단계를 통과하는 것도 만만치 않은데 곳곳에 암초가 있
었다. 가장 먼저 제기되는 문제는 '권한대행'이었다. 국회가 나서서
별도로 과도내각을 미리 구성하지 않는다면 탄핵 이후 국정을 대행
하는 것은 황교안 당시 총리가 될 수밖에 없었다. 탄핵을 당한 정권
의 총리가 대선 전까지 국정 운영을 계속하는 아이러니가 발생하는
셈이다. 당연히 시민들의 여론에 반하는 일이었다. 극단적인 경우, 박
근혜 대통령이 임명한 황교안 총리가 차기 대통령 선거의 관리 업무
까지 해야 할 수도 있는 상황이었다.

2016년 11월 5일, 2차 광화문 촛불집회. 광장은 박 대통령의 "퇴진", "하야" 슬로건과 함께 열렸다.

주말 촛불의 민심은 박근혜 대통령뿐만 아니라 박근혜 정권에 몸담은 인사들의 정치적 책임도 함께 물어야 한다고 외쳤다. 경북대학교 법학전문대학원 신평 교수는 "지금 내각은 국민의 신망을 완전히 상실한 내각"이라는 점을 분명히 하면서, 책임총리가 새로 들어서는 상황에서 탄핵이 추진되는 것이 가장 바람직하다고 조언했다. 하지만 결국 새로운 총리 임명은 이뤄지지 않았고, 황 총리는 실제로 박 대통령 탄핵 이후 '대통령 권한대행'으로서 다음 대선을 관리하는 일까지 맡게 됐다.

또 다른 문제는 헌법재판소 심판 과정에서 '탄핵소추위원'을 누가 맡느냐 하는 것이었다. 탄핵소추위원은 국회 법사위원장이 맡게 되어 있는데, 당시 법사위원장은 새누리당 소속 권성동 의원이었

FACT CHECK

다. 탄핵소추위원은 탄핵심판 과정에서 일종의 '검사' 역할을 한다. 박근혜 대통령 측과 맞서는 위치에 선다. 2004년 노무현 전 대통령 탄핵심판 때는 일곱 차례의 변론이 이뤄졌는데, 당시 야당이었던 한나라당 김기춘 의원(박근혜 정부 비서실장)이 이 역할을 맡았다. 그런데 이번에는 대통령에 대한 탄핵소추의 키를 집권 여당의 국회의원이 맡는 미묘한 상황이 벌어지게 된 것이다. 물론 나중에 권성동 의원은 새누리당을 탈당해 바른정당으로 옮겨갔고 이 문제는 자연스럽게 해소됐다.

당시 제기된 마지막 문제점은 '시간'이었다. 여야가 합의한 특검의 활동 기한은 최장 120일이었다. 헌법재판소 심판은 최장 180일까지 걸린다. 대통령 보궐선거는 60일이 소요된다. 이 기간을 순차적으로 거친다면 거의 1년이 걸릴 수도 있다. 물론 특검과 동시에 탄핵이 추진되거나 헌재가 일정을 서두르면 단축될 수 있고, 실제로 탄핵안은 특검이 본격 가동되기 전에 먼저 가결되었다. 또 가결 29일 만에 결론에 도달했다.

탄핵은 여러 방안 중 하나

하지만 유린당한 헌정 질서를 하루라도 빨리 회복하자는 국민의 요구를 충분히 담아내기엔 시간이 너무 많이 걸린 것도 사실이다. 특검과 탄핵안 의결이 동시에 진행되고, 헌재는 모든 일정을 멈추고 탄핵심판에만 집중했는데도 3개월이 걸렸다. 검찰 수사부터 탄핵, 대통령 보궐선거까지 모든 혼란이 완전히 수습되는 데는 꼬박 6개월이 필요했다. 그 기간 동안 '대행 체제'를 유지한 국정은 극심한 혼란에 시달렸고, 국민들은 양쪽으로 갈라져 충돌했다. 정치적 이합집산으로 집권 여당이 분당 사태를 겪었으며, '트럼프 월드 개막'이라는 외교적 위기 상황에 제대로 대응하지 못했다는 비판도 있었다.

그래서 당시에도 탄핵이 최선일 수는 없다는 지적이 나온 것이다. 자문을 구했던 학자들 역시 엇갈린 의견을 내놨다. 이종수 연세대학교 법학전문대학원 교수는 "탄핵이 제도로서 존재하지만, 지금 상황의 심각성, 위중성, 국민적 공감대로 볼 때 적절하냐는 논의가 있다."고 했고, 전학선 한국외국어대학교 법학전문대학원 교수는 "탄핵은 극단적으로 보면 정치적 문제를 사법적으로 해결한다는 성격이 있다."고 비판했다. 반면 서울대학교 박은정 교수는 "지금 상황에서 최선일 수는 없지만, 이럴 때 쓰라고 있는 제도가 탄핵"이라고 강조하기도 했다.

박근혜 전 대통령은 자신의 잘못으로 일어난 혼란을 스스로 끝낼 수 있는 선택을 거부했다. 박근혜 전 대통령과 정권의 실패에 공동 책임이 있는 집권 여당 역시 결자해지를 하지 않았다. 그들은 '헌재의 판단에 맡기자'며 탄핵을 주장했다. 그리고 그 입장은 탄핵안 국회 표결을 전후해서는 또 다시 '조건부 하야'로 왔다 갔다 했다. 국민의 요구가 아니라 그때그때의 정치적 득실만을 따지는 태도가 갈지자 행보로 드러났다.

'결과적으로 탄핵이 옳았다'는 말은 결과가 나온 이후에 할 수 있게 된 말이다. 당시 시점에서 탄핵은 검토해볼 만한 하나의 수단이지만 고민해야 할 문제도 많은 제안이었다. 그리고 실제로 탄핵까지 가는 길에는 그 외에도 지난한 과정이 기다리고 있었다.

세월호 7시간

헌법 제69조. [……] "대통령으로서의 직책을 성실히 수행할 것을
국민 앞에 엄숙히 선서합니다."

◑ "선배! 청와대가 팩트체크를 시작했는데요?"

2016년 11월 19일 한 팀원이 메신저에 황급히 글을 올렸다.

"지금 청와대 홈페이지 한번 들어가 보세요. 「팩트체크」하고 비슷
한데…… 좀 이상하기도 하고……."

토요일 오후, 팀원들은 각자의 휴식처에서 청와대 홈페이지에 접
속했다. 게시판 제목부터 심상치 않았다. '오보 괴담 바로잡기! 이것
이 팩트입니다.' 오보와 괴담, 팩트는 팩트체크팀에게는 숙명 같은
단어들이다. 잘못된 정보를 찾아내 이를 확인하고 바로잡는 일이 우
리의 존재 이유이기 때문이다. 청와대가 말하는 팩트가 정말 팩트인
지 체크하는 것은 당연한 일이었다.

가장 시선을 사로잡은 글은 '세월호 7시간'을 언급한 청와대의 게
시물이었다. 그동안 이 문제에 대해 청와대는 구체적인 해명이나 반

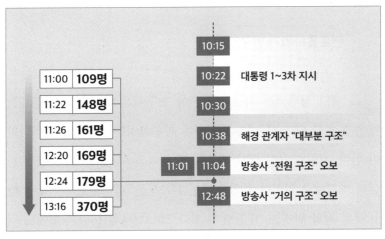

11:00	**109명**
11:22	**148명**
11:26	**161명**
12:20	**169명**
12:24	**179명**
13:16	**370명**

10:15	
10:22	대통령 1~3차 지시
10:30	
10:38	해경 관계자 "대부분 구조"
11:01	11:04	방송사 "전원 구조" 오보
12:48	방송사 "거의 구조" 오보

세월호 당일 7시간 동안 청와대에 보고된 구조 인원과 언론의 오보 시각

박을 내놓지 않아왔다. 한 문장 한 문장을 곱씹으며 읽어 내려갔다. 그러나 도저히 동의할 수 없는 내용들로 가득 차 있었다. 대통령이 정상적으로 근무했다고 주장하면서도 이를 설득력 있게 말해주는 근거는 없었다. 가장 할 말을 잃게 한 부분은 '이날의 진짜 비극은 오보에 따른 혼돈'이라는 내용이었다.

팀원들은 휴일을 반납하고 사무실에 모였다. 청와대의 주장을 세월호 참사 당시의 해경 상황실 녹음 파일과 하나하나 비교, 대조했다. 2014년 4월 16일 숨가빴던 해경과 청와대의 교신 기록들은 스스로 답을 가지고 있었다. 언론의 오보와 무관하게 이미 해경과 청와대는 잘못 파악한 인원수를 놓고 우왕좌왕했다. 대통령은 7시간, 정확히 말해 6시간 45분간 행적이 뚜렷하지 않았다. 불과 5분 거리의 중대본을 방문하는 데 2시간이 넘게 소요됐다. ◐

컨트롤타워가 언론?

　　재난 상황에서 책임과 권한이 누구에게 있느냐 하는 문제는 매우 모호할 수 있다. 이를 명확하게 확인하려면 시스템을 들여다봐야 한다. 세월호 참사 당시 정부의 재난 대응 시스템은 이 논란을 간단히 해결해줄 열쇠다. 해양수산부가 작성한 '해양사고 위기대응 매뉴얼'의 제일 위에는 '대통령'이 있다. 2014년 4월 16일 당일에도 적용된 바로 그 매뉴얼이다. 대통령 아래로 '중앙안전관리위원회'와 '중앙사고수습본부'가 이어지며, 대통령 밑으로 '국가안보실(위기관리센터)'도 함께 들어 있다. 세월호 참사의 최종 지휘권자가 박근혜 대통령이었음을 밝히고 있는 것이다.

　　그러나 청와대는 '이것이 팩트입니다' 코너를 통해 그 책임을 언론에 돌렸다. 세월호 참사 7시간 동안 대통령은 쉼 없이 상황을 점검하고 지시를 내린 반면, 언론의 오보에 따른 혼돈으로 비극이 일어났다고 했다. 우리는 언론 보도의 잘잘못을 떠나 보도로 인해 비극이 생겨났다는 청와대의 주장 자체가 허황됐다고 판단했다. 언론은 재난의 컨트롤타워가 아닌데 말이다.

　　우선 언론의 오보부터 보자. 그날 오전 11시 1분과 11시 4분, 오후 12시 48분에 방송사들이 "전원 구조" 혹은 "거의 구조"라는 오보를 냈다. 속보 자막을 통해 잘못된 정보가 시청자들에게 전해졌다. 언론은 이에 대한 비판에서 결코 자유로울 수 없다. 그러나 오보

박 대통령의 중대본 방문 당시. 이날 빚어진 의혹은 풀리지 않았다.

의 시작을 따지고 올라가보면 이야기가 달라진다. 당일 10시 38분경 해경의 한 관계자가 방송사 인터뷰를 했다. 그는 "대부분 구조된 상황"이라고 분명히 말했다. 구조의 책임이 있고 현장 상황을 잘 알고 있으리라 판단되는 해경이 공영방송에 직접 밝힌 내용이다. 오보의 시작은 해경, 즉 정부였던 것이다.

　청와대의 주장이 사실과 다르다는 점은 해경이 청와대에 보고한 인원으로 확인된다. 음성 파일로 남아 있는 당일 교신 내용을 보면 불분명하기는 했지만 해경과 청와대가 수시로 인원을 파악하고 있었다는 것을 알 수 있다. 전원 구조되었다는 오보가 나오기 직전 청와대는 "109명"이 구조됐다고 보고받았고, 11시 22분 "148명" 등 방송사 보도와 무관하게 숫자 파악을 했다. 따라서 언론 때문에 비극이 발생했다는 취지의 주장은 설득력이 없다. 언론의 오보가 있다고 하더라도 이를 바로잡고 정확한 정보를 제공하는 것이 정부 당국의 의무이기도 하다.

오히려 해경이 청와대에 잘못된 보고를 한 것으로 확인됐다. 당일 오후 1시 16분경 해경 관계자는 청와대에 "현재까지 확인된 것으로 생존자 370명"이라고 보고했다. 그런데 불과 30분도 지나지 않아 말이 바뀌었다. 오후 1시 42분 "370명도 정확한 게 아니다."라고 수정한 뒤, 오후 2시 36분에는 "(구조 인원) 166명"이라고 재차 수정했다. 그러자 청와대 관계자가 "큰일 났네 이거. VIP까지 보고 다 끝났는데……."라며 난감해하는 육성이 그대로 녹음돼 있다.

세월호 7시간을 밝혀야 하는 이유

그 이후 대통령은 오후 3시에 중앙재난안전대책본부(중대본)를 방문하겠다고 밝힌 뒤 오후 5시 15분에 중대본에 나타났다. 그제서야 공개석상에 처음 모습을 보인 대통령은 "구명조끼를 학생들은 입었다고 하는데 그렇게 발견하기가 힘듭니까?"라는 뜬금없는 말로 국민을 더욱 분노케 했다.

청와대가 우왕좌왕하며 인원 파악을 하는 데 걸린 시간이 최소 4시간이 넘는다. 그 뒤에 대통령이 중대본 방문을 결정하고 실제 도착하는 데까지 무려 2시간 15분이 소요됐다. 청와대에서 중대본은 불과 1.8킬로미터 떨어져 있고, 차량을 이용하면 5분 정도 걸리는 거리다. 오전 10시 30분 마지막 지시 이후 오후 5시 15분 모습을 보이기까지 6시간 45분간 대통령의 행적은 여전히 밝혀지지 않았다. '세월호 참사 7시간'이라 불리는 바로 그 시간이다.

박 대통령의 그날 행보는 탄핵 소추 사유 중 하나로 포함돼 헌재 재판정에서 다뤄졌다. 재판관들은 대통령의 행적을 명확히 해명하라고 거듭 요구했지만 대통령 측은 제대로 된 설명을 내놓지 못했다. 국민은 탄핵 정국 속에서 대통령 측이 내세웠던 '국가 기밀'과 '대통령의 사생활' 같은 동어 반복 속에 또 다시 갇혀야만 했다. 세월호는 진실과 함께 여전히 진도 앞바다에 가라앉아 있었던 것이다.

그러던 2017년 3월 23일, 거짓말처럼 세월호가 수면 위로 올라왔다. 대통령이 탄핵된 지 불과 13일 만이고, 참사 이후 무려 1073일 만이다. 해양수산부는 3월 10일 출입기자들에게 '세월호 인양 시도'를 알리는 문자 메시지를 보냈다. 대통령 탄핵이 인용된 지 5시간여 만에 벌어진 상황이다. 의심과 의혹은 증폭됐다. '박근혜 내려가니 세월호 올라온다'는 소문이 삽시간에 번졌고, '하루 만에 될 걸 이렇게 끌었느냐.', '인용과 인양이 무슨 관계인가를 알려달라.'는 제보가 팩트체크팀에게 쏟아졌다. 진실은 끝내 침몰하지 않고 수면 위로 올라왔다. 이제는 그 진실이 무엇을 가리키지를 밝혀내야 하는 과제가 남았다.

탄핵심판 중 대통령 사임

국회법 제134조 2항. 소추의견서가 송달된 때에는 피소추자의 권한행사는 정지되며, 임명권자는 피소추자의 사직원을 접수하거나 해임할 수 없다.

◑ "근데 탄핵해버리면, 물러나고 싶어도 못 물러나게 되는 거 아니에요?"

국회의 '탄핵 시계'가 빠르게 돌기 시작하던 시점. 아침 회의를 하던 중 누군가 이렇게 의문을 제기했다. 여전히 여론은 박 대통령의 '즉각 하야'를 요구하고 있던 때였다. 그런데 정작 하야를 할 수 없게 된다면 얘기가 좀 꼬인다.

급하게 관련 사례가 있는지를 찾아봤다. 아직 국내에는 탄핵당한 대통령이 없으니 해외 사례를 뒤졌다.

가장 먼저 눈에 들어온 건 미국 닉슨 전 대통령. 1974년 8월 하원 사법위원회에서 대통령 탄핵 결의가 가결되고, 상원에서 탄핵당할 위기에 몰리자 사임했다. '게이트'로 시작해 탄핵까지 이어진 게 박 대통령 경우와 비슷하다. 닉슨은 사임과 사법적 처벌을 면해주는 사면 조치를 맞바꿨다.

그러나 페루의 후지모리 전 대통령은 닉슨 경우와 달랐다. 부정부패와 민주화 탄압으로 의회에서 탄핵이 진행 중일 때 해외로 망명, 그 유명한 '팩스 하야'를 선택했다. 하지만 페루 의회는 이를 받아주지 않고 그대로 탄핵을 진행했다. 해외를 떠돌던 후지모리는 결국 송환돼 사법 처리까지 받았다.

물론 미국이나 페루는 한국과 헌법 체계가 다르다. 그렇다면 한국 대통령은 어떨까? 탄핵과 하야 사이에 처한 박 대통령의 운명은 어느 쪽일까. 다시 헌법을 펼칠 수밖에 없었다. ◑

2016년 11월 말로 접어들면서 박근혜 대통령에 대한 '처리' 방식은 탄핵 쪽으로 급격히 기울었다. 박 대통령이 자진해서 내려올 기미를 보이지 않았기 때문이다. 11월 4일 2차 대국민 담화에서 "검찰 조사에 성실히 임하겠다."고까지 했던 박 대통령은, 오히려 11월 29일에는 "국회가 정해주면 따르겠다."며 국회로 공을 넘기는 승부수를 던졌다. 임기 단축을 시사한 것 같지만, 실은 여야 대립이 확실한 상황에서 혼란을 유도하는 일종의 '꼼수'였다. 결국 박 대통령은 스스로 물러날 생각이 없음을 확실히 보여줬다. 그러자 국회는 마침내 탄핵 카드를 꺼내들었다.

그런데 이번에는 정반대 우려가 떠올랐다. 탄핵안이 처리되면 정작 대통령이 하야를 하고 싶어도 못 하게 되는 것 아니냐는 우려였다. 탄핵 절차가 시작돼 헌법재판소가 심리를 진행하게 되면 대통령이 스스로 물러날 권한이 없어진다는 주장이 제기된 것이다.

대통령의 사표

당시 탄핵을 추진하는 목적은 두 가지였다. 1차적으로는 박대통령의 자진 하야를 압박하는 것. 다른 하나는 끝까지 거부하고 버틸 경우를 대비해 일단 탄핵 절차에 돌입해야 한다는 것. 그런데 우려대로라면 탄핵이 오히려 자진 하야의 발목을 잡을 수도 있다는 얘기가 된다.

탄핵 절차가 시작되면 하야를 하고 싶어도 못 한다는 얘기의 근거는 이렇다. 탄핵안 통과로 권한 행사가 정지(헌법 65조)되면, 국회법 134조 2항에 따라 탄핵 당사자에 대한 사직원(사표)를 접수하거나 해임할 수가 없다. "소추의결서가 송달된 때에는 피소추자의 권한 행사는 정지되며, 임명권자는 피소추자의 사직원을 접수하거나 해임할 수 없다."고 되어 있기 때문이다. '사표'를 접수할 수 없기 때문에 대통령의 사임, 즉 하야도 불가능하다는 주장이다.

그런데 이 조항에서 주의 깊게 봐야 할 대목은 '임명권자'와 '피소추자'라는 개념이다. 국회법에서 말하는 임명권자는 대통령, 피소추자는 장관 같은 국무위원을 뜻한다. 헌법에서 정한 탄핵소추의 대상, 즉 피소추자는 대통령을 비롯해 국무총리·국무위원·감사원장 등인데 주로 장관급 이상 인사들이다. 이들의 임명권은 대통령에게 있다. 그러니까 탄핵 위기에 처한 장관이 스스로 물러나려고 할때 대통령이 사임하지 못하도록 막는 규정이 국회법 134조다.

그렇다면 왜 장관들은 탄핵 전에 물러나려 하고, 대통령은 이를 막아야 하는 걸까? 탄핵은 강제로 '해임'되는 것이고, 스스로 물러나는 것은 '사임'이다. 이 둘은 법률상 지위나 처우에 엄청난 차이가 있다. 예를 들어 탄핵이 되면 공무원 연금을 못 받지만 자진 사퇴를 하면 받을 수 있다. 이런 차이 때문에 생길 수 있는 꼼수를 예방하자는 취지도 법에 들어 있다.

하지만 대통령의 경우는 완전히 다르다는 게 헌법학자들의 해석이었다. 대통령은 자기 윗선의 임명권자가 없다. 임명할 사람이 없으니 사퇴를 막을 사람도 없다. 대통령이 사임을 하겠다고 결단을 내리면 언제든 그만둘 수 있다는 해석이 가능하다.

헌법학자 최희수 강원대학교 교수는 "달리 해석할 여지가 없도록 아주 명백하고 분명하게 규정되어 있다."고 단언했다. 헌법재판소로 넘어가더라도 대통령의 경우에는 예외적으로 사임할 수 있다고 봐야 한다는 것이다. 취재했던 서로 다른 성향의 헌법학자 네 명이 모두 같은 답을 내놨다. 탄핵과 하야는 '직에서 물러난다'는 측면만 같을 뿐 전혀 다른 개념이기 때문이다. 탄핵은 법으로 박탈하는 것이고, 하야는 정치적으로 내려놓는 것이다. 그래서 하야를 '명예로운 퇴진'이라고 말하기도 한다. 임명권자가 없는 대통령은 명예로운 퇴진을 선택하면 언제든 스스로 내려올 수 있다.

하야와 탄핵심판

그렇다면 대통령이 스스로 하야했을 경우, 이미 시작된 탄핵심판 절차는 어떻게 되는 걸까? 대통령직을 잃었어도 탄핵심판을 계속 받아야 할 가능성은 열려 있다는 게 학계의 주된 의견이었다.

고려대학교 장영수 교수는 "하야로 탄핵을 피해가지는 못한다."고 못 박았다. 하야로 탄핵을 피할 수 있다면 결정 직전에 하야해버리는 방법도 있기 때문이다. 수개월 동안 헌재 재판관들이 열심히 검토하고 결정문을 준비하고 증거를 확인한 과정을 전부 백지로 돌릴 수는 없고, 최종 결정까지 가야 한다는 게 장 교수의 주장이었다.

물러난 전직 대통령에게 굳이 탄핵심판을 계속해야 하는 이유는 무엇일까? 물론 파면과 동일한 효과를 내는 하야가 이뤄질 경우, 헌법재판소가 심판 중지를 결정할 수도 있다. 헌재와 별개로 국회가 탄핵심판 청구를 취하하는 '정치적인 합의'를 만들 수도 있다. 하지만 탄핵심판에는 그 자리에서 물러나도록 하는 '파면'이라는 1차적 목적 외에도 헌법 질서를 수호한다는 측면이 있다. 물러났더라도 재임 중 잘못한 부분에 대해서는 헌법적인 판단과 기록을 반드시 남겨야 된다는 의견도 있었다. 임지봉 서강대학교 교수는 대통령의 중대한 위헌·위법 행위가 있었는지 명확히 하는 것이 헌법 질서 수호와 유지를 위해서 중요하다고 헌재가 판단할 수 있다고 지적했다. 하야 여부와 관계없이 최종 결정까지 갈 수도 있다는 얘기다.

박 대통령은 퇴임 후 예우가 상당 부분 축소될 가능성이 높았다. 이미 검찰 수사를 통해 혐의의 상당 부분이 드러나 있었고, 최순실·정호성·안종범 등 측근들의 공소장에 박 대통령이 '공범'으로 적시돼 있었다. 퇴임 이후 본격적인 형사 처벌 절차를 피하기 어려워 보였다. 탄핵을 당하거나 퇴임 후 형사법 절차에 따라 유죄 선고가 될 경우, 전직 대통령으로서의 처우는 완전히 달라진다.

원래 전직 대통령은 퇴임 전 보수의 95퍼센트에 달하는 연금과 각종 기념사업, 비서진과 사무실 제공 등의 다양한 지원을 받게 되어 있다. 하지만 탄핵 또는 금고 이상의 형을 받으면 '전직 대통령'으로서의 예우가 박탈된다. 하야를 해도 탄핵심판이 계속될 가능성이 열려 있었고, 중대 혐의에 대한 수사도 피해갈 수가 없는 상황이었다. 그러다 보니 '이래도 탄핵심판을 받고 저래도 탄핵심판을 받을 거면 굳이 하야할 필요가 있겠느냐'는 우려가 나온 것이다.

하지만 박 대통령은 개인이 아니라 그 자신이 헌법기관인 대통령이었다. 국민이 그에게 기대한 것은 가장 높은 수준의 공적 사고가 요구되는 대통령으로서의 처신이었다. 혼란스러운 상황을 빨리 끝내고 국가적인 소모를 막는 가장 빠른 길은 당연히 대통령 스스로 결단해 직을 내려놓는 것이었다. 그것이 국민이 그에게 요구한 공적 인생 마지막 선택이었다. 그러나 박 대통령은 끝내 그 결단을 내리지 않았다.

대통령 퇴진을 위한 개헌

헌법 제128조 1항. 헌법개정은 국회재적의원 과반수 또는 대통령의 발의로 제안된다.

◐ "하······."

조언을 듣기 위해 어느 법학전문대학원의 헌법학자에게 전화를 했는데, 설명을 들은 그 학자는 깊은 한숨을 내쉬었다. 탄핵 위기에 몰려 있던 박근혜 대통령의 임기를 단축하기 위해 '개헌을 하자'고 나선 당시 집권 여당 국회의원의 주장이 말이 되는지 물어본 참이었다. 평소 보수적인 성향으로 분류되던 학자라서 그 반응은 꽤 의외였다. 그만큼 그 주장이 한심해 보였다는 뜻이다.

그리고 우리는 그날 여러 명의 헌법학자로부터 비슷한 반응을 들어야 했다. 학자들은 한숨을 내쉬거나, 어이가 없어 언급할 가치가 없다고 자르거나, 목소리가 격앙되어 말을 쏟아 내거나, 종종 화를 내기도 했다. 꽤 오랫동안 방송을 하면서도 학자들로부터 쉽게 들어 보지 못한 반응들이었다. 하긴 헌법에 명시된 탄핵 절차를 따르지 않고, 위기에 몰린 대통령의 '명예로운 퇴진'을 위해 헌법을 고치자는 주장에 어느 헌법학자인들 긍정적인 반응을 보일 수 있었겠는가.

주객이 전도된 집권 여당의 이 황당한 주장은, 박근혜-최순실 사태가 드러낸 우리 정치권의 또 다른 민낯이었다. 불과 몇 달 전과 완전히 다른 주장을 내놓거나, 헌법 개정을 헌신짝처럼 획획 던질 수 있는 물건 취급하는 국회를 지켜보는 국민들은 또 다른 분노를 느낄 수밖에 없었다. ◑

"개헌은 무슨……." 정치권에서 '틈만 나면' 튀어나오는 개헌 이슈에 대한 정권의 반응은 이 말로 요약될 수 있다. 2014년 1월, 당시 집권당의 중진이자 친박계 핵심이었던 서청원 의원이 했던 말이다. 역시나 친박계 핵심으로 꼽히던 최경환 의원도 "결론도 못 낼 개헌으로 시간 낭비하지 말라."고 거들었다. 그만큼 집권 세력은 개헌 논의 자체를 꺼린다. 현재 권력을 쥐고 있는데, 그 권력 구조를 바꾸는 일을 논의하는 개헌을 달가워할 이유가 없기 때문이다.

그런데 이들이 2년 만에 태도를 확 바꿨다. 2016년 11월, 박근혜-최순실 국정농단의 실체가 드러나고 대통령 탄핵이 목전에 다가오자 개헌의 필요성을 주장하기 시작한 것이다. 박 대통령이 대국민 담화를 통해 진퇴 여부를 국회에 맡기겠다고 하자, 이들은 개헌을 통해 박 대통령 임기를 단축하자며 거들고 나섰다. 그러면서 개헌이야말로 박 대통령의 '질서 있는 퇴진'이라고까지 했다. 그러나 실

1980년과 1987년 개정헌법 원문. 전두환 전 대통령의 서명이 들어 있다.

제 내용을 상세히 들여다보면 사실과는 거리가 먼, 정치적 꼼수에 가까운 주장이었다.

주객이 전도된 개헌 논의

87년 헌법에는 대통령의 임기가 '5년'으로 정해져 있다(헌법 제70조). 친박계는 헌법을 개정해서 '제18대 대통령의 임기는 ○○까지로 한다.'라는 내용을 새 헌법에 담자고 주장했다. 그렇게 하면 박 대통령의 임기를 원래 임기보다 단축시킬 수 있다는 것이다.

이런 주장은 과거 전례가 있기 때문에 가능했다. 1980년과 1987년에 헌법이 개정되었는데, 헌법 말미에 '부칙'으로 당시 현직 대통령의 임기를 정리했다. 1980년 개정헌법 부칙 3조는 "대통령의

개헌 프로세스

임기는 이 헌법에 의한 최초의 대통령이 선출됨과 동시에 종료된다."
고 했고, 1987년 개정헌법 부칙 2조 2항에는 "이 헌법에 의한 최초
의 대통령의 임기는 헌법시행일로부터 개시한다."라고 되어 있다.

　　이런 식의 규정을 개정헌법에 명시하고 조기 대선을 치르면
하야나 탄핵을 하지 않고도 임기를 단축할 수 있다는 게 친박계의
주장이었다. 어차피 박 대통령이 임기를 못 채울 거라면 헌법을 바
꿔서 길을 열어주자는 것이다. 그렇게 하는 편이 대통령으로서는 명
예롭고 질서 있게 물러나는 길이지 않겠냐는 말도 나왔다.

　　그러나 개헌 절차를 꼼꼼하게 따져보면 이런 주장은 사실과
거리가 멀다. 개헌을 하려면 개정안을 공고하고, 본회의에서 재적의
원 3분의 2(200명)가 찬성해야 한다. 그런 뒤에 그 개정안을 놓고 국
민투표를 거친다. 국민 과반이 투표해서, 그중 과반이 찬성해야 통과
된다. 이 과정을 다 거쳐야 개정헌법이 공포·시행된다.

1980년 10월 22일. 국민투표에 참가하는 전두환 내외.

국민 과반의 투표가 필요하기 때문에 투표율이 50퍼센트 미만이면 '무산'이다. 만약 무산되면 개헌도, 심지어 대통령의 임기 단축도 없어진다. 그뿐 아니라 이 과정을 거치는 시간도 상당히 소요된다. 공고에 20일 이상, 공고 후 본회의 의결에 최장 60일, 국민투표 공고와 실시에 최장 30일이 걸린다.

그나마 이 기간도 순조롭게 절차가 이뤄질 때나 가능한 얘기다. 헌법 개정안을 만들기 위해 국회 내에서 거쳐야 하는 단계들이 길고 복잡하다. 개헌특위 구성안 발의→본회의 의결→개헌특위 구성→개헌안 확정→발의 단계를 모두 거쳐야 한다. 심지어 이 단계들은 언제까지 끝내야 한다는 규정조차 없다. 논의가 지지부진하면 극단적으로 시간이 늘어질 수 있다.

소요 시간도 문제지만 국회에서 개헌안 내용에 합의가 이뤄질 수 있을지도 의문이었다. 권력 구조 개편 하나만 놓고 봐도 대통령 중임제냐, 내각책임제냐, 또는 이원집정부제냐를 놓고 의원마다 의견이 다 달랐고 실제 국회의원 여론조사를 해봐도 통일이 돼 있지 않다는 걸 확인할 수 있었다. 심지어 첫 단추인 개헌특위를 만드는 것조차 쉽지 않다. 17대에서 19대 국회까지 매번 시도만 했지 단 한 번도 발족한 적이 없다.

개헌 논의에 참여해야 하는 주체가 국회만 있는 것도 아니다. 학계는 물론이고 각 시민단체나 시민 개인들도 참여해 의견을 내야 한다. 국회가 원하는 권력 구조 개편 외에 지방분권 문제, 기본권 확대 문제, 노동 문제, 환경 문제, 통일 문제 등 쟁점이 수없이 많다. 개헌 하다 임기가 다 끝나겠다는 말이 나오는 것도 지나치지 않은데, 친박계는 박 대통령 임기 단축을 위해 당장 이런 과정을 다 거치자고 주장한 셈이다.

판 흐리기로 전락한 개헌론

그러나 무엇보다 중요한 핵심은 개헌이 이렇게 번갯불에 콩 구워먹듯 논의할 주제가 아니라는 점이다. 개헌은 국가의 틀을 완전히 바꾸는 작업이다. 단순한 법률 개정과는 차원이 다르다. 그런데 이러한 중대사를 대통령 임기 단축과 연계해 갑작스럽게 추진한다는 것은 완전히 주객전도다. 헌법학자인 장영수 고려대학교 교수는 "임기 단축을 목적으로 헌법 개정을 하자는 주장은 지금까지 도대체 헌법 개정을 어떤 식으로 생각해왔는지 그 저의가 의심되는 주장"이라고 강하게 비판했다. 개헌이라는 고귀한 행위를 단순한 정략적인 수단 정도로만 생각한 결과라는 분석이었다.

이런 식의 개헌 추진은 개헌에 대한 찬반 여론 자체를 완전히 왜곡할 수 있다는 문제도 있었다. 예를 들어 국회가 '대통령 4년 중임제'와 '박근혜 대통령 임기 단축'이 담긴 개헌안을 발의했을 때, 국민투표에 들어가면 유권자는 큰 혼란에 빠지게 된다. 대통령 퇴진은 찬성하지만 4년 중임제에 반대하는 유권자도 있을 수 있다. 자칫하면 박 대통령 퇴진을 원하지만 어쩔 수 없이 반대표를 행사해야 하는 상황이 충분히 일어날 수 있는 것이다. 비교할 수 없을 만큼 중요도가 높은 헌법 본문을 부칙과 동시에 판단해야 하는 꼴이다. 이렇게 서로 관계가 없는 사안을 '패키지'로 묶어서 주장하면 자칫 개헌이 대통령 조기 퇴진에 대한 일종의 국민투표로 변질될 수도 있다.

게다가 개정 헌법의 부칙에 박 대통령 임기 단축을 넣을 경우, 오히려 '임기를 채우는 대통령'이 될 수 있다는 지적도 있었다. 민주화 물결이 거셌던 1987년 헌법 개정 때로 돌아가 보면, 결과적으로 부칙을 통해 당시 전두환 대통령은 7년 임기를 그대로 보장받고 임기를 마쳤다. 게다가 탄핵이나 하야는 중도에 내려오는 것이지만, 새 헌법에 따라 물러나면 새 헌법으로 임기를 채운 첫 대통령이 되는 셈이기도 하다. 헌법 훼손으로 퇴진을 요구받는 대통령에게 헌법을 바꿔 퇴임을 보장하는 셈이 된다. 전두환 독재를 몰아내기 위한 개헌이 전두환의 임기를 보장해줬던 아이러니가 2016년 박근혜 대통령을 대상으로 다시 일어나지 말라는 법은 없었다.

이런 상황이다 보니 개헌론을 놓고 '불난 집에 군밤 구워먹는다'는 말까지 나왔다. 불 끌 생각은 안 하고 그 와중에도 자기들 잇속만 챙기려 한다는 통렬한 비판이었다. 결국 본질이 아닌 '판 흐리기' 시도는 실패로 돌아갔다. 개헌론은 그 뒤에도 탄핵 정국이 끝날 때까지 두더지처럼 튀어나왔지만, 그때마다 국민 여론의 호된 질타를 맞고 지하로 가라앉았다.

예고 하야

헌법 제65조 2항. [······] 대통령에 대한 탄핵소추는 국회재적의원 과반수의
발의와 국회재적의원 3분의 2 이상의 찬성이 있어야 한다.

◑ 2016년 11월 29일, 박근혜 대통령이 3차 대국민 담화에 나섰다.
국회는 탄핵소추를 추진 중이었고, 광장에서는 즉시 하야를 요구하
던 시기였다. 담화 직전까지 정치권을 중심으로 '대통령이 오늘 하야
를 선언할 수 있다'는 소문이 자자했다. 팀원들은 숨죽인 채 텔레비
전 앞에 모여 있었다.

그런데 카메라 앞에 선 대통령의 표정이 다소 밝아보였다. 지난
두 차례와 뭔가 달라진 느낌이었다. 그리고 시작된 담화에서 대통령
은 "여야가 논의하여 정권 이양 방안을 만들어주면 그 일정과 법 절
차에 따라 대통령직에서 물러나겠다."고 밝혔다. 순간 무척 혼란스러
웠다. 듣는 즉시 해석이 되지 않았다. 어디에 방점을 찍느냐에 따라
서 의미가 전혀 달라지는 말이었다. 분명 하야를 언급한 것 같긴 한
데, 여러 전제가 붙었고 특히 '여야 논의'를 거치라는 부분이 의미심

장했다.

　결론적으로 대통령의 이 발언은 논의의 공을 국회에 넘긴 것에 불과했다. 퇴진 시점과 방식까지 다 여야가 협의를 해서 정해달라는 의미였다.

　"이거 굳이 말하자면 '예고 하야'인데, 국회가 대통령한테 언제까지 하야하라고 결정할 권한이 있나요?"

　팀 내에서는 헌법적 물음이 나왔다. 국회가 탄핵이 아닌 다른 방식으로 대통령의 퇴진을 결정하고 절차를 제시할 수 있는가? 대통령의 거취가 정치 협상의 문제일까? ◖

　국정농단이 드러난 2016년 11월, 국민은 광장으로 나왔다. '즉각 퇴진'을 요구하는 목소리는 들불처럼 번져나갔다. 11월 29일, 침묵하던 박근혜 대통령은 자신의 거취에 대해 처음으로 입장을 내놓았다. 국회의 결정에 맡기겠다고 말이다.

　이틀 뒤 새누리당은 '4월 말 하야, 6월 말 대선'으로 당론을 정했다. 대통령이 국회에 공을 넘긴 상황이기 때문에 야당이 찬성하면 5개월 뒤 대통령은 물러나게 되는 것처럼 보였다.

　그러나 새누리당의 이 결정은 두 가지 측면에서 헌법과 충돌했다. 첫째, 국회가 대통령을 대신해 '하야'를 결정할 수 없다는 것. 둘째, 하야는 즉시 물러나는 것이며 미래의 어느 시점을 정해놓고 사임하는 것이 가능하지 않다는 것. 국회에 따르겠다는 대통령의 발

1961년 11월 27일, 청와대에서. 5.16 쿠데타 직후 하야를 번복한 윤보선 대통령과 박정희 국가재건최고회의 의장. 기묘한 동거는 불과 10개월 정도 지속됐다.

언 자체가 헌법에 대한 무지에서 비롯되었다는 지적이었다.

대통령 하야의 역사

대한민국 헌정사에서 하야한 대통령은 총 세 명이다. 그들은 모두 스스로 결단해서 자리에서 즉시 물러났다. 그런데 2016년 11월 29일 박근혜 대통령은 이 결정을 국회로 떠넘겼다. 유례가 없는 일이었다. 훗날 대통령은 탄핵이 되어 직을 박탈당했지만, 당시 하야 문제는 매우 뜨거운 헌법적 논쟁이었다. 전례 없는 상황에서 국회가 대통령의 하야를 결정할 수 있는지, 그 시점까지 정해줄 수 있는지, 모든 문제가 불분명했기 때문이다.

국회가 대통령을 물러나게 할 법적 근거는 둘 뿐이다. 탄핵과 개헌이다. 탄핵은 헌법 65조에 근거를 두고 있다. 국회가 탄핵소추안을 발의하고 재적의원 3분의 2(200명)의 찬성으로 결정한다. 그 뒤 헌법재판소가 심판을 통해 최종 결론을 낸다. 개헌으로 대통령을 퇴진시키려면 임기 단축을 넣은 새로운 헌법 개정안을 통과시켜야한다. 개정안은 국회 재적의원 3분의 2의 찬성으로 가결시킨 뒤 국민투표에 부쳐 과반의 동의를 받아야 확정된다. 따라서 새누리당이 제시한 '4월 말 하야, 6월 말 대선'이라는 해법은 법적 근거가 미약했다.

그렇다면 법이 아닌 정치적 결정으로는 가능할까? 이럴 경우 국회의 결정은 강제성을 가질 수 없다. 하야를 건의하는 수준에 그치는 것이다. 대통령이 나중에 말을 바꿔서 '하야 못 하겠다.'고 해버리면 그만이다. 정치적 결정은 때와 상황에 따라서 언제든 변할 수 있기 때문이다.

1960년 4월 26일, 이승만 전 대통령은 "국민이 원한다면 대통령직을 사임하겠다. 3·15 정부통령 선거에 많은 부정이 있었다 하니 선거를 다시 하도록 지시하였다."는 말을 남기고 즉각 자리에서 물러났다. 최규하 전 대통령도 1980년 8월 16일 하야를 선언했고 이틀 만에 자리에서 떠났다. 두 전직 대통령은 '스스로 결단'했으며 '즉시 하야'하였다.

질서 있는 퇴진은 헌법에 따른 퇴진

반면 윤보선 전 대통령은 이른바 '예고 하야'를 했다가 그 시점에 가까워지자 번복했다. 1961년 5·16쿠데타 3일 뒤 윤 전 대통령은 "나는 지금 대한민국 국민 앞에 대통령직에서 물러날 것을 결심하고 이를 성명하는 바입니다."라고 발표했다. 즉각 퇴진을 선언했던 것이다. 그러나 바로 다음 날 기자회견을 통해 "이것(하야)이 국제, 국내적 관계에 영향이 있다고 하므로 [……] 지금 이 나라 형편을 생각해서 번의해야 될 것 같다."고 번복했다. '예고 하야'가 아무런 강제성이 없다보니 대국민 선언을 했더라도 지키지 않으면 그만이었다. 윤 전 대통령은 결국 10개월여 뒤인 1962년 3월 22일에야 하야했다. "모든 질서가 안정돼 안심하고 물러날 결심을 했다."는 말을 마지막으로 남겼다.

물론 윤보선 전 대통령의 경우 5·16 쿠데타에 떠밀려서 조급하게 하야를 발표했다가 번복했다는 점에서 박근혜 대통령 사례와 단순 비교는 어렵다. 당시는 군부에 의한 퇴진 요구에 가까웠고, 이번 경우는 국민에 의한 퇴진 요구였다. 그럼에도 '예고 하야'라는 것이 얼마나 법적 근거가 부족한지, 그래서 그 약속을 지키지 않았을 경우 그 누구도 왜 지키지 않았느냐고 따지고 강제할 수 없는 것인지를 자명하게 보여준다.

김종대 전 헌법재판관은 박근혜 대통령과 새누리당의 '예고 하야' 움직임에 대해 이런 말을 남겼다. "질서 있는 퇴진은 헌법이 정하는 질서에 따라 퇴진하는 것"이며 "헌법이 정하는 사퇴는 즉각 사퇴고, 몇 달 지나서 사퇴하겠다는 조건부 사퇴는 안 된다."라고 말이다. 대통령이 말을 바꾸면 방법이 없다고까지 했다.

정치 협상으로 대통령의 하야 여부와 시점을 정하는 것은 가능하지 않다. 헌법은 국회에 그런 권한을 주지 않았기 때문이다. 결국 하야 결정의 주체는 대통령 스스로이고, 그 시점은 즉시가 되어야 한다는 것이 헌법 정신에 더욱 가깝다. 그럼에도 당시 청와대와 여당에서 나온 이런 주장은 국민의 하야 요구를 수용하려는 의도가 아닌 국면 전환용으로 보일 수밖에 없었다.

직무정지 대통령의
불소추 특권

헌법 제84조. 대통령은 내란 또는 외환의 죄를 범한 경우를 제외하고는
재직 중 형사상의 소추를 받지 아니한다.

◑ 「팩트체크」 팀원을 아무나 붙잡고 "대한민국 헌법 제84조의 내용
이 뭐냐?"고 묻는다면 바로 줄줄 외울 수 있는 바로 그 조항. 헌법
84조는 박근혜-최순실 게이트 정국에서 가장 자주 언급된 조항이
다. 재직 중에 범죄를 저지른 혐의가 있는 대통령을 수사할 수 있는
가가 첨예한 논란을 낳았기 때문이다.

이 조항의 문언은 일단 분해해서 볼 필요가 있는데, 특히 '재직
중'에 초점을 맞추는 게 중요하다. 불소추 특권은 오직 대통령직을
수행하는 동안에만 누릴 수 있다. 그런데 바로 그 대통령이 국회로
부터 탄핵소추를 당했다.

"어? 그럼 이제 더 이상 일 안 하는 거네?"

이번에도 시작은 회의 중에 나온 누군가의 한마디였다.

여전히 '재직 중'이긴 하지만, 더 이상 대통령 직무를 수행하지는

않는 대통령. 심지어 박 대통령 스스로도 이미 대국민담화에서 수사에 협조하겠다는 약속을 했다. 그러면 드디어 현직 대통령에 대한 강제수사가 이뤄질 수 있는 것일까? 한다면 어디까지, 어느 정도 강제성을 띨 수 있는 것일까.

헌법에 보장된 '불소추 특권'과 범죄 피의자 대통령의 '강제 수사' 사이. 그 거리는 어느 정도일까. 의문을 해결하기 위해 취재를 시작했다. ◑

2016년 12월 9일. '대통령 박근혜'에 대한 국회의 탄핵소추안이 의결됐다. 박 대통령은 우리 헌정사상 두 번째로 직무가 정지된 대통령이 되었다. 그러자 여론의 관심은 '이제는 수사할 수 있는 것이냐?' 쪽으로 옮겨갔다.

박 대통령은 그동안 '재직 중'이라는 이유로 검찰 수사를 거부하고 있었다. 현직 대통령은 '불소추 특권'을 가지기 때문에 재직 중에는 검찰의 기소를 받지 않는다. 따라서 기소를 전제로 한 수사도 받을 수 없다는 게 박 대통령 측의 논리였다. 그런데 이제 직무가 정지됐으니 '재직 중인 대통령'이 아니고, 그러니 당연히 수사를 받아야 한다는 주장이 제기된 것이다. 그렇다면 이 말은 어디까지 맞는 걸까?

2016년 12월 9일, '대통령 박근혜 탄핵 소추안'이 국회 본회의에서 가결, 대통령 직무정지 상태가 시작됐다.

강제수사는 오히려 필수

'재직 중'과 '직무 중'은 별 차이가 없어 보이지만 법적으로는 명백히 다른 개념이다. 직무가 정지되면 대통령이 가지고 있는 고유 권한을 행사할 수 없다. 군 통수권, 인사권, 결재권 등이 배제되지만 대통령이라는 직위 자체는 유지된다. 급여를 예로 들면, 기본급에 해당하는 직위급은 그대로 받을 수 있지만 대통령이라는 직책을 수행하는 데 필요해서 받는 직무급은 없어진다. 또 청와대 본관 집무실에는 나갈 필요가 없지만 여전히 대통령 관저에서 생활한다. 경호 인력도 그대로 유지된다. 경우에 따라 비서실장이나 국무총리의 업무 보고를 받을 가능성도 있다. 직무가 정지됐어도 여전히 재직 중인 대통령으로 대우를 받는 것이다.

하지만 직무 수행을 하지 않기 때문에 수사를 받는 데는 무리가 없다는 게 헌법학계의 중론이다. 대통령의 직무를 국무총리가 대신하고 있으니, 정작 대통령은 시간과 여유가 충분하기 때문이다. 현직 대통령의 불소추 특권을 규정한 헌법 84조에 대해 헌법재판소가 내놓은 해석에도 이런 측면이 잘 드러난다. 불소추 특권은 대통령의 재직 기간 중 원활한 직무 수행을 보장하기 위한 형사상의 특권을 규정한 것(94헌마246)이라는 게 헌재의 설명이다. 직무 수행에 문제가 없다면 수사가 가능하다는 해석이 충분히 가능한 대목이다. 헌법학자인 경희대학교 정태호 교수 역시 "직무정지 상태에 있기 때문에 특검이 강제 수사를 하더라도 전혀 불소추 특권 침해가 아니다. 밀어붙일 가능성이 충분하다."고 강조했다.

게다가 대통령의 탄핵심판을 위해서도 강제수사는 불가피한 측면이 있었다. 탄핵과 특검은 밝혀야 할 부분이 상당 부분 같다. 공정한 탄핵심판을 위해서는 명확한 증거가 필요한데, 명확한 증거를 확보하려면 성역 없이 수사해야 한다. 그래서 특검의 강제수사 필요성이 높아진 것이다. 박 대통령에 대한 주요 탄핵 사유 중 하나로 '세월호 7시간' 문제가 포함되었다. 박영수 특검도 '세월호 7시간 미스터리'가 수사 대상에 포함된다고 밝혔다. 하지만 그동안 청와대는 이 문제에 대해서 확실한 자료를 내놓지 않았고 뚜렷한 설명도 없었다. 결국 특검이 강제수사를 통해 증거 확보에 나서야 헌법재판소가 탄핵심판을 원활하게 진행할 수 있다는 얘기다. 증거 없이 재판을 할 수는 없는 만큼, 대통령에 대한 수사는 오히려 필수였다.

'과감한' 헌법 해석의 이유

그런데 대통령과 청와대는 여전히 요지부동이었다. 협조할 수 없다, 대통령에 대한 예를 지켜라, 청와대는 보안 구역이라 열어줄 수 없다. 일관된 비협조적 태도 때문에, 검찰 수사 당시 내부 전산망에는 '대통령 체포' 얘기까지 오르내렸다. 그렇다면 대통령 직접 수사에서 '강제성'은 어느 정도까지 가능할까?

수사의 성격에 따라서 순서는 조금씩 달라질 수 있지만, 수사 과정은 보통 소환조사-압수수색-체포-구속-기소로 진행된다. 이 중에서 대통령에 대한 강제수사는 법원의 영장을 받는 압수수색까지 가능하다는 의견이 많았다. 하지만 한발 더 나아가 체포영장을 청구해 발부받은 다음, 소환에 응하게 하는 압박 수단으로 쓸 수 있다는 의견도 법조계 일각에서 나왔다. 검찰 출신 김희수 변호사는 "법원에서 발부한 체포영장은 당연히 집행할 수 있다."는 일반론을 폈다. 청와대가 초법적인 특권을 누리는 치외법권은 아니기 때문에 이론적으로는 충분히 가능하다는 것이다. 물론 2중, 3중의 경호가 이뤄지는 청와대에 실제로 들어가서 집행을 할 수 있느냐는 별개의 문제다.

강제수사에 문제가 있다는 해석을 고수하는 헌법학자들도 있었다. 자칫하면 국회와 검찰이 대통령을 휘두르는 전례를 남길 수 있다는 우려 때문이었다. 한상희 건국대학교 교수는 "자칫 선례가 되어버리면 그렇지 않아도 강력한 검찰권이 대통령 위로 올라갈 수도 있다."고 경계했다. 국정농단이라는 초유의 사태를 핑계로 그런 사례를 열어줬다가 나중에 국회와 검찰 권력이 손을 잡고 멀쩡한 대통령을 흔들 수 있다는 걱정도 일리가 있다. 그럼에도 당시 대부분의 헌법학자들은 헌법을 '과감하게' 해석하는 쪽을 택했다. 직무정지된 대통령에 대한 수사는 가능하고, 심지어 강제수사도 가능하다는 해석이었다. 이유는 간단했다. 대국민 담화를 통해 수사에 협조하겠다던 박 대통령이 정작 법률로 정한 수사 절차에 협조하지 않고 버티기로 일관했기 때문이다. '협조'를 하지 않겠다면, 원칙으로 '강제'할 수밖에 없다. 그것은 어쩌면 당연한 법치국가의 결론이었다.

탄핵 찬반 입장 공개

국회법 제130조 2항. [······] 탄핵소추의 여부를 무기명투표로 표결한다.

◑ 광화문을 가득 밝히던 촛불이 여의도로 향했다. 당초 대통령 탄
핵안 표결이 예상됐던 12월 2일, 국회 처리가 무산됐기 때문이다.
분노한 시민들은 "촛불로 여의도를 태워버리겠다!"며 국회의사당을
에워쌌다. 시민들은 "정치인들을 믿을 수 없다!"고 외쳤다.

　서울시 마포구 상암동에 있는 방송국 회의실에 앉아서도 여론
의 강한 불신을 생생히 느낄 수 있었다. 시민들은 탄핵에 누가 찬성
하고 반대하는지 직접 확인하고 싶어 했다. 그동안 민심이 제대로
정치에 반영되지 않는다는 걸 너무 여러 번 확인했기 때문에. 이유
는 충분했다. 이번만큼은 즉각적, 직접적인 민심 반영을 요구했다.
2016년 12월의 광장은, 그렇게 '직접 민주주의'의 기운이 넘실댔다.

　'인증샷'. 누군가 그런 아이디어를 내놨다. 점심 때 먹은 식사를
찍어서 SNS에 올리듯, 주말에 다녀온 관광지 사진을 찍어 올리듯,

국회의원들도 탄핵 투표를 하고 나서 인증샷을 찍어 올리라고 요구하고 나선 것이다. 그러잖아도 방법을 고민하던 정치인들 몇몇이 동참을 선언했다.

탄핵안 표결은 어느새 사흘 앞으로 다가와 있었다. 그런데 이런 파격적인 행동이 법적으로 가능한 것인지 확인되지 않은 상황. 역사적인 탄핵 표결을 앞두고, 누군가 확인해볼 필요가 있었다. ◐

"탄핵 투표용지의 인증샷을 찍어 올리겠다."

박근혜 대통령에 대한 탄핵소추안 표결을 사흘 앞둔 12월 6일. 이석현 더불어민주당 의원이 자신의 SNS에 이런 선언을 했다. 그러면서 동료 의원들도 동참할 것을 요구했고, 실제로 상당수 야당 의원들이 이에 동조하고 나섰다. 당시 탄핵안 표결을 앞두고 여야는 표 계산에 여념이 없었다. 탄핵안이 가결되려면 국회 전체 재적의원 300명의 3분의 2인 200명 이상의 찬성표가 필요했다. 당시 야3당과 무소속 의원들의 표를 모두 더하면 172표. 여당인 새누리당에서 적어도 28명 이상이 찬성에 표를 던져야 했다. 이 때문에 야당들은 여러 가지 수단을 동원해 여당 의원들의 '결단'을 종용하고 있었고, 탄핵 촉구 촛불집회에는 연일 수백만 명의 시민이 집결해 국회를 압박하고 있었다.

그런데 문제는 탄핵안 투표가 무기명, 즉 이름을 적지 않는 비밀투표로 이뤄진다는 점이었다. 국회 본회의에서 이뤄지는 표결은

2016년 12월 9일, 여의도. 탄핵 소추안 가결로 여의도에 모인 시민들이 하나의 고비를 넘었다.

사안에 따라 기명과 무기명 여부가 달라지는데, 탄핵안이나 인사청문보고서 등 인사와 관련된 표결은 대개 무기명이 원칙이었다. 그러다보니 각 의원이 탄핵안에 실제로 찬성표를 던졌는지 반대표를 던졌는지 알 수가 없었다.

　　박 대통령에 비판적인 비박계 의원들은 30표 이상 찬성표를 모았다며 자신하고 있었다. 하지만 반대표를 행사하더라도 밝혀낼 방법이 없으니, 실제 투표장에서는 어떤 일이 일어날지 알 수 없는 것도 사실이었다. 새누리당을 둘러싸고 매일 분위기가 급변했다. 어제까지만 해도 찬성표가 급격히 늘어나는 것 같다가, 오늘 아침에는 전혀 다른 이야기가 흘러나왔다. 정치적 득실 계산을 앞세우다보니 의원들의 결단은 갈대처럼 흔들렸다. 촛불을 든 시민들은 더더욱 국회의원들의 '말'을 믿지 못하게 됐고, 자연스럽게 명확한 '확인'을 요구하게 된 것이다.

비밀투표 원칙 위반 여부

이때 야당에서 나온 아이디어 중 하나가 '찬성투표 인증샷'이었다. 국회 본회의에서 비밀투표를 할 때는 의원의 이름이 적힌 '휴대용 명패'를 기표소에 가지고 들어가게 되어 있다. 그래서 기표를 하고 나와서 명패함과 투표용지함에 각각 집어넣어야 한다. 투표용지의 숫자와 실제 참여한 국회의원 숫자가 맞는지를 확인하기 위한 장치다. 그러니까 기표소에 들어가서 '찬성투표'를 한 뒤에 자신의 명패와 기표지를 함께 찍어서 확실하게 '인증'을 하겠다는 얘기였다.

국회 본회의장에서 투표 인증샷을 찍는다니, 당연히 이례적인 일, 사상 초유의 일이었다. 그런데 법적으로 문제가 있다는 주장도 나왔다. 국회법 130조 2항에 "탄핵소추의 여부를 무기명투표로 표결한다."고 돼 있기 때문이다. 이 국회법 조항은 1964년부터 현재까지 적용되고 있다. 2004년 노무현 전 대통령 탄핵소추안 의결 때에도 무기명으로 비밀투표를 했다. 하지만 무기명 투표를 하는 것과 투표용지를 사진 찍어 SNS에 올리는 건 다른 문제다. 법적으로 인증샷도 금지된다고 단정 지어 얘기하기는 어렵다.

대통령 선거나 국회의원 선거 때 기표소에 들어가 투표하고 사진을 찍으면 그 자체가 위법이다. 공직선거법 166조의2 1항에 "누구든지 기표소 안에서 투표지를 촬영하여서는 아니 된다."고 정하고 있다. 하지만 국회 본회의 표결에는 공직선거법이 적용되지 않는다. 본회의 표결은 국회법의 절차를 따르는데, 국회법에는 촬영 금지 규정이 따로 없다.

결국 촬영 여부에 대한 판단은 국회에 달린 문제다. 본회의 표결의 실무를 관리하는 국회 사무처가 검토하고 국회의장이 최종 결정하면 된다. 당시 논란에 대한 사무처의 입장은 "국회법에 금지 규정이 없다."는 것이었다. 의원들이 사진을 찍는다면 못 찍게 할 구속력이 없다는 뜻이었다. 정세균 국회의장 역시 이 문제에 대해서 입장을 따로 내지 않았다.

시민들 사이에서는 번거롭게 인증샷을 찍을 것도 없이 투표용지에 아예 이름을 써버리자는 의견도 나왔다. 물론 국회의원이 자신의 이름을 투표용지에 쓸 수는 있다. 그런데 그 표는 효력이 없어진다. 기명 투표지에는 성명란이 따로 있지만 무기명 투표지에는 없다. '가·부란'에 찬성을 하려면 한글로 '가', 또는 한자 '可(옳을 가)'를 쓰고, 반대는 '부', 또는 한자 '否(아닐 부)'를 적어야 한다. 그런데 투표지에 적는 요건이 상당히 까다롭다. 가·부를 제외하고는 다른 어떤 것도 적으면 안 된다. 이름을 쓴다든지, 마침표를 찍는다든지, 지우고 다시 쓴다든지, 아래 '口(입 구)'가 없는 '不(아닐 부)'를 써도 모두 무효 처리된다. 그러니 이름을 써서 인증하자는 의견은 애초 현실성이 없는 주장이었다. 인증샷은 되고, 이름을 쓰면 안 된다는 결론이었다.

아예 탄핵안 투표를 기명 투표로 바꾸자는 국회법 개정안도 나왔고, 표창원 더불어민주당 의원은 '탄핵 반대 국회의원 명단'을 공개해 논란을 낳기도 했다. 일부 시민들은 '박근핵닷컴'이라는 웹사이트를 만들어 현재 몇 명이 찬성, 반대, 무응답하고 있는지 실시간으로 확인하기도 했다. 그동안 없던 일들이 제도권 정치 안팎에서 동시다발적으로 벌어졌다.

시민의 불신이 근본적 문제

사실 인증샷 논란의 본질은 탄핵안 처리 과정을 시민들이 정확히 알고 싶어 한다는 것이었다. 기본적인 알 권리의 차원이기도 하지만, 그보다는 국회가 시민의 의견을 제대로 대의하는지 확인하겠다는 성격이 강했다. 여론조사 상으로 80퍼센트에 가까운 압도적인 비율의 시민들이 탄핵을 요구하고, 탄핵안 가결을 위해 주말마다 거리에서 촛불을 들었다. 그런데도 그 민의를 받아 실행해야 할 국회의원들이 제대로 찬성표를 던질지 확인할 수 없다. 인증샷 논란은 그 불안감과 부당함에 대한 저항이자, 어쩌면 정당한 요구이기도 했다.

물론 무기명 투표, 즉 '비밀투표'는 외부의 압력을 받지 않고 양심에 따라 투표를 하기 위한 민주정의 가장 중요한 원칙이다. 애초 국회가 '인사 관련 사안'에 무기명 투표를 도입한 것도 그러한 맥락에서 생각해볼 지점은 있다. 우리 국회는 1948년 제헌국회의 임시의장을 뽑을 때부터 무기명으로 투표를 했고, 그 이후 인사와 관련한 투표는 무기명이 관례화됐다. 특히 1952년에 국회법 개정안에는 "인사관계결의안은 무기명투표로써 표결"한다고 명시했다. 인사와 관련된 사안을 비밀투표에 부치는 것은 이미 60년 넘게 이어진 관례다. 타인의 신변과 관련된 문제를 결정할 때 '대놓고 하지 않으려는' 성향이 영향을 미쳤다는 학계의 해석도 있지만, 이유를 명확히 밝힌 기록은 없다. 탄핵에 대한 무기명 투표 원칙은 오랜 군사독재 상황에서는 오히려 국회의원 보호를 위해 필요했던 측면도 있다.

하지만 시대는 변했고, 이런 중요한 표결을 무기명으로 하는 경우는 많지 않다. 2016년 지우마 호세프 대통령을 탄핵했던 브라질은 기명 투표를 한다. 대표적인 대통령제 국가인 미국도 대통령 탄핵 시에 기명 투표(공개 투표)가 원칙이다. 찬반 명단이 국민에게 공개된다. 워터게이트 사건 때 닉슨 대통령은 하원의 탄핵안 표결 직전에 사임했는데, 공개 투표를 앞두고 결과가 뻔히 드러났기 때문에 하야를 선택한 측면도 있다. 미국은 탄핵안뿐 아니라 일반적인 인사 관련 표결에서도 상하원 모두 비공개 투표 사례를 찾아보기 어렵다.

왜냐하면 국회의원의 표결은 국민의 투표 행위와 기본적인 성격이 다르기 때문이다. 국회의원 역시 자신의 양심과 판단에 따라 표결하는 것이 원칙이지만, 그 근저에는 자신을 선출해준 국민의 뜻을 대신한다는 더 근본적인 원칙이 있다. 게다가 탄핵안 표결은 국회가 대통령을 상대로 할 수 있는 가장 큰 결정이자 중요한 결정이다. 경희대학교 정치외교학과 서정건 교수는 "국민의 대표인 국회의원들이 각자 어떤 결정을 했는지를 표로써 밝히는 것이 국회의원의 당연한 의무이자 권리다."라고 말했다. 거꾸로 말하면 자신의 뜻을 대신 행사하는 국회의원이 실제 어떤 투표를 했는지 아는 것이 국민의 당연한 권리인 셈이다.

2016년 12월 9일, 박근혜 대통령 탄핵안은 국회의원 234명의 찬성으로 통과되었다. 예상을 뛰어넘는 압도적인 찬성 표결이 이뤄지면서, 누가 찬성하고 누가 반대했는지 따지는 일은 결국 흐지부지되었다. 하지만 '인증샷 논란'까지 불렀던 탄핵안 의결 과정은 시민과 국회 사이의 간극을 또렷이 드러낸 사건이기도 했다.

국회의원은 한 명 한 명이 걸어 다니는 헌법기관이라고도 한다. 그 권한은 시민의 투표에 의해 당선됨으로써 주어진 것이다. 그래서 국회의원의 투표 행위에는 그만큼 막중한 책임이 따른다. 그런데 정작 그들을 선출한 시민들은 탄핵 표결을 앞두고 '믿지 못하겠다', '확인하겠다'고 목소리를 높였다. 국회가 소신을 '인증'을 해야 하는 이례적인 상황, 우리 정당정치의 또 다른 민낯이었다.

대통령,
개인인가 기관인가

헌법 제66조 1항. 대통령은 국가의 원수이며, 외국에 대하여 국가를 대표한다.

◑ 박근혜−최순실 게이트에서 눈에 띄는 점 중 하나는 대통령 측이 '사생활'을 유독 강조했다는 것이다. 대통령 변호인이 "여성으로서의 사생활을 존중해 달라."고 취재진에게 당부하듯 말했고, 김기춘 전 비서실장은 청문회에서 "사사로운 생활"이라는 표현을 쓰기도 했다.

세월호 7시간의 의혹을 '사생활 들추기'로 무마하려 한다는 비판이 일었다. 국민은 대통령을 국가 원수, 행정 수반, 국민 안전의 최고 사령탑으로 선출했는데 정작 대통령은 '공인'의 책임보다는 '사인'의 권리를 주장했다는 점에서 공분을 사기에 충분했다.

물론 일부에서는 반론도 나왔다. 대통령도 '사인(私人)'으로서의 영역을 충분히 보장받아야 한다는 주장이었다. 팩트체크팀은 바로 이 지점에서 중대한 물음을 던질 수밖에 없었다. 대통령은 사인인가, 아니면 국가기관인가? 대통령의 사생활 범위는 과연 어디까지인가?

특히 세월호 참사와 같은 국가적 위기 상황에서 대통령의 사적 영역이 우선일까, 아니면 국가기관으로서 책무가 우선일까? 헌법을 통해 그 답을 찾아 나섰다. ◐

장소에 따라 변하는 지위?

2016년 12월 7일 박근혜-최순실 게이트 청문회가 열렸다. 김기춘 전 청와대 비서실장이 증인석에 앉았다. 청문위원들은 세월호 7시간 동안의 대통령 행적을 끊임없이 물었고 김 전 실장은 이렇게 답했다. "대통령 관저 내에서 일어나는, 뭐 이런 사사로운 생활에 대해서는 제가 잘 모릅니다." 대통령의 생활공간인 관저는 사적 범위에 들어가고, 그래서 그 안에서 어떤 일이 있었는지 알 수 없다는 답이었다. 질문은 계속됐다. 김 전 실장은 거듭 "머리를 하거나 화장실을 가거나 알지 못한다.", "관저 내실에서 일어나는 일은 제가 알지 못한다."고 말했다. 한 언론에서 대통령이 세월호 7시간에 해당하는 시각, 미용사를 불러서 머리를 하는 데 장시간을 소비했다는 의혹을 보도한 직후였다.

하지만 세월호 참사 초기부터 김 전 실장은 공인으로서의 대통령을 강조해왔다. "대통령은 일어나서 잘 때까지 근무다."라거나 "대통령은 어디에 있든 그곳이 업무 공간이다."라고 말해왔다. 대통령에게 사적인 공간이나 사적인 시간은 없다, 세월호 7시간 당시에

1. 국민 대표 기관
2. 국정 조정자
3. 헌법 수호자
4. 기본권 보호 기관

대통령의 헌법상 지위

도 정상적으로 집무를 하고 있었다는 뜻으로 읽혔다. 그런데 이날 처음으로 사적인 생활을 언급했다. 답변이 180도 달라진 것이다.

대통령 관저는 내실과 외실로 나뉜다. 전직 청와대 근무자들에 따르면 내실에는 침실을 비롯한 휴식 공간이 있고 외실에는 회의실과 식당 등이 있다. 팩트체크팀은 김 전 실장이 말한 '사사로운 생활'에 집중했다. 김 전 실장의 말대로라면 '내실'에 들어가면 그 시간 동안은 '사인 박근혜'가 되는 것일까? 대통령이 장소에 따라서 사적이었다가 공적이었다가 변하는 존재인 것일까? 그리고 이런 논리가 공적 의무를 다하지 못했다는 비판의 해명이 될 수 있을까?

헌법 17조는 "모든 국민은 사생활의 비밀과 자유를 침해받지 아니한다."고 밝히고 있다. '모든'이라는 표현에서 보듯 대통령도 사생활을 존중받을 권리를 지닌 것으로 보인다. 헌법학자인 정종섭 새누리당 의원의 저서 『헌법학원론』에도 "대통령은 직무와 무관한 부분에서는 사인으로서의 지위를 가진다. 일반 개인과 같이 대통령은 기본권을 향유한다."고 분석하고 있다. 다만 "직무와 관련해서는 일반 사인과 달리 더 많은 제한을 받을 수 있다."는 내용도 함께 담고 있다. 종합해보면 대통령도 사생활이 있지만, 직무와 관련된 경우 크게 제한된다는 것이다.

이런 결론은 2008년 헌법재판소의 결정 사례(2007헌마700)와도 맥을 같이한다. 노무현 대통령이 재임 중에 '개인 자격'으로 제기한 헌법 소원이었다. 대통령도 개인으로서 정치적 표현의 자유를 가지고 있기 때문에 정치적 의견을 내는 데 지나친 제약을 가해서는 안 된다는 주장이었다. 이에 대해 헌재는 "대통령도 국민의 한 사람으로서 제한적으로나마 기본권의 주체가 될 수 있다."고 밝혔다. 동시에 "국가기관으로서의 직무와 제한되는 기본권 간의 밀접성과 관련성, 직무상 행위와 사적인 행위 간의 구별 가능성 등을 종합적으로 고려해서 결정되어야 한다."고 결론지었다. 따라서 질문은 '세월호 7시간'이라는 국가 위기 상황에서 대통령은 국가기관으로서 직무를 해야 하느냐, 그럼에도 사인으로서의 생활을 간섭받을 수 없느냐 하는 물음으로 좁혀진다.

해외 사례와의 비교

먼저 전문가들의 의견을 들어봤다. 홍성걸 국민대학교 행정학과 교수는 "대통령의 24시간은, 적어도 임기 중에는 모든 활동이나 내용이 국가에 바쳐진 시간 아니겠어요? 퇴근하면 사적인 공간이다,

首相動静—１２月６日
【午前】
８時２５分、官邸。３３分、閣議。４６分、石井啓一国土交通相。
５４分、稲田朋美防衛相。９時６分、藤井聡内閣官房参与。
３０分、平田竹男内閣官房参与。５５分、鈴木宗男元衆院議員。
１０時９分、定塚誠法務省訟務局長、高橋董一防衛省整備計画局長。
２２分、防衛省の黒江哲郎事務次官、前田哲防衛政策局長、深山延暁地方協力局長。
１１時１分、加藤勝信働き方改革担当相、新原浩朗内閣府政府統括官、岡崎淳一厚生労働審議官。
２９分、ヒッチンズ駐日英大使。４７分、平井伸治鳥取県知事と観光関係者らの表敬。

【午後】
１時４１分、自民党経済構造改革特命委員長の茂木敏充政調会長ら。
２時４分、谷内正太郎国家安全保障局長、外務省の杉山晋輔事務次官、秋葉剛男外務審議官。
４時３分、カーター米国防長官の表敬。
４２分、谷内国家安全保障局長、外務省の杉山事務次官、秋葉外務審議官。
５時２２分、働き方改革に関する現場との意見交換会。加藤働き方改革担当相、塩崎恭久厚生労働相同席。
６時９分、意見交換会参加者と記念撮影。１１分、加藤働き方改革担当相。１３分、杉山外務事務次官。
３５分、北村滋内閣情報官、木村惠司内閣衛星情報センター所長。
４６分、木野村氏出る。７時３分、北村氏出る。２１分、東京・元麻布の元麻布ヒルズ。日本料理店
「東郷」で、毎日新聞社の朝比奈豊会長、丸山昌宏社長らと食事。１０時２６分、東京・富ケ谷の自宅。

All times ET

7:40 AM | The President arrives at Joint Base Andrews
Joint Base Andrews
Travel Pool Coverage

10:30 AM | The Vice President will address the House Democratic Caucus
U.S. Capitol
Closed Press

11:05 AM | The President departs the White House en route Joint Base Andrews
South Lawn
Open Press
(Final Gather 10:45AM – North Doors of the Palm Room)

11:05 AM | The President departs the White House en route Joint Base Andrews
South Lawn
Open Press
(Final Gather 10:45AM – North Doors of the Palm Room)

11:20 AM | The President departs Joint Base Andrews en route Tampa, Florida
Joint Base Andrews
Travel Pool Coverage
(Call Time 10:00AM – Virginia Gate, Joint Base Andrews)

일본 총리와 미국 대통령의 2016년 12월 6일 일정

관저가 사적인 공간이다, 라고 얘기하는 것은 저는 동의하기가 좀 어렵습니다."라는 의견을 제시했다. 김호기 연세대학교 사회학과 교수도 "[사생활 보호가] 불가능하겠죠. 대통령이란 직위 자체가 국민들이 투표를 통해서 권력을 위임한 위치잖아요. 위임받은 기간 중에는 사실상 사생활은 없다고 봐야죠. 이거는 대통령의 공적, 윤리적 책임의 문제이지 않겠어요."라고 답했다.

아래는 2001년 9·11 테러 조사위원회의 보고서에서 공개된 대목이다.

대통령은 9시 5분 (방문 중이던) 학교 교실에 앉아 있었습니다. 참모가 대통령에게 속삭였습니다. "두 번째 비행기가 건물과 부딪혔습니다. 미국이 공격당했습니다." 대통령은 그 순간 본능적으로 국민들에게 흥분하지 않고 침착한 모습을 보여줘야겠다는 생각이 들었다고 언급했습니다. [……] 대통령은 그러고는 7분을 교실에 더 머물렀습니다.

조지 부시 대통령이 당시 어디에서 무엇을 했는지는 물론이고 어떤 판단을 했는지까지 기록이 돼 있다. 대통령의 '머릿속 생각'과 '심리 상태'까지도 사생활이 아닌 공적인 영역으로 보고 있었다. 해외 사례를 국내 문제와 단순 비교해도 되느냐 하는 것은 우리도 늘 스스로 던지는 질문이다. 그럼에도 9·11 사례를 다룬 이유는 국가 비상사태에 대통령이 어떻게 대응했는지를 사후에라도 반드시 기록으로 남기는 그들의 방식이 주는 시사점 때문이었다.

내친 김에 대통령의 일정표도 비교해봤다. 박근혜 대통령의 일정표는 아예 비어 있는 경우가 다수였다. 반면 오바마 미국 대통령은 2016년 12월 6일에 열두 개의 일정을 분단위로 세세하게 표시해 국민에게 공개했다. 12월 6일 아베 일본 총리의 일정표는 일정이 다 끝난 뒤 공개되었는데, 8시 25분, 33분, 46분, 54분, 9시 6분, 30분,

55분…… 등으로 더 세부적이었다. 국가 지도자의 1분, 1초, 한순간 모두 사인으로서의 시간이 아닌 '국가기관'으로서의 시간임을 보여주는 단적인 사례였다. 하물며 국가 비상사태에는 말할 필요도 없음은 자명한 결론이었다.

권한대행의 권한

헌법 제71조. 대통령이 궐위되거나 사고로 인하여 직무를 수행할 수 없을 때에는 국무총리, 법률이 정한 국무위원의 순서로 그 권한을 대행한다.

◗ 황교안 국무총리는 대통령 권한대행을 맡으면서 '대통령 권한대행 국무총리 황교안'이라고 새긴 시계를 배포했다. 자신의 집무실 명패도 '대통령 권한대행 국무총리 황교안'으로 바꾸었다. 곱지 않은 시선이 쏟아졌다. 국가가 위중한데 황 총리는 '권한대행' 삼매경에 빠졌다거나, 대통령 선거에 출마할 목적으로 홍보용 시계를 돌렸다는 비난도 나왔다. 그런 정치적 비판은 걷어내고, 우리는 헌법으로 이 사안을 바라보았다.

헌법에 '대통령 권한대행'이라는 직책은 존재하지 않는다. 단지 대통령이 사고 상태이거나 궐위로 자리에 없을 경우에 국정을 대신한다는 규정만 나와 있다. 그러다 보니 권한대행자에게 온전한 권한이 있는 것인지, 어느 범위까지 행사할 수 있는지가 불분명하다. 직전 사례인 2004년 노무현 대통령 탄핵소추 때에도 유사한 논란이 일었다. 그러나 뚜렷한 결론은 없었다. 이 문제에 대해 '팩트'의 관점에서 답을 찾는 것은 가능할까?

황 총리가 대행을 맡은 기간 동안 중대한 결정을 해야 하는 일들이 있었다. 예를 들어 헌법재판소장의 임기가 끝나 임명 문제가 발생했다. 미국에서는 도널드 트럼프 정권이 출범했고, 중국에서는 사드 배치를 반대하며 경제적 보복을 가해왔다. 나라 안팎으로 위기였다. 한편 황 대행은 박근혜 정권의 국정농단 사태로부터 결코 자유로울 수 없다는 비판까지 받았다. 황 대행이 탄핵된 박근혜 정권의 초대 법무부장관을 거쳐 국무총리를 역임하는 동안 이 사태가 진행됐기 때문이다. 이런 국내외적 여건 속에서 권한대행의 권한은 어디까지일까? ◑

대한민국 헌정사 속
다섯 명의 권한대행

대통령 탄핵소추안 가결로 '권한대행' 체제가 들어섰다. 흔치 않은 일이지만 대한민국 헌정사에서 다섯 번째 일어나는 일이기도 하다. 권한대행은 대통령이 사고 상태이거나 궐위로 자리에 없을 경우 한시적으로 국정을 맡는다.

2004년 노무현 대통령이 탄핵소추된 직후 고건 국무총리가 권한을 이어받았다. 고 대행은 당시의 경험을 9년 뒤 책으로 냈다.

대통령 권한대행, 법만 놓고 보면 대통령의 모든 권한을 행사한다.

눈에 띄는 내용은 탄핵소추안 통과 직전의 혼란스러운 상황을 서술한 바로 이 대목이다. "별실 서가에 있던『헌법학개론』책부터 집어 들었다." 곧 있으면 대통령 권한을 대신해야 할 총리가『헌법학개론』을 왜 찾아봤을까? 참고할 자료가 헌법학 서적밖에 없었다는 뜻이다. 이런 대목도 있다.

"대통령 탄핵은 헌정 사상 초유의 사태였다. 참고할 법전도 규정도 없었다. '상식과 원칙' 두 가지 기준을 되뇌며 결론을 내렸다." 아무 기준이 없어서 고민했던 것으로 보인다. 결과적으로 고건 대행은 '소극적 행사'의 길을 택했다.

고 대행 이전의 사례는 어떨까. 1960년 4월 27일 이승만 대통령의 사임으로 허정 당시 외무부장관이 권한대행을 맡았다. 1962년

3월 24일에는 윤보선 대통령이 사임했다. 1961년 5·16 군사 쿠데타로 실권을 잡은 박정희 장군이 국가재건최고회의 의장이라는 신분으로 권한을 대행했다. 1979년 10월 26일 박정희 대통령의 사망으로 당시 최규하 국무총리가 권한을 대신했다. 각 시기별 특수성이 있어 단정적으로 말하기는 어렵지만, 쿠데타를 일으킨 박정희 전 대통령을 제외하면 대체로 소극적인 권한 행사에 그친 것으로 평가받는다.

헌법이 규정하지 않은 빈틈

헌법 71조는 "대통령이 궐위되거나 사고로 인하여 직무를 수행할 수 없을 때에는 국무총리, 법률이 정한 국무위원의 순서로 그 권한을 대행한다."고만 나와 있다. 법적으로 권한대행자가 어디까지 권한을 행사할 수 있는지, 어떤 일은 할 수 없는지가 헌법뿐 아니라 그 어느 법률에도 나와 있지 않다. 프랑스의 경우 권한대행은 국민투표 부의권과 의회 해산권을 행사하지 못하도록 헌법에서 정하고 있다. 그러나 한국은 이 빈틈을 헌법학계의 해석과 분석으로 메우고 있는 상황이다.

헌법학계에서 나오는 의견은 분분하다. 어떤 헌법학자는 '현상 유지'에 그친다는 해석을 한다. 대통령이 복귀하거나 다음 대통령이 선출되기 전까지 임시로 직무를 대신하기 때문에 정책 기조를 바꾸거나 새로운 일을 추진해서는 안 된다는 이유 등을 든다. 반면 대행자도 대통령의 모든 권한을 행사할 수 있다는 반론이 있다. 권한을 제때 행사하지 못해 국가에 큰 손실을 끼칠 수 있다는 이유 등으로 '현상 변경'도 가능하다는 분석이다. 이 밖에 대통령이 궐위인지 사고인지를 나눠서 봐야 한다는 의견도 있다.

결국 학계의 해석으로도, 헌정사의 전례로도 그 범위를 똑 부러지게 말할 수 없었다. 따라서 권한대행자의 판단으로 그 범위가 정해질 수밖에 없는 것이 현실이다. 다만 그 판단의 기준이 자의적이어서는 안 된다고 학자들은 말한다. 민심의 요구와 정치적 상황을 종합해야한다는 것이다. 헌법학자인 송기춘 전북대학교 교수는 "정치 상황을 하나하나 봐야 한다. 일일이 다 정해놓을 수는 없는 것이다. 정치적 통제를 받는 게 일반적이라고 본다."고 분석했다.

헌법재판소장 임명권

황교안 대행은 재임 중에 박한철 헌법재판소장의 후임자 임명 문제에 부딪히게 되었다. 2017년 1월 31일 퇴임한 박 소장의 후임을 뽑지 않으면 헌법재판소는 상당 기간 8인 체제로 운영될 수밖에 없었다. 이에 대해 여당에서는 '임명 가능'이라는 주장을 내놨고, 야권에서는 '궤변'이라며 반박했다. 헌법 111조 4항은 "헌법재판소의 장은 [……] 대통령이 임명한다."고 규정하고 있다.

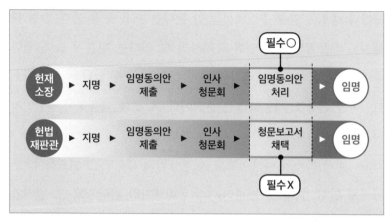

대통령 권한대행의 인사권. 헌법재판관 임명을 강행할 수 있다. 단, 헌재소장은 국회 동의 없이 임명할 수 없다.

이론적으로는 이처럼 의견이 충돌했으나, 정치 현실에서는 불가능하다는 게 우리의 결론이었다. 헌법재판소장은 국회의 동의가 있어야 임명할 수 있기 때문이다. 당시 자유한국당(전신 새누리당)은 94석에 불과한 반면, 나머지 의석은 야권과 무소속이 차지한 여소야대 상황이었다. 임명동의안은 국회 재적의원 과반수 출석에 출석의원 과반의 찬성으로 통과된다. 황교안 대행이 헌재소장 후보자를 '지명'할 수는 있지만 '임명'할 수는 없는 상황이었다.

이는 앞서 송기춘 교수가 분석한 '정치 상황'과도 맥을 함께한다. 만약에 자유한국당이 국회의 과반을 점하고 있었다면 황 대행은 후임 헌재소장을 지명해서 국회에 동의를 구했을 수도 있다. 그러나 국민은 2016년 총선에서 여당에게 과반 의석을 주지 않았다. 야당에게 압도적 지지를 표했고, 바른정당이 여당에서 갈라져 나오면서 여소야대는 더욱 뚜렷해졌다. 결과론적 분석이지만, 민심과 정치 상황은 황교안 대행에게 '임명권' 행사를 보장하지 않은 것이다. 국정농단이 수면 아래에 잠복해 있던 2016년 4월, 새누리당 친박계는 친박도 모자라 '진박'을 가려내겠다며 공천파동을 일으켰다. 이에 대한 민심이반은 총선 참패로 이어졌고, 또 그 결과 황교안 권한대행의 운신의 폭이 좁아진 것이다. 결국 국민의 뜻이 권한대행의 직무범위를 규정한 셈이다.

2장

탄핵안 가결부터
인용까지

직무정지 대통령의
'관저 정치'

헌법 제65조 3항. 탄핵소추의 의결을 받은 자는 탄핵심판이 있을 때까지
그 권한행사가 정지된다.

◑ "이거 어떠냐, 얘기 되나?"

박근혜 대통령 탄핵안 가결로 정신없던 어느 날 밤. 오대영 기자가
업무용 메신저에 흥미로운 글을 하나 공유했다. 탄핵의 유일무이한
전례였던 2004년 노무현 전 대통령 탄핵 당시 법무부에서 일했던 검
사가 자신의 SNS에 올린 글이었다. 직무가 정지된 대통령의 권한 행
사 범위의 한계가 어디까지인지 한창 논란이 일던 무렵이었다. 2004
년에 실무 담당자였던 그는 청와대 본관에 있는 '연필 한 자루'도 쓰
면 안 된다고 단호하게 썼다. 우리는 그 '연필 한 자루'에 꽂혔다.

그동안 박근혜-최순실 게이트를 다루면서 가장 어려웠던 건, 이
런 사태가 전례가 없었다는 그 자체였다. 현직 대통령이 법치를 포
기하고 국정을 농단하고 뇌물 범죄에 가담했다는 의혹이라니. 상상
하기도 어려운 일이다. 그러다 보니 당연히 모든 사안들이 '새로이

분석해야 할 것들'이었다. 헌법 제84조 '불소추 특권'처럼 논의 자체가 처음 이뤄지는 사안도 많았다.

그럼에도 탄핵안 가결로 인한 대통령 권한대행 체제는 우리에게도 전례가 있었으니, 바로 2004년. 그래서 우리는 2004년으로 되돌아가서 비교·분석해보자는 방향을 잡을 수 있었다. 당시 야당이었던 '한나라당'은 지금과 정반대되는 상황에서 어떤 말들을 쏟아냈을까. 당시 권한대행이었던 고건 전 총리는 어떤 생각을 했을까. 과거의 팩트는 사실 팩트체커들에겐 가장 강력한 무기이기도 하다. ◑

'관저 정치'. 탄핵안이 통과된 직후 여의도 정가에는 이런 단어가 돌아다녔다. 대통령이 원래 집무를 보는 청와대 본관 집무실이 아니라 숙소인 관저에서 정치를 한다는 뜻이다. 직무가 정지된 박근혜 대통령이 관저에서 업무 보고를 받으며 정치에 개입할 수 있다는 우려가 제기된 것이다. 특히 헌법재판소의 탄핵 심리에 영향을 미칠 수 있다는 걱정이 컸다.

이런 우려가 나온 이유는 압도적으로 탄핵안을 통과시킨 본회의 직전, 청와대 행보에 의문이 제기됐기 때문이다. 탄핵안은 오후 4시 10분에 처리됐다. 그런데 그날 오전 청와대는 조대환 변호사를 비어 있던 민정수석 자리에 임명했다. 직무정지 직전에 마지막으로 민정수석에 대한 임명권을 행사한 것이다. 청와대 민정수석은 헌법재판소와 법원, 검찰 등 사법 권력과 직접 관계된 자리다.

'관저 정치' 우려의 또 다른 근거는 청와대 비서실의 움직임이었다. 탄핵소추 직전, 청와대 홈페이지의 '이것이 팩트입니다' 코너에는 '세월호 7시간'에 대한 해명이 추가로 올라왔다. 세월호 7시간 의혹은 박 대통령 탄핵심판의 핵심 쟁점 중 하나다. 직무정지된 대통령이 새 민정수석을 통해 헌재 심리에 영향을 미치고, 청와대 비서실이 대통령 변론에 동원되는 게 아니냐는 의문이 나올 수밖에 없는 상황이었다.

2004년의 참조

평상시 청와대 조직상으로 보면 대통령은 비서실과 수석비서관실, 국가안보실과 경호실 등의 보좌를 받는다. 그런데 탄핵 의결로 권한이 정지되면서 대통령이 직접 관여할 수 있는 곳은 경호실밖에 남지 않았다. 청와대 내부뿐 아니라 정부 조직상으로도 마찬가지다. 국무총리 산하 17부 5처 16청 6위원회에 대한 권한도 모두 잃었다. 이런 상황을 무릅쓰고 대통령이 비서실을 통해서 업무 보고를 받거나 관여하면 현행법과 충돌할 수밖에 없다. 국가공무원법 60조(비밀엄수의 의무), 형법 127조(공무상 비밀의 누설)를 어기는 게 된다.

'유일한 전례'인 2004년 노무현 전 대통령 탄핵 때도 마찬가지였다. 당시 법무부는 일종의 '가이드라인'을 만들어서 청와대에 보냈다. 이때 실무를 맡았던 김윤상 전 검사(법무부 법무심의관실 근무)가

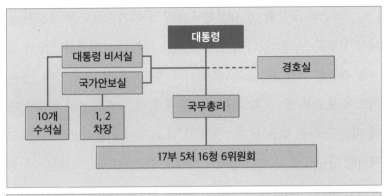

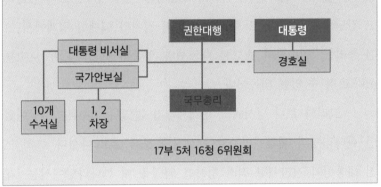

직무 정지된 대통령의 지휘권 변화. 수족에 해당하는 대통령 비서실, 내각 동반자인 대통령 권한대행과도 단절된다.

정리했던 가이드라인의 결론은 '전면 금지'였다. 김 전 검사는 자신의 SNS에 2004년 "장관 결재까지 받아 청와대에 보낸 보고서는 '비서실 이용 금지, 경호실 이용 가능'"이었다고 밝히기도 했다. "권한 행사가 정지되면 비서실 실무관은커녕 비서실 필통에 있는 연필 하나 쓰면 안 된다."고 밝힌 대목이 상당히 인상적이다. 원칙대로 하면 직무정지 된 대통령은 관저 생활 이외의 어떠한 공적 활동도 할 수 없고, 심지어 집기조차 사용할 수 없다는 얘기다.

그런데 노무현 전 대통령이 직무정지 기간에도 비서실을 통해서 업무를 보고받았다는 반론도 있다. 정확한 사실관계는 당시 대통령 직무를 대행했던 고건 전 총리의 회고록에 잘 나와 있다. "공식적으로 보고를 할 수 없었다. 노 대통령과 내가 따로 만나 국정에 대해 의논을 하면 법을 어기는 일이다."라고 원칙을 밝히면서도, "보고 형식이 아니라 친전[메모] 형태로 상황을 알려주었다.", "63일간 세 번 통화를 했다.", "전화할 때마다 노 대통령은 '좋습니다.', '그러시죠.'라고 간단하게 답했다."고 회고했다. 법과 정치의 애매한 경계에서 고 전 총리는 '최소한의 보고'로 대처했다. 일종의 비공식 업무 보고를 했다고 볼 수 있는 대목이다.

그러다 보니 당시에도 문제제기가 많았다. 2004년 야당이었던 한나라당과 새천년민주당이 강하게 문제 삼고 나섰다. 특히 노 전 대통령이 지자체장 격려 행사를 열었을 때 한나라당에서는 "대통령이 권력을 갖고 통상 이상의 업무를 보고 있다."고 강하게 비판했고, 민주당에서는 "비서실이 노 대통령에게 업무보고를 하고, 인사보좌관이 차관급 인사에 개입하는 것은 월권"이라는 문제제기를 했다. 10여 년 사이를 두고 비슷한 논란이 반복된 셈이다.

2004년과 2016년의 전혀 다른 상황

헌법과 법률 전문가들을 폭넓게 인터뷰한 결론은, 법적으로

2017년의 첫날, 박근혜 대통령의 신년 기자간담회. 직무정지 대통령의 정치활동, 물론 금지할 방도는 마땅치 않다.

는 안 되지만 정치적으로는 상황에 따라 다르다는 것이다. 법과 원칙에 따르면 노 전 대통령 때나 박 대통령 때나 똑같이 어떠한 보고도 받아서는 안 된다. 하지만 정치적 상황은 전혀 다르다. 노무현 전 대통령은 임기가 4년 가까이 남았던 시점이었고 범죄 혐의로 입건된 것도 아니었기에 피의자 신분도 아니었다. 퇴진 요구도 적었고 탄핵안 의결 직후 치러진 총선에서는 여당이 압도적 승리를 거두면서 직무 복귀 가능성이 높았다. 조만간 복귀할 대통령을 위해서 법적인 논란을 무릅쓰고 최소한의 보고를 했던 상황으로 볼 수 있다.

박근혜 대통령은 완전히 다른 상황이었다. 피의자 신분으로 검찰과 특검에 입건됐다. 탄핵소추안에는 헌법 위배 13건, 법률 위배 4건이 그 사유로 명확히 들어가 있었고 전 국민적 퇴진 요구가 거셌다. 법조계와 정치권도 복귀 가능성이 거의 없다고 내다봤다. 때문에 복귀할 대통령이라 현안 보고를 받는다는 설명을 하기 힘들었고, 직무 연속성을 따질 수도 없었다. 오히려 민정수석 인선과 비서실 운용 의혹이 불거지며 자신의 탄핵심판과 비리 수사에 개입하려는 의도를 의심 받을 수밖에 없었다. 그리고 실제로 박 대통령은 이후 탄핵심판 과정에서 청와대 대변인이나 관계자 등을 동원해 여론전을 펼치고, 대통령 본인이 간담회와 기자회견을 자청하는 등 논란을 키웠다. 헌재 결정이 나오기 전까지 '관저 정치' 논란이 끊이지 않았던 이유는 바로 대통령 본인에게 있었다.

새누리당 재산의 뿌리

정당법 제48조 1항. [……] 자진 해산한 때에는 그 잔여재산은
당헌이 정하는 바에 따라 처분한다.

◑ 2016년 12월 13일, 새누리당 대표를 지낸 김무성 의원이 일종의
고해성사를 했다. 새누리당의 재산이 "독재정권 시절에 재벌 등쳐서
형성한 재산"이라는 폭탄 발언을 한 것이다. 최순실이 재벌에게 재
단 자금을 거두어들였다는 의혹이 톱뉴스로 보도되던 시점이었다.
김 의원의 말이 사실이라면 정경유착의 뿌리는 매우 깊었던 것이다.

사실 그날의 아이템은 '친박−비박, 재산 분할 가능할까'였다. 김
무성 의원을 필두로 비박계 의원들이 새누리당 탈당을 계획하고 있
었다. 부부가 이혼하면 함께 일궈온 재산을 분할하듯이, 같은 정당
의 식구가 갈라설 때에도 당의 자산을 나눠가질 수 있을까 하는 문
제를 살펴보려고 했다. 그러나 김 의원의 발언으로 취재를 원점으로
되돌렸다. 그리고 새누리당의 재산 형성 과정을 거슬러 올라가는 쪽
으로 방향을 틀었다.

그러나 이에 대해 연구된 자료는 찾아볼 수 없었다. 한국의 정당은 선거철에 이합집산과 분당을 반복하며 개업과 폐업, 통폐합을 주로 해왔다. 그 뿌리를 찾는 일은 불가능에 가까워 보였다. 팀원들이 택한 방법은 단순했다. 50년간 보도된 관련 정치 기사를 하나씩 모두 찾아보는 것이었다. 거꾸로 추적하다 보면 뭔가 손에 잡힐 수 있지 않을까.

취재를 할수록 매우 흥미로운 역사적 사실들이 발견됐다. 김무성 의원의 말대로 새누리당의 재산은 전두환의 민정당과 맞닿아 있었다. 그리고 한 걸음 더 들어가 보니 그보다 앞선 박정희 정권의 공화당과도 관련이 있었다.

"뭐야, 민정당도 아니고 공화당이었어?"

취재를 하면서 모두가 놀랐다. 새누리당의 전신인 한나라당, 신한국당, 민자당의 부동산을 중심으로 확인한 돈의 뿌리는 우리 예상보다도 훨씬 먼 데까지 뻗어 있었던 것이다. ◖

"[새누리당 재산은] 과거 전두환 독재정권 시절에 재벌들을 등쳐 가지고 형성한 재산." 2016년 12월 13일, 김무성 의원이 새누리당의 재산 문제를 꺼내들었다. 최순실 씨가 재벌에게 돈을 거두어 재단을 만들었다는 뉴스로 전 국민이 충격에 휩싸여 있던 바로 그때였다. 자신이 속한 새누리당도 '재벌 등친' 돈으로 재산을 불렸다는 이 말은 큰 충격으로 다가왔다.

이후 김무성 의원은 30여 명의 의원들과 동반 탈당해 '바른 정당'을 만들었다. 불과 8개월 전 당대표까지 했던 의원이 마지막 순간 고해성사라도 한 것일까. 그 의도를 떠나 전두환 전 대통령의 민정당을 뿌리로 하는 새누리당 '돈의 역사'가 무척이나 궁금해졌다.

새누리당 부동산 자산의 역사

새누리당은 그동안 자신의 뿌리가 군사정권에 있다고 공개적으로 말하지 않았다. 새누리당 홈페이지에 나온 연혁에 따르면 1997년 한나라당이 그 시작이다. 하지만 김무성 의원이 돈 얘기를 통해 자신들의 근원이 전두환 정권이라고 밝힌 셈이 됐다. 1981년 만들어진 민정당은 1990년 3당 합당(민정당, 통일민주당, 신민주공화당)을 통해 민자당으로 확장했다.

이후 신한국당과 한나라당으로 이름을 바꿨고 2012년 대선을 앞두고 새누리당으로 탈바꿈했다가 2017년 또 자유한국당으로 변신했다. 주로 야당을 흡수, 통합하면서 당의 외연을 확장해왔다. 충청을 기반으로 한 자민련, 선진통일당 등이 그러하다. 이런 역사를 볼 때 새누리당은 분당보다는 합당 경험에 익숙한 것으로 보인다.

당의 뿌리가 이러하다면 재산도 물려받았을까? 2015년 기준 새누리당 재산은 선거관리위원회 자료상 565억 원이다. 이 가운데 55퍼센트가 토지와 건물, 부동산이다. 팩트체크팀은 비교적 추적이

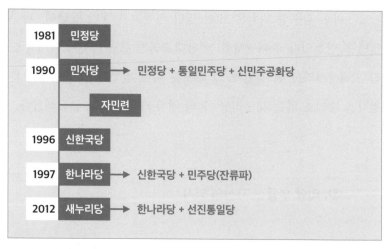

박근혜 대통령과는 뗄 수 없는 새누리당 변천사. 드러난 뿌리는 전두환 정권의 민정당이다. 그러나 그 숨은 뿌리는?

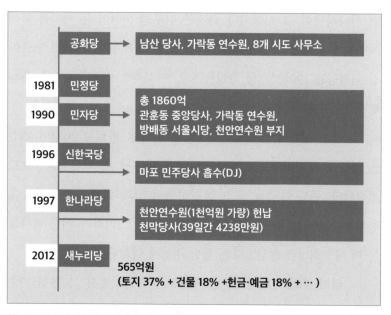

새누리당의 역사와 부동산 자산의 변동

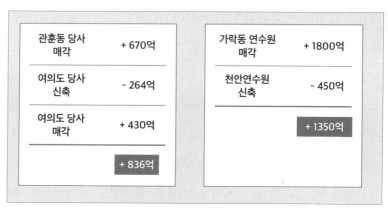

관훈동 당사 매각	+ 670억
여의도 당사 신축	- 264억
여의도 당사 매각	+ 430억
	+ 836억

가락동 연수원 매각	+ 1800억
천안연수원 신축	- 450억
	+ 1350억

민자당부터 이어진 '부동산 불패신화'. 건물은 사라져도 현금은 남았다.

쉬운 부동산을 중심으로 재산의 뿌리를 찾아봤다.

새누리당의 재산은 주로 증가해왔지만 한때 대폭 줄기도 했다. 바로 2004년이다. 당시 '차떼기 사건'으로 한나라당은 천안연수원을 국가에 헌납했다. 그리고 천막당사 생활을 시작했다. 정치자금을 트럭으로 실어 날랐던 사실이 드러나면서 그 위기를 타개하기 위한 선택이었다. 당시 당대표가 박근혜 전 대통령이다. 그러나 그때에도 한나라당은 전 재산을 다 처분하지 않았다. 서울에 있는 중앙당사만 매각했고 지방 시·도당의 토지와 건물은 그대로 유지했다. 이 자산은 지금까지 이어지고 있다.

새누리당의 전신인 신한국당은 1997년 민주당과 합당하는 과정에서 김대중 전 총재가 남기고 간 마포 민주당사를 흡수했다. 또 1990년 3당 합당으로 두 개의 야당을 흡수하면서 부동산 보유액을 1860억 원까지 끌어올렸다. 당시 야당인 김대중 총재의 평민당 재산은 17억 원에 불과했으니 무려 100배 이상 차이가 난다. 야당을 흡수하며 세를 불렸으니 기업으로 치면 인수합병의 귀재라고 봐도 무방할 정도다.

민자당은 관훈동의 중앙당사를 팔고 그 돈으로 한나라당의 새 당사를 지었다. 그리고 다시 매각해서 800억 원이 넘는 차익을 남긴 것으로 보인다. 당시 보도된 자료들을 토대로 명목상의 금액을 계산했을 때 그러하다. 민자당은 가락동 연수원도 매각했는데, 이 자금으로 천안연수원을 짓는 과정에서 약 1350억 원의 차액을 남긴 것으로 추정된다. 따라서 2004년 차떼기 사건으로 헌납하거나 매각한 것과는 별개로 누적 자산은 상당했을 것으로 보인다.

그렇다면 이런 부동산은 김무성 의원의 말대로 "재벌 등쳐서" 사들인 것일까? 돈에는 꼬리표가 없기 때문에 일일이 확인하기는 어렵다. 다만 지금은 없어진 지정기탁금 제도를 통해 기업의 자금이 어느 정당에 어느 정도 비율로 들어갔는지는 추측해볼 수 있다. 지정기탁금 제도는 선관위를 통해 돈을 주는 기업이 돈을 받는 정당을 지정하는 합법적인 정치자금 제도다.

1989년 9월 30일자 국회 내무위원회 회의록을 살펴보면 과거 정권에서 활용된 정치자금제도가 얼마나 불공정한 것이었는지를 알 수 있다. 1982년부터 1989년까지 기업이 낸 지정기탁금의 총액은 873억 원이다. 이 가운데 98퍼센트가 전두환 정권이 만든 민정당에게 돌아갔다. 기업들이 여당에게 자금을 압도적으로 몰아줬다는 뜻이다.

구분	여당	야당
1990년	163억원	없음
1991년	190억원	없음
1992년	170억원	648만원
1993년	190억원	없음
1994년	170억원	없음
1995년	230억원	없음
1995년 10월 25일	324억원	없음

지정기탁금 지급현황. 권위주의 정권에서 굳어진 정당간 '부의 편중'은 문민정부 들어서도 쉽게 바뀌지 않았다.(출처:《조선일보》1996년 11월 9일)

이와 별개로 '재벌 등쳐서' 돈을 거둔 정황도 법원 판결문을 통해서 확인이 된다. 전두환 정권의 비자금 사건에 대해 서울고등법원 판결문(96노1894)은 "[대통령 경호실장이] 적극적으로 기업인들에게 연락하여 금원을 제공하도록 한 점, 대선자금이라는 명목으로 계획적으로 범행을 한 점, 그 건수가 많고 모금액이 엄청난 점 등에 비추어 실형을 면할 수 없다."고 판시했다. 전두환 정권에서 어떤 식으로 '재벌 등쳐서' 모금을 했는지 알 수 있는 단적인 팩트다.

새누리당의 뿌리는 박정희 공화당

그런데 새누리당 재산의 뿌리는 여기에서 그치지 않았다. 박정희 전 대통령의 사후에 공화당은 스스로 '공화당 청산위원회'를 구성했다. 박정희 체제의 공식적인 해체를 위한 기구였다. 1980년 12월 10일 위원회는 이런 발표를 했다. "구 공화당 자산 전체를 가칭 민주정의당에 무상 양도하기로 한다." 즉 박정희의 공화당 재산을 전두환 민정당에게 그대로 물려준다는 것이다. 당시 공화당은 남산에 당사를, 가락동에 연수원을, 여덟 개 시·도에 사무소를 가지고 있었다. 박정희 공화당의 자산을 고스란히 전두환의 민정당이 인수한 셈이다. 따라서 지금 새누리당이 가진 재산의 출발점은 박정희 정권이었던 것이다.

1980년 12월 18일 《동아일보》 기사. 민정당은 박정희 전 대통령의 공화당 재산을 세금 한 푼 안 내고 인수했다.

공화당의 남산 당사는 이후 민자당의 관훈동 중앙당사로, 이후 한나라당의 여의도 당사로 변모했다. 공화당의 가락동 연수원도 마찬가지로 한나라당의 천안연수원으로 탈바꿈했다. 규모가 큰 부동산의 흐름만 봐도 공화당에서 새누리당으로 이어지는 '돈의 역사'가 고스란히 드러나는 것이다.

2004년 국민에게 고개 숙여 인사한 뒤 천막당사로 옮긴 박근혜 한나라당 대표는 "이제 한나라당은 아무것도 가진 게 없습니다."라고 말했다. 팩트체크 결과는 결코 그렇지 않았다.

FACT CHECK

그렇다면 김무성 의원을 위시한 탈당자들의 신당은 새누리당 재산에 권리를 주장할 수 있을까? 정당법 48조 1항에 "자진 해산의 경우에는 그 잔여 재산은 당헌이 정하는 바에 따라 처분한다."고 돼 있다. 이 조항은 어디까지나 당이 자진 해산할 경우에만 해당된다. 자진 탈당자들은 당의 재산에 대한 권리를 주장할 법적 근거가 없다. 바른정당은 새누리당을 자발적으로 탈당한 인사들이 만든 정당이다. 그래서일까? 김무성 대표가 "과거 전두환 독재 시절에 재벌들 등쳐서 형성한 돈"이라며 덧붙인 이 말이 여운을 남긴다. "이러한 것을 부끄럽게 생각하고 국가에 헌납해야 한다." 헌납이 실제로 가능했던 때에 던진 말이었다면 혹여 진정한 반성으로 평가 받았을지 모를 일이다. 그러나 어차피 못 가져갈 상황에서 나온 말이다.

키친 캐비닛?

헌법 제78조. 대통령은 헌법과 법률이 정하는 바에 의하여 공무원을 임면한다.

◑ 2016년 12월 16일 대통령 측은 헌법재판소에 25쪽 분량의 답변서를 보냈다. 그중 '키친 캐비닛(kitchen cabinet)'이라는 표현이 단연 시선을 사로잡았다. 최순실이 사실상 키친 캐비닛이었으며, 따라서 문건 유출을 공무상 비밀 누설로 보기 어렵다는 주장이었다. 키친 캐비닛이라는 용어에 생소했던 팀원들은 혼란스러웠다.

당장 사전을 찾아봤다. 몇몇 백과사전에는 "정치적 사견 없이 대통령의 식사에 초청받을 정도로 가까운 지인"을 의미한다고 적혀 있었다. 사전마다 표현은 조금씩 달랐으나 하나의 공통점이 있었다. "사적 이해로 얽혀 있지 않은" 관계라는 것이었다. 그런데 취재가 더욱 깊게 진행될수록 새로운 정치사들이 발견되었다. 미국 정치 자료를 확인하던 한 팀원은 "키친 캐비닛의 어원이 사실상 비선 실세인데요?"라며 놀랐다. 우리는 각자 하던 일을 멈추고 모두 그 자료에 집중했다.

미국 정치사를 연구한 전문가들에 따르면 '키친 캐비닛'은 제7대 대통령인 앤드류 잭슨의 비선 운영에서 비롯되었다. 내각(캐비닛, cabinet)을 의심하고 경계했던 잭슨은 자신의 측근들에게 크게 의존했다고 알려져 있다. 그를 탐탁지 않게 여긴 반대파에서 이를 비꼬아 '키친 캐비닛'이라고 비난한 데에서 이 용어가 시작되었다. 어원만 놓고 보자면 대통령은 최순실을 '비선'이라고 인정한 셈이다. ◐

오바마의 '키친 캐비닛'

'키친 캐비닛'은 법률 용어가 아니다. 미국 정가에서 간헐적으로 쓰는 은어일 뿐이다. 미국에서 키친 캐비닛을 공개적으로 활용한 대통령으로 단연 버락 오바마 전 대통령을 꼽을 수 있다. 그는 방송인 오프라 윈프리를 백악관에 초청해 식사를 하고 담소를 나누며 세상 돌아가는 이야기를 들었다고 한다. 유명인뿐 아니라 일반인을 식사에 초대하기도 했는데, 수학 교사 출신의 예키니 살라미가 대표적이다. 은퇴 후 뉴욕에서 살고 있는 그에게 오바마는 키친 캐비닛 증서까지 수여했다. 백악관이 이들을 초청해 이야기를 듣고 이름까지 공개한 이유가 무엇이었을까? 남녀노소와 사회적 위치를 가리지 않고 민심을 청취한다는 점을 강조하기 위해서로 보인다. 굳이 말하자면 오바마에게 키친 캐비닛은 '소통'의 징표였던 것으로 판단된다.

이런 오바마의 소통 행보에 착안을 한 것일까? 박근혜 대통령은 탄핵 사태 초기에 키친 캐비닛을 언급했다. 대통령 측이 헌법재판소에 제출한 답변서에는 이런 내용이 들어 있다.

연설문이 국민 눈높이에서 너무 딱딱하게 들리지 않는지, 현실과 맞지 않는 부분이 있는지 자문 받는 경우가 왕왕 있다. 속칭 '키친 캐비닛'이라고 한다. 최순실의 의견을 들은 것도 같은 취지이다.

최순실이 국정 개입을 한 게 아니라 대통령이 최순실을 키친 캐비닛으로 활용해 조언을 받았을 뿐이라는 주장이었다. 따라서 탄핵의 사유가 되지 못한다는 것이었다. 하지만 이 궤변은 키친 캐비닛에 대한 이해 부족에서 비롯됐다는 것이 팩트체크팀의 결론이었다.

그럴싸한 외래어로 본질을 흐리려는 의도라고 해석할 수도 있었다.

키친 캐비닛은 정식 조직도 아니고, 누가 명단을 관리하는 단체도 아니다. 극단적으로 말하면 아무런 실체가 없다. 오바마 이전의 대통령들이 키친 캐비닛을 적극적으로 활용했다는 기사는 찾기 쉽지 않았다. 팩트체크팀이 접촉한 미국 정치 전문가들도 키친 캐비닛이라는 개념을 매우 생소하게 받아들였다. 정치 은어, 그 이상도 이하도 아닌 것이다.

최순실이 비선이라는 자백

키친 캐비닛이라는 용어는 1832년 3월 27일 《US 텔레그래프》의 보도에서 당시 대통령 앤드류 잭슨과 관련해 처음 쓰였다. 1983년 김종길 경북대학교 사학과 교수가 쓴 논문은 다음과 같이 밝히고 있다.

반 잭슨 투쟁의 상징적인 정치용어가 되었고, 오늘날까지도 많은 미국 연구자료 속에 언급되고 있다. [……] 그는 인간성을 신뢰할 수 없는 그렇게 많은 사람들로 구성된 내각이라는 하나의 제도를 신뢰할 수 없었다. [……] 항상 기만과 배신의 위험성을 빈틈없이 경계한 그는 중대한 문제를 내각회의에 의존할 수밖에 없었고, 자신이 그 결정의 중심에 있고자 하였다. [……] 그의 이런 경향이 Kitchen

Cabinet을 만들어 존속시키고 그 전설을 성장시켰다.(김종길, 「Andrew Jackson의 Kitchen Cabinet」, 『경북사학』 5권, 1982. 274~276쪽)

이처럼 키친 캐비닛은 앤드루 잭슨이 운용한 비선 조직을 비판하며 반대파에서 쓰기 시작한 말이다. 단순하게 말하면 키친 캐비닛의 본래 의미는 '비선'이었던 셈이다. 당시 잭슨은 자신의 비선을 백악관 가구 수리 관리인 등 전혀 상관없는 자리에 앉히고 국정을 논한 것으로 알려졌다. 잭슨의 이런 국정 운영 방식에 대해 좋은 평가도 있다. 당시만 해도 미국 백악관은 대통령 비서실을 제도적으로 잘 갖추지 못했는데, 잭슨이 키친 캐비닛으로 그 빈틈을 메워 대통령의 권위를 유지할 수 있었다는 이유 때문이다.

그러나 키친 캐비닛은 결코 긍정적 표현이 아니었다. 공식 내각을 놔둔 채 친족이나 측근을 곁에 두고 국정을 논하는 잭슨을 풍자하고 비난했던 용어가 키친 캐비닛이다. 따라서 이 용어의 태생에 무게를 둔다면 박 전 대통령은 최순실이 '비선 실세'임을 스스로 자백한 셈이 된다.

반면 오바마가 사용한 키친 캐비닛의 개념으로도 박 전 대통령의 주장은 성립되지 않는다. 오바마는 소통의 상징으로 키친 캐비닛을 활용했다. 그런데 대통령 대리인단 측은 엉뚱하게도 국정농단 세력을 포장하는 데 이 용어를 아전인수한 것이다. 앤드류 잭슨식이든 오바마 식이든, 최순실은 결코 키친 캐비닛으로 정당화될 수 없다.

청와대는 대통령 자신이 임명해 구성한 비서실이 있다. 비서실장 밑에 분야별로 열 명의 수석비서관이 있고 이들을 뒷받침하는 공무원이 수백 명이다. 또 헌법상 국무총리와 국무위원의 보좌를 받도록 보장돼 있다. 이들이 대한민국의 국정을 함께 끌어간다.(86, 87조) 이것이 전부가 아니다. 헌법은 대통령에게 '국가원로자문회의'(90조), '민주평화통일자문회의'(92조), '국민경제자문회의'(93조) 등 세 개의 자문기구를 둘 수 있게 해두었다. 그 밖에도 열여섯 개의 대통령의 직속 위원회가 마련돼 있다. 그런데도 최순실의 국정 개입을 키친 캐비닛이라는 말로 합리화할 수 있을까?

연좌제?

헌법 제13조 3항. 모든 국민은 자기의 행위가 아닌 친족의 행위로 인하여
불이익한 처우를 받지 아니한다.

◑ 대통령의 답변서에는 연좌제라는 단어도 등장했다. 최순실의 행
위를 놓고 대통령의 책임을 묻는 것은 '연좌제 금지'에 위배된다는
내용이었다. 간단히 말하면 최순실의 혐의와 대통령은 무관하며, 대
통령이 연좌제의 피해자라는 주장이다. 팩트체크팀은 연좌제 금지
가 헌법에 어떻게 규정돼 있는지부터 찾아봤다. "친족의 행위로 인
하여 불이익한 처우를 받지 아니한다." 헌법은 연좌제를 전면 금지하
고 있다. 그렇다면 대통령의 주장대로 최순실을 친족으로 볼 수 있
을까?

한 팀원은 영화 「실미도」의 대사를 가지고 왔다. "연좌제……. 아
버지가 채워준 사슬을 완전히 끊어버릴 수만 있다면 이 칼, 나라를
위해 다시 한번 잡을 수 있겠나?" 교육대장 역을 맡은 배우 안성기
가 사형수인 설경구에게 제안한다. 대북 특수공작원이 되면 연좌제

를 없애주겠다는 정부 차원의 은밀한 거래였다. 박정희 정권을 배경으로 한 이 영화는 당시 횡행했던 연좌제의 폭력적 면모를 잘 보여준다. 기왕 팩트체크를 한다면 이런 연좌제 역사도 다 담아주자는 의견이 나왔다.

팀은 두 편으로 나뉘어 취재를 시작했다. 한쪽은 헌법 13조 3항이 말하는 '친족'의 개념이 무엇인지를 따져봤고, 다른 한쪽에서는 헌정이 시작된 이래 연좌제의 실태가 어떠했는지를 살펴보았다. 그리고 마지막으로 대통령과 최순실의 행위가 객관적 사실로 볼 때 아무런 관련이 없는 것인지를 확인했다. 대통령 측의 연좌제 주장에는 어느 쪽으로도 동의할 수 없다는 결론에 도달했다. ◐

연좌제 역사

연좌제의 역사는 고조선까지 거슬러 올라가는 것으로 추정된다. 다만 명문화된 법전에 따른 연좌제는 14세기부터 시행되었다고 한다. 모태는 중국의 법이었다. 1367년 중국 명나라의 주원장은 지금의 형법에 해당하는 '대명률'을 제정해 이듬해 공포했다. 이 안에는 모반(사직을 위태롭게 할 것을 모의)이나 대역죄(종묘, 산릉 및 궁궐을 훼손할 것을 모의), 부도죄(일가족 세 사람을 죽이거나 타인의 사지를 절단하여 죽이는 등 행위)를 저지르면 당사자는 참형에 처하고 가족을 노비로 삼거나 유배를 보내는 등의 연좌 처벌을 했다. 삼족을 멸한다는 말

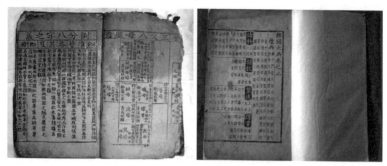

연좌제를 규정한 중국의 대명률. 오른쪽은 조선시대 법치의 근간이 된 경국대전.

도 여기에서 나온 것으로 추정된다.

당시 조선은 명나라의 대명률을 받아들여 조선의 형법으로 사용했다. 명나라의 연좌제가 조선에서도 통용됐던 것이다. 그러던 조선은 15세기에 독자적인 법을 완성하게 되는데 그것이 바로 '경국대전'이다. 경국대전에도 연좌제가 나와 있다. 예를 들면 가족노위형(가족을 노비로 삼음), 전가사변형(가족 전체를 변경 지역에 유배 보냄)이 대표적이다. 본인은 아무런 잘못이 없더라도 오로지 친족이라는 이유로 처벌을 받았던 것이다.

이런 연좌제는 19세기 후반 근대화 과정에서 사라졌다. 1894년 갑오개혁 때 조선은 연좌제와 함께 참혹하게 사지를 절단하는 사형 방식인 능지처참형을 폐지했다. 두 형벌이 함께 사라지게 된 데에 비추어볼 때 연좌제가 능지처참형만큼이나 악법 중의 악법으로 인식되었다는 것을 알 수 있다. 연좌제는 갑오개혁 이후 지금까지 단 한 번도 허용된 적이 없다. 즉 1894년을 끝으로 법적으로 완전히 소멸된 것이다.

그러나 법에서 사라졌을 뿐 한국에서 연좌제는 버젓이 횡행했다. 남북 분단 이후 반공 이념이 헌법보다 우선시되는 시대적 상황 속에서 연좌제는 암묵적으로 방조되었다. 이승만 정권이 반공주의 아래서 무고한 민간인을 학살했고 남은 친족에게 불이익을 주는 대물림을 자행했다는

1980년 9월 29일 《동아일보》 1면 기사. "민주" 토착화 최대 역점", "연좌제 폐지"가 눈에 띈다.

것은 여러 기록들로 남아 있다. 연좌제의 굴레는 박정희 정권에서도 계속됐다. 2003년 국가인권위원회가 발간한 연구 용역 보고서 「국가보안법 적용상에서 나타난 인권 실태」에는 충격적인 내용들이 담겨 있다.

동네 아이들이 '빨갱이 자식'을 총살한다며 나무에 묶어놓고 놀이
—인혁당 사례(1975.)
당시 초등학교에 다니기 전후의 어린아이에 불과했던 그의 어린 아들을 동네 꼬마들이 끌어내어, 목에 새끼줄을 매어 나무에 묶어 놓고 빨갱이 자식이니 총살한다고 하면서 놀이를 했던 것이다. 더욱 놀라운 것은 동네아주머니들이 그러한 장면이 눈앞에 벌어지는 것을 그저 쳐다보고만 있었다는 사실이다.

남편이 국가보안법 위반 복역자라는 이유로 교사임용 거부 ―차정원씨 사례(1996.8.)

초등교사 임용시험에 합격했으나 신원조사 결과 남편이 국가보안법 위반 복역자라는 이유로 1996년 8월 임용을 거부당했다. 1998년 대법원, "헌법에 보장된 평등권과 연좌제 금지 등의 기본권을 침해한 것"이라며 "임용거부 조치를 취소하라"고 판결.(민주화실천기록운동협의회, 「국가보안법 적용상에서 나타난 인권 실태」, 488쪽)

첫 번째 사례에서 연좌제가 정권 차원뿐 아니라 사회 전반적으로 넓게 퍼져 있었고 이를 공동체의 구성원들도 암묵적으로 방조했다는 것을 알 수 있다. 두 번째 사례는 연좌제의 악순환이 문민정부 출범 이후에도 남아 있었음을 보여준다. 대한민국 헌법은 연좌제를 금지했지만, 실상은 달랐던 것이다.

박근혜와 최순실의 관계

헌법으로 돌아가 보자. 13조 3항에는 "자기의 행위가 아닌 친족의 행위로 인하여 불이익을 받지 아니한다."라고 돼 있다. 여기서 친족을 어디까지로 볼 것인가? 민법 777조는 친족의 범위를 이렇게 정의하고 있다. "친족관계로 인한 법률상 효력은 이 법 또는 다른 법률에 특별한 규정이 없는 한 다음 각 호에 해당하는 자에 미친다. (1)

8촌 이내의 혈족 (2) 4촌 이내의 인척 (3) 배우자". 즉 좁은 의미의 친족은 배우자를 비롯한 혈족과 인척을 말한다.

그러나 헌법 13조 3항의 '친족'을 학자들은 보다 폭넓게 해석한다. 혈연관계에 있는 사람뿐 아니라 타인도 포함된다는 것이다. 헌법은 개인의 자유와 존엄성을 보장하기 위해 '자기책임의 원칙'을 담고 있는데, 이 대원칙은 자신이 한 일은 자신이 책임지며 남이 한 일로 대신 책임을 지지 않는다는 정신에 따라 만들어졌다. 따라서 이 사건에 대입해보면 박근혜 대통령과 최순실을 '친족'으로 보는 것 자체는 무리가 아니다.

국가 폭력인 연좌제를 언급하는
몰염치

하지만 대통령이 연좌제의 피해자는 아니다. 대통령 주장의 요지는 전부 최순실이 한 범행이고 자신은 관련이 없다는 것이다. 그러나 여러 기록들은 대통령을 공범으로 지목하고 있다. 검찰이 수사를 통해 작성한 공소장에는 대통령이 최순실 등과 '공모범행'을 했다고 적혀 있다. 검찰은 직권남용과 강요, 직무상 비밀 누설 혐의에서 대통령과 최순실, 안종범, 정호성이 함께 범행한 것으로 결론을 내렸다.

국회 국정조사에서도 마찬가지였다. 박근혜 대통령의 경제 참모였던 조원동 전 청와대 경제수석은 12월 7일 "대통령님의 뜻은 제가 아니더라도 전달이 될 수밖에 없었고, 저는 차라리 제가 하는 것이 오히려 CJ를 위해서 나을 수 있다고 생각했습니다."라고 증언했다. 대통령이 경제수석에게 지시해서 사기업 인사에 개입했다는 당사자의 증언이었다. JTBC 특별취재팀이 입수해 보도한 태블릿 PC 속의 자료들의 경우도 다르지 않다. '대북 고위층 접촉' 정보처럼 국가 기밀이 담긴 문서를 최순실에게 유출한 공범은 다름 아닌 대통령으로 지목됐다. 이들의 공범 관계는 탄핵에 이르게 한 결정적 정황 증거 중 하나였다.

1970년대 한 학술지에 실린 연좌제 피해자의 인터뷰에는 이런 내용이 있다. "아버지가 왕년에 빨갱이였다는 게 그게 뭐가 중요하다고 내가 [공무원 시험] 신원조회에 떨어지고…… 빨갱이 아들이 할 수 있는 게 없다." 이처럼 연좌제는 '국가가 개인에 대해 가하는 폭력'이다. 국가 폭력의 피해자들은 연좌제가 남긴 상처의 굴레를 아직도 말하고 있다.

대통령은 국민의 대표 기관인 국회에 의해서 탄핵소추 되었다. 국정을 농단했다는 이유 때문이다. 대통령 개인이 아닌, 헌법기관 대통령으로서였다. 그런데 그 소추에 대한 방어 논리로 '연좌제'를 언급했다는 것, 부적절을 넘어 몰염치가 아니었을까.

무죄추정의 원칙?

헌법 제27조 4항. 형사 피고인은 유죄의 판결이 확정될 때까지는 무죄로 추정된다.

◑ 탄핵심판 과정에서 대통령이 보여준 모습은 법의 틀로는 해석이 어려운 것들이었다. 특히 혼란스러운 부분은 대통령 스스로 '무죄 추정의 원칙'을 주장했다는 점이다. 무죄 추정은 형사 재판에서 유죄가 입증되기 전까지 죄를 단정하면 안 된다는 헌법의 핵심 가치 중 하나이다. 그런데 헌법과 법률을 위배한 혐의로 탄핵소추가 돼 헌법 재판을 받는 대통령에게도 그러한 형사 재판의 원리를 적용할 수 있을까?

탄핵심판에서도 무죄 추정의 원칙이 적용되는가. 이 물음을 놓고 정치권을 중심으로 여러 주장이 나왔다. 대통령의 탄핵을 반대하는 진영에서는 확인되지 않은 의혹들로 '정치 재판'을 하고 있다며 각하해야 한다는 목소리를 내놨다. 이 주장은 2017년 3월 10일 탄핵 결정이 나오기 직전까지 끊이지 않았다. 그러나 우리가 취재한 헌법

전문가들은 이구동성으로 말했다. "형사 재판과 헌법 재판은 엄연히 다르다. 형사 재판에 적용하는 무죄 추정의 원칙을 헌법 재판에 요구할 수 없다."는 것이었다.

취재 중에는 박근혜 정부의 이율배반적인 모습도 포착됐다. 2013년 11월 통합진보당 해산 문제를 놓고 정홍원 당시 국무총리는 정부를 대표해 이런 견해를 밝혔다. "형사 재판과 헌법 재판은 다른 문제다. 기소된 사건과 정황을 갖고 한 것이라 [통진당 해산 결정에 대해] 꼭 재판 결과를 기다릴 필요가 없었다."고 강조했다. 불과 3년 전의 일이다. 그런데 정작 대통령이 헌법 재판의 대상이 되자 논리가 완전히 뒤집어졌다. 전형적인 '내로남불(내가 하면 로맨스, 남이 하면 불륜)'이었다. ◑

'형사 재판'이 아닌 '헌법 재판'

형사 재판은 검사의 기소를 바탕으로 진행된다. 피의자로 조사를 받다가 재판에 넘겨지면 그때부터 '피고인' 신분이 된다. 법원의 재판 과정에서 '유죄 또는 무죄'가 결정된다. 재판부가 내리는 결론을 '판결'이라고 한다. 반면 탄핵심판의 대상이 된 대통령은 '피청구인'이다. 헌법재판소의 재판을 통해 '인용 또는 기각'이 결정된다. 재판부가 내리는 결론을 '판결'이라기보다 '결정'이라고 통상 부른다.

헌법 제27조 4항은 "형사피고인은 유죄의 판결이 확정될 때까지는 무죄로 추정된다."고 밝히고 있다. '형사피고인'과 '유죄', '판결' 그리고 '무죄'. 이 용어는 모두 형사 재판의 용어다. 즉 헌법의 이 조항 자체가 형사 재판을 전제로 만들어진 것이다. 무죄 추정은 용어로만 봐도 탄핵심판과는 거리가 있는 원칙이다.

그런데도 대통령은 "헌법, 법률 위배가 입증된 바는 전혀 없음에도 기정사실인 것처럼 단정을 했다. 무죄 추정의 원칙을 정면 위반했다."라고 주장했다. 법원 판결이 없는 탄핵은 인정할 수 없다는 것이었다. 그러나 대통령은 여기서 중대한 논리적 결함을 스스로 드러냈다. 현행 헌법상 대통령을 형사상 소추(기소) 할 수 없다. 기소를 할 수 없다는 것은 법원의 유·무죄 판결을 받을 수 없다는 것이다. 헌법 제84조에 "대통령은 내란 또는 외환의 죄를 범한 경우를 제외하고는 재직 중 형사상의 소추를 받지 아니한다."고 되어 있지 않은가.

따라서 대통령의 주장은 설득력이 없을 뿐만 아니라 '나를 건드리지 말라'는 말로밖에 해석이 되지 않는다. 기소도 재판도 할 수 없게 되어 있는데 재판을 통해 유죄 판결이 내려진 뒤에 탄핵을 하라니, 논리를 떠나 그를 압도적 가결로 탄핵소추한 국회를 무시하는 처사였다. 이에 대해 헌법학자인 장영수 고려대학교 교수는 "무죄 추정의 원칙을 얘기하기 시작하면 그건 논리적으로 모순이 된다. 형사 재판에서 먼저 확정이 돼야 하는데 형사 소송을 할 수가 없다. 그러면 탄핵을 어떻게 하라는 얘기인가?"라고 반문하기도 했다.

탄핵 이후 재판이 옳은 절차

헌법이 보장한 탄핵심판의 절차는 이렇다. '국회(소추)→헌재 (심판)→인용·기각·각하'. 국회에서 소추하고 헌재가 심판하고 가부 를 결정한다. 그런데 대통령의 주장은 국회의 소추 이전에 법원의 유 죄 판결이 있어야 한다는 논리다. 대통령이 주장하는 절차를 도식화 하자면 '검찰(기소)→법원(재판)→유·무죄→국회(소추)→헌재(심판)→ 인용·기각·각하'라는 프로세스가 된다. 여기서 또 하나의 중대한 결 함이 발견된다. 헌법기관인 국회와 헌재는 헌법이 부여한 권한에 따 라 소추하고 심판한다. 그런데 그 고유의 기능을 '법원'의 판단에 따 라 해야 한다는 주장은 헌법 가치를 훼손하는 것이다.

「팩트체크」는 오히려 탄핵이 먼저 되어야 유죄 판결이 가능 하다고 결론지었다. 탄핵이 인용되면 대통령직에서 물러나게 되고, 그 즉시 불소추 특권은 사라지게 된다. 탄핵 대통령은 수사기관에서 '피의자' 신분으로 조사를 받게 되고 기소될 수 있다. 이후 법원은 그의 유·무죄 여부를 가리는 재판을 통해 최종 결론을 내린다. 즉 '국회(소추)→헌재(심판)→인용→검찰(기소)→법원(재판)→유죄'라는 절차가 가능한 것이다.

대통령 탄핵 사태는 국가와 국민의 불행이다. 철저한 심판을 전제할 때 하루라도 빨리 끝내는 것이 이롭다. 그러나 대통령은 탄 핵과 무관한 무죄 추정이라는 개념을 들이밀어 '탄핵이 먼저냐, 유·

무죄 판결이 먼저냐'라는 엉뚱한 논쟁의 쳇바퀴를 돌렸다. 견강부회이자 시간 끌기에 지나지 않았다. 그 피해는 결국 고스란히 국민에게 돌아왔다.

청와대의 증거 인멸

헌법 제82조 대통령의 국법상 행위는 문서로써 하며, 이 문서에는
국무총리와 관계 국무위원이 부서한다.

◑ "청와대의 경우에 피의 사실과 관련돼서 많은 자료가 있을 것이라고 추측하고 있습니다." 2017년 2월 6일 이규철 특검보가 기자들 앞에 섰다. 아직 증거가 남아 있는 청와대에 꼭 들어가 압수수색을 해야 한다는 의미였다. 텔레비전으로 이 장면을 지켜보다 혼잣말이 나왔다.

"이미 망치로 깨부수고 분쇄기로 문서들 갈아버린 것 아닐까?"

박근혜-최순실 게이트가 수면 위로 떠오른 지 석 달, 그 사이 청와대가 불리한 증거들을 다 인멸했을지 모른다는 생각은 매우 합리적인 의심이었다.

"지금 들어가 봤자 뭐가 남아 있겠어? 특검도 쇼하는 거 아니겠어?"

팀원의 한숨이 들렸다.

"무슨 소리야. 범행 장소에는 반드시 기록과 증거가 남아 있게 돼 있어."

다른 팀원이 말했다.

"너 드라마 너무 많이 본 거 아니냐?"

언성이 높아졌다. 박근혜-최순실 게이트의 실체를 밝혀줄 증거를 찾아야 한다는 점에서 모두가 한목소리였지만, 압수수색의 실효성을 놓고는 팀 내에서 의견이 엇갈렸다.

우리는 청와대의 업무 시스템에 대해 취재를 시작했다. 핵심은 '청와대 서버'였다. 법과 제도, 전직 청와대 근무자들의 증언을 총망라했다. 취재가 무르익을수록 확고한 사실들이 윤곽을 드러냈다. 대통령의 국법상 행위는 '문서'로 하게 돼 있고(헌법 82조), 행정 절차는 전자문서로 보존해야 한다(전자정부법 25조). 종이로 만든 문서도 전자문서로 꼭 남겨야 한다(대통령기록물법 8조). 그리고 이 모든 문서는 '서버'에 저장이 되고, 그 서버에 손대기는 매우 힘들며, 손댔다가는 대한민국 심장부의 서버가 사라지는 초유의 사태가 벌어지는 것이다. 「팩트체크」의 결론은 간결했다. 청와대 증거 인멸은 매우 어렵고, 했다면 반드시 기록에 남게 돼 있다! ◐

전자적으로 생산·관리되는 기록들

청와대 업무용 PC로 작업을 하면 정보가 그대로 서버에 저장된다. 예를 들어 한글 문서를 하나 생성했다면 문서의 형태로 저장되고 그 목록도 서버에도 남는다. 저장은 자동으로 이루어진다. 그래서 누군가가 개개인의 PC에 들어 있는 증거를 지워봤자 소용이 없다. 서버에 다 남아 있기 때문에 오히려 대조해보면 증거 인멸 시도만 탄로 날 수 있다. 전산 문서와 파일에만 국한되는 것이 아니다. 손으로 쓴 문서도 '규정대로라면' 전산화되어 관리된다. 대통령기록물법 8조가 바로 그 근거다. 기록물을 "전자적으로 생산·관리"하도록 돼 있고 "전자적 형태로 생산되지 아니한 기록물에 대하여도 전자적으로 관리"해야 한다고 규정하고 있다. 간단한 서류와 수첩, 심지어 메모지 한 장까지도 스캔을 하든 사진을 찍든 전자문서로 바꾸어서 서버에 보관해야 한다.

이런 규정은 넓게 보면 헌법 1조 2항과 맞닿아 있다. 모든 권력은 국민에게서 나온다. 국민에게 잠시 권력을 부여받은 대통령은 5년 동안 매우 엄격하고 까다로운 규정을 거쳐서 일해야 하는 것이다. 사소한 메모지 한 장도 그냥 구겨서 쓰레기통에 넣어서는 안 된다. 안종범의 다이어리처럼 참모가 대통령의 말 한마디 한마디를 받아 적은 수첩도 개인이 아닌 국가의 수첩이다. 대통령과 참모들이 재임 중 작성한 기록물은 대통령 기록물이자 대한민국의 중요한 사료가 된다. 그래서 전자문서로 기록하고 관리하도록 정해두었다. 헌법기관인 대통령은 글 한 자를 쓸 때도 신중해야 하며, 그가 작성한 모든 글은 역사에 남기도록 되어 있는 것이다.

청와대 출입 기록과 대통령 약 처방 기록도 남아 있을 가능

대통령 범죄 혐의의 스모킹 건, '안종범 수첩'은 불법 폐기되지 않았다. 증거는 언제나 남아 있는 것.

성이 크다. 두 기록은 박근혜-최순실 게이트와 세월호 7시간 의혹을 밝히는 핵심 자료들이다. 청와대는 국회의 국정조사와 검찰, 특검 수사 과정에서 여러 차례 이 자료들의 제출을 요구받았지만 끝내 내놓지 않았다. 대통령 탄핵으로 청와대 압수수색이 이루어진다면 검찰은 이 자료들을 반드시 확보하려고 노력할 것이다. 논란의 종지부를 찍을 수도 있는 자료들이기 때문이다.

청와대의 전산 시스템에는 '위민 시스템'과 '청와대 기록관리 시스템', '문서보안 시스템' 등이 있다. 위민 시스템은 쉽게 말해 문서 결재 시스템이다. 청와대 기록관리 시스템은 청와대 각 부에서 작성된 문서를 관리하는 기능을 한다. 문서보안 시스템은 문서를 감시하는 기능을 한다. 누가 어떤 문서를 열어보았는지 그 기록까지 서버에 남긴다.

이 밖에도 '인사 시스템'과 '청와대 출입관리 시스템', '식단 관리 시스템' 등 청와대의 모든 행정 절차가 전산으로 관리된다. 따라서 시스템을 통해 업무를 한 자료는 고스란히 중앙 서버에 모이게 된다. 청와대가 정상적으로 기능했다면 서버는 그 내용을 모두 담고 있어야 한다. 우리가 취재한 디지털포렌식 전문가들은 박근혜 청와대의 중요 정보들도 서버에 고스란히 남아 있을 것으로 내다봤다.

청와대 서버의 완전 삭제 가능성

청와대 메인 서버에는 작성이 완료된 문서, 작성 중이던 문서, 이메일 기록, 직원들끼리 주고받는 쪽지도 다 남아 있을 것으로 추정된다. 그래서 아예 서버를 통째로 지워버리거나 새 서버로 교체할 수 있다는 우려가 제기된다. 서버 전체를 지우는 것이 기술적으로 가능하기는 하다. 디지털포렌식 분야에서는 '디가우징(degaussing)'이라는 표현을 쓰는데, 복구가 불가능하도록 내용을 완전하게 삭제하는 것을 뜻한다. 그러나 이 방법을 썼다가는 박근혜 청와대의 4년 기록이 모두 사라지게 된다. 새로운 서버로 교체해도 마찬가지로 이전 서버의 기록은 모두 사라진다. 대한민국 심장부인 청와대의 기록이 다 지워지는 상상하기 어려운 사태가 벌어지는 것이다. 국가의 4년 기록을 일괄 삭제하는 것은 범죄라는 용어로 설명이 안 되는 심각한

해국 행위이다. 따라서 가능성이 극히 작다.

그렇다고 서버 안의 특정 기록만 골라서 없애기는 더 어려울 것으로 보인다. 무엇을 버리고 무엇을 남겨둘지 일일이 찾아내 지우는 것은 시간적·물리적으로 불가능에 가깝다. 누가 그것을 판단해 선별할 것이며, 그 방대한 양의 기록들 중에서 불리한 증거만을 어떻게 추릴 수 있겠는가. 디지털포렌식 전문가들은 매우 어렵다고 답했다. 특히 그렇게 지웠더라도 전문가들이 추적할 수 있는 '로그기록'들은 다 남게 된다.

마지막으로 서버를 새로 교체하고 남겨놓아도 좋을 기록만 옮겨서 저장한다? 이 역시 '로그기록'이 반드시 남는다. 서버를 인멸하지 않으면 증거는 남게 되고, 서버를 인멸하면 인멸 흔적이 남게 된다.

"청와대가 정말 간단한 곳이 아니네요."

팀원 한 명이 취재를 마친 뒤 무릎을 치며 말했다. 대한민국 청와대의 보안규정은 명확하고 철저했다. 그럼에도 '유출'에서 '인멸'까지 의혹의 고리가 이어진 것은 박근혜 청와대가 항상 원칙과 규정을 크게 중시하지 않는 것처럼 보였기 때문이다. 수사 결과 박근혜 청와대가 비정상적으로 운영되었다는 정황은 계속 드러났다. 비서관들은 인가받지 않은 개인용 PC를 반입해 은밀히 작업했다. 업무용 수첩을 전자화해 관리하지 않았다. 기본적인 수준에서부터 준법 의식이 낮았던 박근혜 청와대는 결국 헌법과 법률 위반으로 국민들에 의해 탄핵되었다.

집권 여당의 방해

헌법 제66조 2항. 대통령은 [······] 국가의 계속성과 헌법을 수호하는 책무를 진다.

◗ "피청구인은 자신의 헌법과 법률 위배 행위에 대하여 국민의 신뢰를 회복하고자 하는 노력을 하는 대신 국민을 상대로 진실성 없는 사과를 하고 국민에게 한 약속도 지키지 않았다.[······] 피청구인의 이러한 언행을 보면 피청구인의 헌법 수호 의지가 분명하게 드러나지 않는다."

박근혜 전 대통령에 대한 탄핵심판 결정문에서 헌재는 이렇게 명시했다. 법을 지키고 헌법 질서를 수호해야 할 대통령 스스로가 그러한 절차를 무시한 행위를 '반헌법적'이라고 규정한 것이다. 실제로 박 대통령은 탄핵 정국 내내 말을 바꾸거나 약속을 지키지 않고, 철저하게 회피와 모르쇠로 일관했다. 검찰과 특검의 조사에 응하겠다고 해놓고 결국 응하지 않았고, 헌법재판소가 요청한 자료에 엉뚱한 답변을 내놓기도 했다. 그는 끝내 재판정에도 나타나지 않았다.

그러면서 끝까지 외곽에서 헌재 심판의 정당성을 흔들려 시도했다. 탄핵안 의결 과정을 문제 삼고, 헌재 심리를 지연시키고, 헌재의 결정 자체를 부정하려는 태도를 보이기도 했다. 국민들이 기대했던 '국가 지도자로서의 품격'은 마지막 순간까지도 끝내 볼 수 없었다. 그가 시도했던 '저항'은 얼마나 무모하고 허망했나. 지금 와서 돌아보면, 그것은 역사의 수레바퀴 앞에 선 사마귀처럼 헛웃음이 나올 정도로 처량한 시도였다. ◑

거꾸로 가는 집권 여당의 시계

"현직 대통령의 탄핵소추는 어떤 경우든 국가적, 국민적 불행이며 [……] 저는 이미 작년 '4월 퇴진, 6월 대선안'을 정치권 원로들이 제의했을 때부터 이런 정치적 해법이 탄핵소추에 절대적으로 앞서야 한다고 주장해왔습니다."

헌법재판소의 탄핵심판 심리가 마무리 단계에 들어간 2016년 2월 중순. 당시 집권 여당이었던 자유한국당 정우택 원내대표가 또다시 소위 '4월 퇴진론'을 끄집어냈다. 이미 2016년 11월에 박 전 대통령이 '승부수'로 던졌다가 강력한 국민적 저항 앞에 내려놓았던 그 카드였다.

시기상으로나 적절성 측면에서나 납득이 가지 않는 발언이었다. 이미 헌재의 주요 심리 절차가 마무리되어가는 분위기였고, 이정미 헌재소장 권한대행이 퇴임하는 3월 13일 전에 결론이 날 것으로 예상되던 시점이었다. 그렇게 되면 60일 이내인 5월 초·중순에 대선이 치러질 가능성이 높았다.

그런데 집권 여당의 원내대표가 이러한 예상 일정을 흔들 수 있는 발언을 한 것이다. 그 주장대로라면 대통령이 4월 말쯤 하야하게 되고, 대선 역시 6월 말에 치러지게 된다.

한 달 이상 일정이 밀리는 것뿐만이 아니다. 박 전 대통령은 '탄핵'된 것이 아니라 '하야'한 것이 된다. 전직 대통령 예우에서 큰 차이가 나는 것은 물론이고, 스스로 물러난 대통령으로 역사에 남게 된다. 그러다 보니 '정치적 꼼수'라는 의심이 나올 수밖에 없었다.

게다가 탄핵심판 중지는 절차상으로 불가능하진 않지만 현실성이 굉장히 떨어지는 얘기였다. 물론 탄핵심판은 형사 재판 과정을 '준용'한다는 통설에 따라서 판결 선고 전까지 취소할 방법은 있다. 형사소송법 제255조에 "공소는 제1심 판결 전까지 취소할 수 있다."고 되어 있기 때문에, 탄핵심판도 최종 결정 전에 취하하면 된다는 주장이 가능하다.

소를 취하하는 건 물론 소를 제기한 쪽에서 해야 한다. 헌재 결정례에도 "스스로 자유롭게 철회"할 수 있다고 되어 있다(2000헌라1). 기존 결정례는 권한쟁의나 헌법소원에 관한 것이고 탄핵심판 취하는 전례가 없긴 하지만, 크게 벗어나지 않을 것이라는 의견이 많았다. 탄핵심판은 국회가 청구한 것이기 때문에 국회가 다시 철회를 의결하면 된다는 얘기다.

그러나 절차상으로만 가능할 뿐, 현실적으로는 가능성이 없는 주장이었다. 국회가 불과 두 달여 전 내린 결정을 다시 뒤집어야 하는 일이고, 절차 자체도 몹시 까다롭기 때문이다. 대통령에 대한 탄핵소추는 재적의원 3분의 2 이상이 동의해야 가능한데, 이를 취하하는 데에도 같은 조건이 필요하다는 게 헌법학자들의 대체적 판단이었다. 탄핵안 가결 때와 똑같이 다시 한번 본회의를 열어서 절차 진행을 해야 되는 것이다.

국회의 3분의 2 이상을 차지한 야당들이 탄핵안 번복에 찬성할 리가 없었다. 여당인 자유한국당은 94석에 불과했다. 민주당과 국민의당, 정의당뿐만 아니라 자유한국당에서 떨어져 나온 바른정당도 명확히 반대 입장을 표명하고 있었다. 심지어 바른정당 의원들은 탄핵 기각 시 의원직 총사퇴를 의결할 정도였다.

그럼에도 자유한국당은 같은 주장을 되풀이하고 있었다. 2016년 12월 1일 자유한국당의 전신인 새누리당 정진석 원내대표가 꺼냈던 '4월 퇴진-6월 대선'을 2017년 2월 자유한국당 정우택 원내대표가 그대로 반복했다. 그 말대로 한다면 기존 일정이 한 달 반 정도 뒤로 밀리면서, 박 전 대통령의 거취는 물론이고 대선 일정까지 늦춰질 수 있었다. 이 역시 '시간 끌기' 시도라는 의혹을 지울 수가 없었다.

탄핵 정국으로 국정 마비가 길어지고 있던 상황에서 막대한 책임을 지고 있는 집권 여당은 여전히 꼼수만 찾고 있는 꼴이었다. 새 이름으로 새롭게 태어나겠다며 당명까지 바꿔놓고, 내놓는 메시지는 두 달 전과 똑같은 상황.

헌재의 시계는 계속 앞으로 가고 있는데, 집권 여당의 시계는 거꾸로 가는 듯했다. 그 모습을 지켜보는 국민들은 속이 터질 수밖에 없었다.

막판까지 이어진 절차 하자론

헌재의 탄핵심판을 막아보려는 친박 측의 시도는 결정문 낭독 직전까지도 계속됐다. 아니, 오히려 막판으로 갈수록 더욱 집요하고 치졸해졌다. 그중에서도 가장 강력하게 제기된 논리는 애초에 국회의 탄핵안 의결 자체가 잘못 됐다는 '절차 하자' 주장이었다. 탄핵 소추의 '인용'과 '기각' 여부를 따질 필요도 없이, 애초에 '각하'를 해야 한다는 게 이 주장의 핵심이었다.

'절차 하자' 주장은 이미 탄핵 선고일이 3월 10일로 정해진 이후에 나왔다. 게다가 주장을 내놓은 사람들은 검사 출신인 홍준표 경남도지사와 김진태 의원이었다. 법률가 출신인 유력 정치인들이 잇따라 목소리를 높이자, 박 전 대통령 탄핵을 반대하던 지지자들이 그대로 받아서 목소리를 키웠다. 헌재의 결정 직전에 나온 이 의견들은 어쩌면 이후에 있을 '헌재 결정 불복'에 명분을 제공할 위험도 있었다. 따라서 그 주장을 하나하나 따져 명확히 정리할 필요가 있었다.

헌재의 심판 결론을 전후로 '친박'은 사실상 불복을 선언했다.

　　홍준표 경남도지사가 했던 주장의 요지는 박 전 대통령의 법 위반 여부를 확정한 뒤에 탄핵을 했어야 한다는 것이었다. 검찰이나 특검에서 기소를 하고, 이를 바탕으로 1·2·3심 재판을 거쳐 유죄 판결을 받은 뒤에야 국회가 탄핵소추하고, 헌재가 심판하고, 탄핵을 결정할 수 있다는 주장이었다.

　　탄핵 정국 초기부터 나온 얘기를 재탕한 이 주장은 헌법과 배치되는 것이었다. 현직 대통령은 재임 중 형사소추를 받지 않는다는 '불소추 특권'을 갖고 있다. 따라서 현직에 있는 한 기소를 할 수가 없다. 그러니 다음 단계인 재판도 못 하고, 유죄 확정을 할 방법이 없다. 대통령에 대한 재판은 임기가 끝나야 가능하다. 이 주장대로라면 임기 중에 탄핵 소추를 아예 하지 말라는 얘기가 된다. 현직 대통령은 형사 재판을 받지 않기 때문에 탄핵이라는 제도를 헌법에 됐는데, 역논리를 주장하고 나선 것이다.

앞서도 강조했듯이 이것은 '사법권 독립'을 무시한 주장이기도 하다. 헌법재판소뿐 아니라 각 재판부는 온전히 독립적으로 판단을 한다. 헌재와 법원은 완전히 분리돼 있는 별도의 헌법기관이다. 그런데 법원 판결을 해야만 그것을 전제로 헌재가 심판을 할 수 있다니? 헌재의 고유 기능을 무시하는 주장이라는 게 헌법학자들의 공통된 의견이었다.

또 다른 주장은 국회 의결 절차가 잘못됐다는 김진태 자유한국당 의원의 논리였다. 김 의원은 "신문기사와 공소장만 가지고 의결이 됐고, 법사위에서 증거 조사 절차도 전혀 없었다."고 문제제기를 했다. 국회법에 따르면, 국회 법사위가 증거 조사를 한 뒤 이를 바탕으로 탄핵소추를 해야 하는데 이 과정을 생략했기 때문에 요건을 충족시키지 못했다는 주장이었다.

탄핵소추안 의결 전에 국회가 자체적으로 조사를 하지 않은 것은 사실이다. 하지만 국회의 조사는 의무 사항이 아니다. 국회법에 조사를 "할 수 있다"고만 돼 있지 조사를 "해야 한다"고 규정하지 않았다(국회법 제130조). 의무 조항이 아니기 때문에 국회에 재량권이 있다고 봐야 한다.

이 문제에 대해서는 2004년 고 노무현 전 대통령 탄핵심판 당시 헌재가 이미 판단한 바가 있다. 당시 헌재는 "조사의 여부를 국회의 재량으로 규정"하고 "국회가 별도의 조사를 하지 않았다 하더라도 헌법이나 법률을 위반하였다고 할 수 없다."고 못 박았다.

헌법학자인 박종현 국민대학교 교수 역시 헌재가 전통적으로 국회의 의결 과정에 대해 '불간섭 원칙'을 견지해왔다는 점을 지적했다. 소위 '날치기'로 불리는 최악의 의결 과정을 거친 입법에 대해서도 이미 '하자가 없다'고 여러 차례 밝혀왔다는 얘기도 덧붙였다. "이 정도로 의결 자체에 정당성이 없다, 결격이라고 얘기하기는 어렵다."는 게 박 교수의 판단이었다.

실제로 헌법재판소는 3월 10일에 내려진 탄핵심판 결정에서도 다시 한번 이 부분을 정리했다. "탄핵소추의 발의가 있을 때 그 사유 등에 대한 조사 여부를 국회의 재량으로 규정하고 있으므로 [……] 그 의결이 헌법이나 법률을 위반한 것이라고 볼 수 없다."는 게 헌재의 최종적인 결정이었다.

홍준표 경남도지사는 "'정치적 탄핵'은 가능하지만 '사법적 탄핵'은 아직이다."라는 독특한 주장도 내놨다. 앞서 얘기했던 '사법 절차'가 제대로 되어 있지 않기 때문에 대통령을 사법적으로는 탄핵할 수 없고, 오직 정치적인 탄핵만 가능하다는 얘기였다.

그러나 이 역시 '헌법에 대한 몰이해'에서 나온 주장이라고 헌법학자들은 한목소리로 지적했다. 탄핵심판의 가장 중요한 목적이자 유일한 목적은 '대통령직 파면' 여부를 결정하는 것이다. 정치 탄핵·사법 탄핵 같은 구분 자체가 성립하지 않는다. 헌법 조문 어디에도 그런 식의 구분은 없다.

헌법재판소 연구관을 지낸 황도수 건국대학교 교수 역시 "파

탄핵 심판 이틀 뒤, 삼성동 자택으로 돌아온 박근혜 전 대통령. 납득하기 어려웠던 웃음.

면 여부는 법적 판단"이라는 점을 명확히 밝혔다. 대통령에 대한 파면 조치이기 때문에 정치적인 의미를 갖기는 하지만, 탄핵심판 자체는 사법권의 행사라는 것이었다. 일반 징계 절차로 파면이 어려운 고급 공무원들을 헌법재판소라고 하는 독립된 기관에서 공정하게 재판받도록 하자는 게 탄핵을 헌법에 넣은 이유이기 때문이다.

결국 헌재의 최종 결정이 나오기 직전에 등장한 '절차 하자론'은 일종의 정치적 구호에 불과한 것들이었다. 사실에 근거하지 않은 것은 물론이고 그 자체가 헌법을 무시하는 주장들도 있었다. 박 전 대통령을 위시한 소위 '친박 세력'들은 그렇게 끝까지 헌재와 헌법의 발목을 잡고 심판 과정을 흐트러뜨리려는 시도를 했다. 하지만 헌재의 시계는 끝내 3월 10일 결정일을 향해 달렸고, 박근혜 전 대통령

FACT CHECK

은 헌법에 의해 파면당했다.

그러나 그것이 끝이 아니었다. 박근혜 전 대통령은 파면 결정이 난 그날, 자신의 거처였던 청와대 관저에서 나오지 않았다. 헌법재판소의 결정에 대한 어떠한 공식적인 반응도 내놓지 않았고 심지어 이후의 일정에 대한 설명도 없었다.

박근혜 전 대통령에게는 헌재 결정의 집행을 미룰 권한이 없었다. 헌재의 탄핵 결정은 선언 즉시 효력이 발생하기 때문에, 2017년 3월 10일 11시 21분 이후로 그는 대통령이 아니었다. 당연히 청와대는 더 이상 자신이 마음대로 드나들 수 있는 공간이 아니었고, 당장 비우고 나와야 하는 '국가 주요시설'이었다.

그러나 그는 대통령 자리에서 파면당한 마지막 날까지, 법과 규정을 무시하고 '자신의 뜻대로만' 행동하는 것을 멈추지 않았다. 박 전 대통령의 '헌법 수호 의지'는 헌재의 최후 결정이 내려진 그날까지도 끝내 흔적을 찾아볼 수 없었다.

가짜 뉴스

헌법 제6조 1항. 헌법에 의하여 체결·공포된 조약과 일반적으로 승인된
국제법규는 국내법과 같은 효력을 가진다.

◗ "뒤집어진 여론…… 대구·경남북 탄핵 반대 82%"

"일본 노무라 연구소 소속 정치학자 다나카 나오키는 '한국의 현
재 시국은 광기에 물들었다'라고 우려."

마치 뉴스의 한 대목처럼 만들어진 이 문구들은 가짜다. 탄핵 반
대가 80퍼센트 이상 나온 여론조사는 탄핵 정국에서 단 한 건도 없
었다. 오히려 탄핵안이 국회에서 가결된 12월부터 탄핵이 인용된 3
월까지 탄핵 찬성 여론은 꾸준히 80퍼센트 가까이를 유지했다.

"노무라 연구소는 뭐지? 노무라증권 연구소를 패러디 한 건가?"

우리처럼 매일 뉴스를 다루는 사람들이 보면 당장 어떤 부분을
그럴듯하게 꾸몄는지 추측할 수 있을 정도였다. 일본의 글로벌 증권
회사인 노무라증권의 연구소는 매년 별도의 한국 리포트를 낼 정도
로 한국 경제에 지대한 관심을 갖고 있지만, 그 연구소에 '정치학자'

가 있을 이유도 없고, 설사 있다고 해도 저렇게 노골적이고 감정적인 정치 평론을 할 까닭이 없다. 다나카 나오키는 일본의 유명 코미디 언이자 배우였다.

미국 대선을 흔들었다던 가짜 뉴스(fake news)는 한국에서는 탄핵 정국 막바지에 기승을 부렸다. 불리한 여론 지형을 흔들고 '친박 집회' 동원을 독려하기 위해 주로 쓰였는데, 그 위력이 그냥 무시할 수 없는 수준에 이르고 있었다. 한번쯤 확실하게 사실관계를 밝혀주고, 잘못된 정보 유통을 끊어줄 필요가 있었다. 가짜(fake)에는 사실(fact) 이 약인 법이다. ◗

재판관의 범죄 연루설

헌법재판소의 탄핵심판이 임박하면서 이와 관련된 거짓 정보 가 부쩍 기승을 부렸다. 심지어 탄핵심판의 주심인 강일원 재판관의 '재판 범죄'가 드러났고, 그래서 탄핵심판 재심 사유가 생겨났다는 내용까지 등장했다. 이 밖에도 탄핵심판에 대한 수많은 '불복의 키 워드'들이 마치 사실인 것처럼 온라인을 떠돌았다.

이런 주장들의 주요 발원지는 대표적인 극우 성향 사이트인 일간베스트(일명 '일베')였다. 강일원 주심 재판관을 대상으로 한 흑 색선전 게시물의 제목은 "탄핵심판 재심사유 발생(재판관 범죄)"였는 데, 강일원 재판관과 이진성 재판관이 직권남용과 직무유기를 저질렀다는 내용이었다. 그동안 헌재 재판관들에 관련된 가짜 뉴스들이 많이 나오긴 했지만 범죄에 연루되었다는 주장은 처음이라, 사실관계를 살펴볼 필요가 있었다.

게시물 작성자인 최 모 씨는 과거에 자신이 제기한 헌법소원 사건이 여섯 차례 각하되자, 이에 불복하며 검찰에 두 재판관을 고소했다. 자신의 사연이 충분히 헌법소원 대상이 되는데도 심리를 해주지 않는다는 게 그의 주장이었다. 그러면서 두 재판관에 대한 '고소장' 사진을 첨부해 올리기도 했다.

하지만 '고소장'은 '판결문'과 다르다. 민법에 따라 누구라도 필요한 절차를 밟으면 상대방을 '고소(고발)'할 수 있다. 그 고소가 정당한지, 법원에서 받아들일 것인지는 전혀 별개의 문제다. 그런데도 최 씨는 고소장을 게시하면서 범죄가 확정된 것처럼 호도하고 있었다.

게다가 고소 내용의 사실 여부를 떠나 이 문제는 탄핵심판의 재심 사유와 아무런 관련이 없다. 어떤 재판에 대해 재심을 청구하려면 "재판에 관여한 법관이 그 사건 직무에 관하여 죄를 범한 때"에 해당해야 한다. 만에 하나 강일원·이진성 재판관이 범죄를 저질렀다 하더라도, 탄핵심판과 관련이 없는 문제로 탄핵심판에 대한 재심을 청구할 수는 없다는 뜻이다. 최 씨의 인터넷 게시물은 애초에 성립이 안 되는 주장을 하고 있었다.

또 다른 거짓 주장은 박근혜 전 대통령의 탄핵을 반대하는 친박 집회에서 나왔다.

"박근혜 대통령도 구하고 법치주의도 구하고, 저희들은 종국적으로는 국제사법재판소까지 갈 각오를 하고 있습니다."

자칭 '미국 변호사' 장수덕 씨가 친박 집회에서 이런 말을 하자, 이후 "특수본 31명, 김수남 검찰총장을 제소", "무법, 탈법, 인권유린 진상조사" 같은 식으로 주장이 계속 확대 재생산 되는 양상을 띠었다.

그런데 국제사법재판소(International Court of Justice, ICJ)의 내부 규정을 보면 이 말이 거짓이라는 걸 쉽게 알 수 있다. ICJ의 홈페이지에 명시된 규정에는 이 기관이 크게 두 가지 기능을 한다고 되어 있다. '국가가 제기한 법적 분쟁 해결'과 'UN 관련 기구에 법적 자문'이 그것이다. 특히 제소 대상을 '국가'로 한정해둔 점이 중요하다. '개인을 위한' 제소와 '개인에 대한' 제소, 둘 다 불가능하다. 친박 쪽에서는 할 수도 없는 ICJ 제소를 들고 나온 셈이다.

가짜 뉴스의 생산과 유통

"박한철 전 헌재소장이 재판정에서 탄핵의 부당성을 주장했다."는 거짓 정보도 떠돌아다녔다. 심지어 '해당 영상'이 있다며 링크까지 걸어놓은 경우도 있었다. 하지만 당연하게도 그 링크를 눌러보면 아무런 영상도 나오지 않았다. 왜냐면 완벽한 거짓이기 때문이다.

박한철 전 소장은 1월 말 퇴임하면서 "이정미 헌법재판관이 퇴임하는 3월 13일 이전에 탄핵심판 결론이 나와야 한다.'고 말해 논란을 빚기도 했다. 당시 친박 측에서는 '재판에 부당한 영향을 끼치는 발언'이라고 비난할 정도였다. '신속 심판'을 주문한 박 전 소장이 탄핵의 부당성을 주장했다는 것도 논리적으로 맞지 않지만, 무엇보다 심판이 진행 중인 사안에 대해서 바로 직전까지 그 사건 심리에 참여했던 재판관이 직접 의견을 밝힌다는 건 있을 수 없는 일이었다.

가짜 뉴스 중에는 심지어 박원순 서울시장의 며느리가 김재규 전 중앙정보부장의 딸이라는 내용까지 있었다. 박정희 전 대통령을 시해하고 사형당한 김재규의 딸이 박 시장의 며느리이기 때문에 박 시장이 광화문 촛불시위에 협조적이라는 마타도어였다. 특히 서울광장을 무단 점거한 친박 단체들에 대해 박 시장이 강경한 태도를 보이면서 이런 악의적인 루머는 더욱 기승을 부렸다.

그러나 이 역시 터무니없는 조작이었다. 일단 박 시장의 아들 박주신 씨는 1985년생이고 김재규의 딸은 1955년 생으로 알려져 있다. 서른 살 차이 연상연하 부부가 물론 불가능한 것은 아니지만, 상식적으로 잘 납득이 가지 않는 건 사실이다. 결정적으로 김 전 부장의 딸은 미국에서 다른 사람과 결혼해 1990년대 초에 이미 자녀까지 둔 것으로 확인됐다. 김 전 부장 가족들의 후일담을 다룬 기사들도 상당수 나와 있는 상태였다. 조금만 알아보면 쉽게 확인할 수 있는 사실을 버젓이 루머로 조작했던 것이다.

탄핵 막바지로 갈수록 이런 가짜 뉴스들은 '헌재 심판 불복'

헌법재판정과 장외 집회에서 쏟아진 대리인들의 주장은 온라인 가짜뉴스로 재생산됐다.

이라는 하나의 목표를 향해 일정한 패턴을 보였다. 박 전 대통령 대리인단의 '주장'이 나오고, 이를 일베와 같은 극우 사이트·극우 인터넷 매체에서 그럴듯하게 포장하면, 박사모 등 친박 조직들이 메신저 등을 통해 점조직으로 확산시킨다. 그리고 이 가짜 정보를 믿고 대한문 앞 광장으로 모여든 친박 집회 참가들이 소리 높여 구호로 외치며 '확정' 짓는 식이었다.

　　가짜는 어느새 진짜로 둔갑하고, 진실은 거꾸로 '조작' 취급을 받았다. 점점 불리하게 흘러가는 탄핵심판의 분위기를 뒤집기 위해, 혹은 아예 심판 자체의 정당성을 훼손하고 불복의 평계로 삼기 위해, '가짜 뉴스 생산'은 거의 일상적인 활동이 되어버렸다. 트럼프를 미국 대통령 자리까지 밀어올린 가짜 뉴스는 어쩌면 대한민국의 미래를 바꿔놓을 또 다른 뇌관이 될 수도 있었다.

"아~ 우리가 이제 일베까지 봐야 하나요?"

팀원 중 하나가 이런 푸념을 늘어놓기도 했다. 그래도 해야 할 일은 해야 했다. 가짜를 비웃고 무시했다간 어느새 그것이 진짜처럼 우리 옆에 서 있을 수도 있다는 것을, 우리는 박근혜-최순실 게이트와 탄핵 정국을 통해 지겨울 정도로 생생하게 깨달았기 때문이다.

3장

특검 수사

현직 대통령 수사

헌법 제84조. 대통령은 내란 또는 외환의 죄를 범한 경우를 제외하고는 재직 중 형사상의 소추를 받지 아니한다.

◑ "이건 너무 앞서가는 아이템이지 않나?"

대통령의 수사 가능성을 체크해보자는 얘기는 태블릿 PC 보도 직후부터 나왔지만, '너무 빠르다'는 우려 역시 항상 따라붙었다. 아직 최순실은 물론 대통령 측근들에 대한 수사 등 절차가 한참 남아 있는 상황에서 '불소추 특권'이라는 헌법적 권리를 따져보는 게 성급해보일 수 있다는 걱정 때문이었다. 그래서 2016년 11월 초 시점에서는 다른 매체들도 이 문제를 본격적으로 다루지 않고 있었다.

"근데 이게 일반적인 측근 비리가 아니잖아요?"

결국 아이템으로 선정하게 된 계기는 바로 이런 물음 때문이었다. 이 사건은 일반적인 대통령 측근 비리가 아니라는 것. 권력 주변부의 일이 아니라, 대통령이라는 권력 그 자신이 의혹의 핵심이라는 게 드러난 상황. 게다가 단순 의혹에 그치지 않고 각종 구체적인 증거들이 보도되고, 대통령 자신도 일부 인정한 상황이었다. '대통령을 수사하라'는 국민적 요구는 점점 더 강력해지고 있었다.

그래서 우리는 조금 앞서 가보기로 했다. 수사기관의 수사는 늘 시민 일반의 요청보다 늦을 수밖에 없다. 절차를 밟아서 가야 하기 때문이다. 하지만 언론은 그보다 먼저 짚어볼 것들이 있었다. 그것은 어떻게 보면 「팩트체크」의 숙명이기도 했다.

결과적으로 우리의 이 보도를 기점으로, 현직 대통령 수사에 대한 법조계의 여러 가지 입장들이 나오기 시작했다. ◗

미증유의 사태.

박근혜-최순실 국정농단 게이트로 인해 벌어진 대통령 탄핵 국면은 한마디로 이렇게 요약될 수 있다. 대한민국 헌정사에서 한 번도 경험한 적 없는 상황이 거의 매일 펼쳐졌다. 대외비인 대통령의 연설문을 아무 자격 없는 사인이 첨삭하고, 기밀문서들이 청와대 비서관을 통해 최순실에게 전달됐다는 사실이 2016년 10월 밝혀졌다. 그리고 11월로 넘어가자 이보다 더 구체적이고 참담한 일들이 속속 드러났다. 박 대통령의 최측근인 안종범 전 청와대 경제수석이 대통령 지시로 미르재단과 K스포츠재단을 설립했다는 증언을 했다. 대통령의 '뇌물 혐의'로 가는 뇌관이 터진 것이다. 야당은 물론 여당 일각에서도 청와대 수사가 불가피하다는 요구가 빗발쳤다. 현직 대통령이 수사를 받을 수도 있는 초유의 사태. 과연 검찰은 현직 대통령을 수사할 수 있을까?

불소추 특권의 한계

현직 대통령이 임기 중에 수사 받은 사례는 박 대통령 이전에는 없었다. 헌법 제84조에 "대통령은 내란 또는 외환의 죄를 범한 경우를 제외하고는 재직 중 형사상의 소추를 받지 아니한다."고 규정하고 있기 때문이다. 이른바 현직 대통령의 '불소추 특권'이다. 대통령이 반란을 일으키지 않는 이상, 현직에 있는 동안에는 기소를 당하지 않는다는 의미다. 이는 수사권을 쥔 검찰이 대통령을 흔들 수 있는 가능성을 차단하고, 대통령이 최대한 소신껏 국정을 운영할 수 있도록 하기 위한 기본적인 장치다.

전례도 없고 헌법상 소추도 받지 않기 때문에 수사도 받을 수 없다는 게 사건 초기 청와대의 입장이었다. 실제로 검찰을 지휘하는 김현웅 당시 법무부장관도 "헌법에 대통령은 내란 또는 외환죄를 범한 경우를 제외하고는 형사상 소추를 받지 않게 돼 있다."며 "소추에는 수사도 포함된다는 게 다수설"이라고 말했다. 소추할 수 없으니 수사도 할 수 없다는 논리였다.

그러나 이는 자칫하면 대통령에게 무소불위의 특권을 주는 일이 될 수 있다. 현직 상태에서는 수사를 받지 않기 때문에 '죄를 지어도 된다'는 잘못된 신호가 될 우려도 있다. 불소추 특권의 한계

FACT CHECK

는 어디까지인지 명확히 할 필요가 있었다.

　팩트체크팀은 크게 네 가지 자료를 참고해 이 문제를 검토했다. (1) 법제처에서 발간한 『헌법주석서』, (2) 헌법학 교과서, (3) 25개 로스쿨 헌법학자 인터뷰, (4) 불소추 특권 관련 헌재 결정문이었다.

　헌법을 해석할 때 어떻게 판단할지 참고하는 공인된 자료인 『헌법주석서』는 '수사 못한다는 게 다수설'이라는 법무부장관의 주장과는 좀 다른 이야기를 하고 있었다.

> 법원의 재판을 전제로 하는 공소의 제기와 이와 관련된 체포나 구속이 금지되는 것이므로 수사기관의 수사는 가능하다. [……] 수사의 방법으로 압수·수색을 하는 것도 가능 [……] 특별검사에 의하여 수사하게 하는 게 타당하다는 견해와 소추란 체포·구속·수색·검증까지 포함하여 금지된다는 견해로 나누어진다.(한국헌법학회, 『헌법주석서Ⅲ』, 법제처, 2010, 607쪽)

　헌법 84조에 대해서 총 여섯 줄에 걸쳐서 수사 가능 의견을 서술하고, 마지막 한 줄에 불가능하다는 의견을 담았다. 세부적으로 보면 수사가 가능할 뿐 아니라 압수수색도 가능하며 특검 수사가 적절하다는 구체적인 방식도 제시하고 있다.

　당시 헌법학회장으로서 주석서 발행에 참여한 경북대학교 법학전문대학원 신평 교수는 "소추와 수사를 구분해서 수사는 할 수 있다고 봐야 한다."고 말했다. 우리 헌법이 지향하는 '법 앞의 평등'

이념에 따르면 당연하다는 게 신 교수의 입장이었다.

헌법학 교과서에서 다루는 84조는 조금 달랐다. 한 대학교 법학도서관에 찾아서 서가 세 개 분량의 헌법학 책들을 살펴본 결과, 2010년 이후에 헌법 84조를 기술한 교과서만 총 38권이었다. 이 중에서 수사 가능 여부를 언급한 책은 19권. 그런데 수사 가능은 3권, 중립은 4권, 불가능이 12권이었다. 숫자로만 보면 불가능하다는 의견이 더 많았다.

그런데 단순히 숫자만으로 판단하기 어려운 측면이 있었다. 실제 헌법학 원론이나 개론 교과서에서는 그동안 현직 대통령 수사가 가능한지 여부에 대해서 깊이 있는 연구가 이뤄지지 않았다. 헌법을 제정하던 당시에는 실제로 이렇게 현직 대통령 수사가 가능한지 여부를 다투게 될 거라곤 생각하지 못했고, 헌법을 연구하는 학자들 역시 마찬가지였다. 그래서 개론서들에서도 불소추 특권의 의미와 목적에 초점을 맞추고, 수사 가능 여부는 기존의 학설을 그대로 옮겨놓는 정도였다. 그러다보니 '불가능론'을 그대로 인용하는 방식으로 서술한 책들이 많았던 것이다.

헌법은 대통령에게
특권을 부여하지 않았다

이번 사태를 계기로 대통령 수사 가능성에 대한 활발한 논의가 시작됐다. 팩트체크팀에서 심층 인터뷰 한 30여 명의 헌법학자들도 이번 사건이 84조를 제대로 들여다보는 계기가 되었다고 말했다. 헌법학자들의 의견을 물은 결과 수사 가능 의견이 26명, 불가능 의견이 4명이었다. 통계적 의미로 확대해석할 수는 없으나 학계에서 현직 대통령 수사가 가능하다는 의견이 분명 다수였다.

물론 각론으로 들어가면 약간씩의 의견 차이는 있다. 범죄가 이뤄진 가까운 시점에 수사를 해두지 않으면 자료를 확보할 수 없다는 강원대학교 최희수 교수, 자발적으로 협조하는 게 맞다는 동아대학교 조재현 교수, 수사 받지 않는 것까지 포함된 특권은 아니라는 부산대학교 김배욱 교수 등, 차이는 있었지만 큰 방향성은 헌정 유린 사건에 대한 수사가 가능하다는 것으로 모아졌다.

게다가 헌법재판소는 이 문제와 관련해 이미 한 차례 정리를 한 바 있다. 1995년 전두환, 노태우 등 불기소 처분 취소 사건에서 헌재는 헌법 84조에 대해 "불소추 외에는 일반 국민과 다른 형사상 특권을 부여하고 있지 않다."라고 명확히 밝힌 것이다.(94헌마246) 한상희 건국대학교 법학전문대학원 교수는 이를 헌재의 '가장 본질적인 판단'이라고 했다. 모든 것을 건너뛸 수 있는 특권을 대통령에게 부여한 게 아니라는 게 헌법재판소의 공식 입장이었다.

네 기준을 종합해보면, 현직 대통령 수사는 가능하다는 의견이 우세했다. 물론 검찰이 어떤 판단을 하고 청와대가 어떻게 대응할 것이냐가 관건이었지만, 이론적 결론은 비교적 또렷했다. 실제로 검찰은 이후에 박 대통령에 대한 수사를 결정했고, 최순실·안종범·

정호성 등의 기소장에 피의자로서 박 대통령을 적시하기도 했다.

취재 도중 어느 원로 헌법학자는 "이런 상황이 우리한테 오리라고 감히 어느 누구인들 예측을 했겠느냐?"고 되물었다. 그만큼 미증유의 사태였고, 그래서 한 번도 사용된 적 없는 대통령의 '불소추특권'이 헌법 해석 논란까지 낳았다. 그리고 끝내 박 대통령이 수사대상이 되고 입건까지 됨으로써 '법 앞에 예외는 없다'는 헌법 정신은 다시 한번 또렷이 확인됐다.

뇌물죄 적용 가능성

형법 제129조 1항. 공무원[……]이 그 직무에 관하여 뇌물을 수수, 요구 또는
약속한 때에는 5년 이하의 징역 또는 10년 이하의 자격정지에 처한다.

◑ "뇌물죄가 안 될 수도 있다고요?"

법조 출입 경력이 있는 오대영 기자가 최순실의 뇌물죄 적용 문
제가 간단치 않을 거라고 얘기하자, 당연히 팀원들 사이에서는 이런
의문이 튀어나왔다. 그럴 수밖에 없는 것이, 이미 미르재단·K스포
츠재단이 재벌들의 돈을 받아 설립됐다는 사실이 백일하에 드러난
상황이었다. 그 재단이 사실상 최순실의 것이라는 증거들도 속속 나
오고 있었다. 그런데 뇌물죄가 아닐 수도 있다니?

일반적인 시청자 시각에서 보면 당연한 의문이기도 했다. '뇌물'은
사실 굉장히 쉽게 접하는 범죄에 속한다. 누군가에게 돈을 건네고,
이익을 취한다. 간단하게 확인할 수 있는 범죄가 아닌가? 그런데 막
상 이걸 법적으로 적용하는 데는 굉장히 복잡한 측면이 많았다. 제
대로 시청자들에게 전달하기 위해서는 우리에게도 공부가 필요했다.

그래서 JTBC의 시사 프로그램에 출연하기 위해 대기실에 있던 두 명의 현직 변호사를 「팩트체크」 회의실로 급하게 모셔왔다. 거창하게 말하면, '최순실 뇌물죄 적용 문제 긴급 세미나'를 개최한 셈이다. 그렇게 해서 왜 뇌물죄에 '공직자'라는 신분이 중요한지, 왜 그만큼 법 적용이 간단하지 않은지 등을 따져 묻고 공부했다. 그렇게 '최순실이 저지른 죄의 이름은 무엇인가'를 따졌다.

뇌물죄 적용은 역시나 쉽지 않았다. 한 달여 뒤 발표된 검찰 수사 결과에서 최순실의 뇌물죄는 빠졌다. 특검에서는 뇌물죄 적용을 가장 중요한 과제로 삼고 재벌 총수까지 파고들어야 했다. 결국 최순실에게 뇌물죄가 적용되는 데는 석 달 이상의 시간이 걸렸다. ◐

2016년 11월, 박근혜-최순실 게이트에 대한 수사가 정점을 달리던 시점에 모든 언론의 관심은 최순실이 받게 될 검찰 공소장에 쏠려 있었다. 검찰이 최순실을 재판에 회부하기 위해 작성하는 공소장에 어떤 죄목이 들어가느냐에 따라 박근혜 대통령의 '혐의점' 역시 또렷해지기 때문이었다. 특히 관심이 쏠린 것은 뇌물죄 성립 여부였다. 최순실의 뇌물죄는 곧 박 대통령의 뇌물죄를 의미하고, 그렇다면 탄핵심판에 결정적인 변수가 될 가능성이 높았다.

최순실이 정권의 힘을 업고 문화·체육계에 영향력을 행사했다는 의혹은 이미 2016년 중순부터 제기됐다. 미르재단과 K스포츠 재단에 대기업 자금 774억 원이 들어간 것도 확인이 됐다. 문제는

이 돈의 성격과 최순실의 역할이었다. 재단으로 흘러들어간 돈에 뇌물 성격이 있느냐, 그리고 최순실과 그 뒤의 청와대가 어떤 영향력을 행사했느냐 하는 점이 중요했다. 의혹이 한창 제기되던 2016년 10월 20일, 국무회의를 주재한 자리에서 박 대통령은 이런 의혹들을 전면 부정했다. "문화·체육 활성화를 위해 기업인들을 모신 자리에서 문화·체육에 대한 투자 확대를 부탁드렸다."는 것이 박 대통령 주장이었다.

검찰 수사는 끝내 뇌물죄까지 들어가지 못했다. 검찰은 최순실에 대해 직권 남용 공범과 사기 미수 혐의만을 적용했다. 뇌물죄가 공소장에서 빠지자 여론은 난리가 났다. '왜 이것뿐이냐? 그동안 숱한 의혹이 제기됐는데…….'라는 게 대다수 국민의 생각이었다. 검찰은 당장 확인할 수 있는 부분만 적용했다고 했지만, 충분한 설명이 되지는 못했다.

「팩트체크」는 검찰의 말대로 정말 뇌물죄 적용이 힘든 사건인지 검증해봤다. 9월 이후 한 달 넘게 진행된 수사에서 구체적인 혐의가 안 나왔다는 것을 납득하기 어려웠기 때문이다.

700억 원은 누구에게?

형법상 뇌물은 크게 네 가지 종류로 나뉜다. (1) 수뢰, (2) 제3자 뇌물, (3) 수뢰 후 부정처사, (4) 뇌물공여. 이 중에서 최순실이 해당하는 항목은 수뢰와 제3자 뇌물 혐의다. 수뢰는 공무원이 자기가 하는 일과 관련해서 돈을 받는 것을 의미하고, 제3자 뇌물은 공무원 당사자가 아닌 제3자가 돈을 받는 경우를 말한다. 그런데 이 둘 모두 죄를 짓는 주체는 공무원이다. 따라서 민간인인 최순실은 두 가지 경우 모두에서 자신이 주범이 될 수는 없다. 하지만 뇌물죄를 저지른 공무원의 '공범'으로 처벌 받을 수 있다. 그렇게 되면 '주범'은 박근혜 대통령이 된다.

재단 자금 흐름을 보면 어떤 혐의가 더 적확할 것인지가 좀 더 또렷하게 보인다. 대기업들이 700여 억 원의 자금을 미르재단과 K스포츠재단에 줬는데, 이 돈이 최순실에게로 흘러갔는지 혹은 흘러갈 것이 확실했는지 여부가 먼저 밝혀져야 한다. 최순실의 배후에 누가 있었는지도 중요하다. 돈의 최종 목적지가 공무원인 '배후의 누군가'라면 수뢰죄 주범과 공범이 성립된다. 반면 돈의 최종 목적지는 최순실인데 그 '누군가'가 대기업들의 부정한 청탁을 대신 들어줬다면 제3자 뇌물이 된다.

대기업→미르·K재단→최순실로 이어지는 돈의 흐름에서 중요한 것은 돈을 건넨 목적이다. 민간인인 최순실이 대기업에게 어떤 '대가'를 치러줄 수는 없기 때문에, 최순실 뒤에 또 한 단계가 있다고 상정할 수밖에 없다. 대기업에 영향력을 행사할 수 있으면서 최순실과 직접 연결되어 있는 사람, 결국 박 대통령이다.

돈을 건넨 대기업들의 목적은 검찰과 특검 수사를 통해 조금씩 드러났다. 삼성은 이재용 부회장의 '승계 정리'를 위해서, SK는 최태원 회장의 사면을 위해서, 롯데는 임박한 세무조사를 무마하기 위해서 돈을 건넸다는 혐의들이 구체적으로 나왔다. 건너간 돈과 대가성은 또렷해졌다. 이제는 그 배후에 있었다고 의심되는 박 대통령과의 연결 고리만 나오면 되는 상황이었다.

대통령과 최순실의 연결고리

팩트체크팀 회의실에서 열린 미니 세미나에서 법률 전문가들의 의견은 신중론으로 모아졌다. 백성문 변호사는 "혐의 입증을 위해서 결정적인 자료나 공직자 연관성을 확보해야만 한다."고 신중한 입장을 취했다. 양지열 변호사도 "대가성 입증이 중요하다. 이게 되지 않으면 강요죄 정도에서 그칠 우려도 있다."고 분석했다. 반면 이광철 변호사는 팩트체크팀과의 통화에서 "청와대는 거의 모든 분야에 직무 연관성이 있고, '포괄적인 대가성'도 있다."며 혐의 입증이 어렵지 않다는 입장이었다.

결국 박 대통령과 최순실, 두 사람 사이의 연결고리가 중요했다. 검찰은 결국 이 문턱을 넘지 못하면서 최순실에 대해서도 뇌물죄 공범 혐의를 적용하지 못했다. 하지만 특검은 달랐다. 특검은 최순실의 아버지인 최태민 시절부터 이어지는 박 대통령과의 자금 공유 정황을 파고들었다. 최순실과 박 대통령이 오랫동안 일종의 '경제적 공유' 상태를 유지해왔기 때문에 결국 한 주머니를 찬 것과 다름없다는 점을 짚어낸 것이다. 특검은 결국 해가 바뀐 2017년 2월에 이르러 박 대통령과 최순실을 뇌물죄 공범으로 적시했다. 2017년 3월 6일 박영수 특검은 수사 결과 발표에서 "이재용 삼성 부회장의 최순실에 대한 뇌물공여 수사 과정에서 박근혜 대통령의 뇌물수수 혐의를 확인했다."고 밝혔다. 대통령 탄핵으로 가는 가장 중요한 고리가 꿰어진 것도 그때였다. 뇌물죄는 수뢰 액수가 1억 원 이상일 경우 주범과 공범 모두 무기징역 또는 10년 이상의 형을 받을 수 있는 중범죄다.

대기업 총수 수사가
경제에 미치는 영향

헌법 제119조 1항. 대한민국의 경제질서는 개인과 기업의 경제상의
자유와 창의를 존중함을 기본으로 한다.

◑ 2017년 1월 18일 우리는 매우 의미 있는 아이템을 발제했다. 제목은 '대기업 총수 수사, 경제에 악영향 미칠까?'였다. 이재용 부회장 구속 여부 결정을 앞둔 바로 그날이었다. 당시 경제단체들을 중심으로 "한국경제에 미칠 파장이 걱정된다."며 기각을 요구하는 성명을 잇따라 냈다.

그래서 팩트체크팀의 발제는 도발적일 수도 있었다. 삼성에 대한 JTBC의 보도에 의구심을 가지는 시각에서라면 말이다. 그러나 정작 JTBC 내부는 이런 사안에 대해 쿨하다. 우리가 눈치가 없어서 못 알아챈 것이 아니라면 회사는 그 어떤 선입견도 여타의 고려도 없다. 오로지 팩트냐 아니냐가 유일한 판단 기준이다. 이날 발제에 대해서도 사실이 무엇인지를 놓고서만 회의가 이루어졌다.

손석희 사장은 이날 점심시간을 앞두고 불쑥 팩트체크팀 회의실

을 찾았다. 한동안 다른 이야기를 하던 손 사장이 아이템에 대해 조언을 한마디했다.

"《월스트리트저널》은 정경유착을 끊는 발전적 계기가 될 수 있다고 언급했더라."

오직 사실에만 집중해 취재하라는 주문이었던 것이다. 눈치 없는 우리는 일각의 걱정(?)과 달리 묵직한 팩트들로 무장해 뉴스룸의 온 에어를 기다렸다. ◐

구속될까, 안 될까. 그의 구속 여부가 사설 토토의 베팅 대상에 올라왔다는 얘기까지 들렸다. 그만큼 전 국민적인 관심이 쏠려 있었다. 바로 이재용 삼성전자 부회장의 구속 문제였다.

2017년 1월 중순, 특검은 무시무시한 기세로 박근혜-최순실 게이트 관련자들을 연일 구속시키고 있던 참이었다. 우리 팀 내에서도 이 부회장의 구속 여부를 놓고 '결과 점치기 경쟁'이 벌어졌다. 당시 분위기로는 아무래도 특검의 분위기가 있으니 구속될 것 같다는 쪽이 좀 더 의견이 많았지만, 예측은 쉽지 않았다.

'헌정사에서 가장 강력한 특검'이란 별칭이 붙은 박영수 특검 팀과, 창립 이래 단 한 번도 총수가 구속된 적 없는 삼성그룹의 대결이라는 말까지 나올 정도였다. 게다가 특검이 어느 정도까지 수사를 진척시켰는지 알 수 없는 상황. 결국 박 대통령과 최순실 주변에 모여든 돈이 삼성그룹의 이익과 얼마나 밀접하게 연관이 있느냐, 과연 대가성을 입증할 수 있느냐가 핵심이었다.

그리고 결과적으로 보면, 아무도 맞춘 사람이 없었다. 이 부회장의 구속영장은 1차로 기각되었지만 약 한 달 뒤 특검이 영장을 재청구하면서 구속이 이뤄졌다. 물론 이토록 드라마틱한 결과의 배경에는 복잡한 사건의 성격이 있었다.

'정경 유착'은 오랫동안 한국 정치와 경제의 또 다른 이름이었다. 때만 되면 정치인들은 재벌들을 향해 주머니를 벌렸고, 사과박스니 드링크박스니 하는 기묘한 운송수단을 타고 기업 돈이 여의도로 꽂혔다. '차떼기' 같은 치욕스런 신조어까지 낳았던 정경 유착의 고리는 민주화의 진전과 함께 조금씩 역사의 뒤안길로 사라지는 듯했다. 여전히 완전히 끊어지지는 않았지만, 예전처럼 노골적이고 일상적으로 그런 일이 일어나고 있다고 생각하는 국민들은 많지 않았다. 아니, 많은 국민들이 그렇다고 믿었다.

그런데 박근혜-최순실 게이트는 대한민국 국민들의 그 허약한 믿음을 바닥부터 무너뜨려버렸다. 청와대에서 소위 '재벌 총수'들과 독대를 한 대통령이 그들에게 한 '부탁'은 믿고 싶지 않은 수준이었다. 사설 재단에 돈을 넣으라는 주문, 측근 딸의 스폰서링은 물론, 측근의 딸의 친구의 아버지의 회사까지 챙겼다는 사실이 드러났다.

언론인으로서 '도대체 왜?'에 주목하지 않을 수 없었다. 그리고 자연스럽게 우리의 의심은 박근혜 정부가 출범과 함께 내팽개친 '경제민주화' 공약에 가 닿았다.

박근혜 대통령이 18대 대선에서 승리하는 데 가장 크게 기여한 공약은 누가 뭐래도 '경제민주화'였다. 10대 공약 중에서도 가장 첫머리에 경제민주화가 있었다. 그런데 정작 박근혜 정부는 출범과 거의 동시에 그 핵심 정책을 사실상 폐기해버렸다. 대기업이 반대했던 경제민주화가 후퇴하고, 대기업이 원했던 법안들이 추진된 정황들이 곳곳에서 엿보인다.

경제민주화 폐기 이후 벌어진 이상한 일들

날짜별로 정리해보면 좀 더 또렷하게 드러난다. 정권 출범 후 채 두 달이 되지 않은 2013년 4월 16일, 현오석 당시 경제부총리와의 만남에서 재계는 '자제해 달라'는 취지의 입장을 전달했다. 당시 한창 대기업 임원 연봉 공개나 징벌적 손해배상제 도입 등이 논의되고 있던 시점이었다.

정권의 힘이 가장 강력한 시기에, 정권의 핵심 공약을 정면으로 들이받고 나선 것이다. 여느 정권 초기였다면 상상하기 힘든 일이었다. 그런데 다음날 '신임 대통령'의 반응이 뜻밖이었다. 새누리당의 경제 관련 상임위원들을 청와대로 불러 오찬을 함께하는 자리에서 박 대통령이 "(대기업을) 자꾸 누르는 게 경제민주화가 아니다."라고 말한 것이다.

그런데 사실 경제민주화의 핵심은 '대기업을 누르는 것'이라고 해도 과언이 아니다. 강한 대기업과 약한 중소기업 사이의 균형점을 찾기 위해서는 당연히 한쪽을 누를 수밖에 없기 때문이다. 경제민주화 추진의 선봉장이 정반대되는 얘기를 하고 있었다. 그 뒤에도 몇 차례 비슷한 메시지가 이어지면서, 경제민주화가 무산된 게 아니냐는 비판이 여당 내에서까지 나왔다.

전후 관계가 상당히 의심스러운 경우도 있다. 검찰 수사 결과, 2015년 7월 24일 박 대통령이 대기업 총수 일곱 명과 독대를 했다는 사실이 드러났다. 그리고 13일 뒤인 8월 6일, 대통령은 대국민 담화에서 "첫 번째 개혁 과제로 노동개혁을 강력히 추진해 나갈 것"이라고 천명한다. 이를 받아서 전경련이 '노동개혁'에 우호적인 입장을 내놨고, 새누리당은 당론으로 법안을 발의했다. 이때의 '노동개혁'은 당연히 사용자인 기업 측에 유리한 방향으로 흐르고 있었다.

결국 재계가 원치 않는 경제민주화는 제대로 추진이 안 됐고, 재계가 요구하는 내용들은 적극적으로 추진했다는 셈이 되는데, 문제는 여기서 그치지 않는다. 임기 말로 갈수록 이러한 '이상한 우연'은 점점 많아진다.

대기업들이 출연한 미르재단이 출범한 2015년 10월 27일, 박대통령의 국회 시정연설 내용이 의미심장하다. "대통령으로서 너무나 안타깝고 가슴이 타들어가는 심정입니다. '서비스산업발전기본법'과 '관광진흥법'을 조속히 처리해주실 것을 다시 한번 부탁드립니다." 박 대통령 말한 서비스산업발전기본법과 관광진흥법은 재계의 오랜 숙원사업이다. 그런데 이런 법안 추진과 재단 출범 시점이 공교

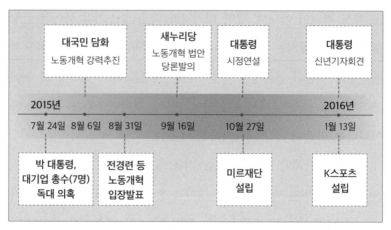

대국민 담화	새누리당	대통령	대통령
노동개혁 강력추진	노동개혁 법안 당론발의	시정연설	신년기자회견

2015년   2016년

7월 24일   8월 6일   8월 31일   9월 16일   10월 27일   1월 13일

박 대통령, 대기업 총수(7명) 독대 의혹	전경련 등 노동개혁 입장발표	미르재단 설립	K스포츠 설립

박근혜 대통령의 불통 경제, 수면 아래서 엄청난 일들이 벌어지고 있었다.

롭게 맞물리니, 의혹이 제기될 수밖에 없었다.

K스포츠재단 설립도 유사했다. 재단이 만들어진 2016년 1월 13일, 박 대통령은 신년 기자회견에서 "노동계가 상생의 노력을 해주셔서 노동개혁 5법 중, 나머지 4개 법안은 조속히 통과되도록 했으면 합니다."라고 발언했다. 역시나 재계의 요구가 적극적으로 들어 있는 내용이다.

이러한 일련의 과정을 봤을 때, 정권 초부터 꾸준히 추진된 대기업 친화적인 정책들이 구체적 '대가'의 의미를 가졌던 것 아니냐는 문제제기가 나올 수밖에 없는 것이다. 검찰 출신 김희수 변호사는 "발언 시점과 실제로 벌어진 일들 사이의 사실관계나 인과관계가 인정될 수 있다면 부정한 청탁이 될 수 있다."고 말하기도 했다.

관건은 재단 출연에 각 대기업들의 이해관계가 얽혔는지 여

특검은 끝내 이재용 삼성전자 부회장의 구속영장을 받아냄으로써 뇌물죄의 팔부능선을 넘었다.

부였다. 대가성이 입증되면 뇌물죄를 적용할 수 있기 때문이다. 실제 재단에 기금을 낸 SK와 CJ는 총수 특별사면 문제가 걸려 있었고, 롯데그룹과 부영그룹은 세무조사 문제를 청탁했다는 의혹을 받았다. 검찰과 특검도 이 부분을 박 대통령 뇌물죄 입증의 핵심 요소로 보고 집요하게 파고들었다.

　　물론 청탁과 경제 입법을 직접 비교하는 것은 쉽지 않다. 모든 정책 추진을 정권과 대기업의 거래 관계로만 해석하는 것도 무리한 주장일 수 있다. 금전 거래에 따른 대가가 아니라 대통령의 정책적인 판단으로 해석될 여지가 더 넓기 때문이다. 그래서 정책인지 거래인지를 구분해서 증명하는 일 역시 매우 까다롭고 구체적 증거가 없으면 인정되기도 어렵다. 결국 특검은 특히 이재용 삼성 부회장을 고리로 하는 '뇌물 대가성' 입증을 수사의 핵심 사안으로 꼽았고, 삼성그룹 총수의 구속수사라는 초강수를 들고 나올 수밖에 없었던 것이다.

한국 경제의 전화위복이 될 가능성

그런데 특검 수사의 정점인 '이재용 구속영장 청구'를 앞두고, 재계는 물론 사회 각층에서 경제적 영향에 대한 우려가 쏟아져 나왔다. 전가의 보도처럼 등장하는 '대기업 총수가 수사를 받거나 구속되면 나라 경제가 악영향을 받는다.'는 말이 또 나온 것이다.

물론 이러한 주장에 논리가 없는 것은 아니다. '총수가 없으면 기업의 투자가 위축되고 실적이 나빠진다. 결국 경제 전반에 안 좋은 영향을 미쳐서 그 결과 손실이 사회 전체로 돌아온다는 것'이다. 자연스럽게 재벌 총수에게 수사 편의를 줘야 한다는 주장까지 이어진다. 실제로 기업인들이나 경영학자들을 취재해보면 '비전과 미션 상실', '의사결정 차질', '인사권 공백' 등의 이유로 기업의 효율성이 떨어진다는 분석도 쉽게 들을 수 있다. 총수가 수사를 받으면 그렇지 않을 때보다 좋을 수가 없다는 것이다.

하지만 실제 기업의 실적 자료나 경영지표 등을 놓고 분석해 보면, 그런 단순한 논리가 성립되지 않는 경우가 많았다. 일단 기업의 경영 실태를 보여주는 지표 자체가 다양하고, 거기에 영향을 미

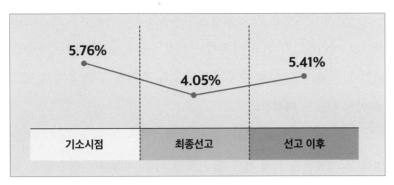

5.76%

4.05%

5.41%

| 기소시점 | 최종선고 | 선고 이후 |

전체 계열사의 수익성 변동 추이(넥스트소사이어티 재단 분석)

시가 총액 단위: 십억원	7152	7679	8299
투자	945	1366	2170
고용 단위: 명	8059	8077	8668
	기소시점	최종선고	선고 이후

전체 계열사의 시가총액 변동 추이/전체 계열사의 고용인원 변동 추이(넥스트소사이어티 재단 분석)

치는 변수들은 그보다 훨씬 더 다양하기 때문이다. '총수 수사·구속'이라는 단일 변수가 직접적 영향을 미치기에는 한국 기업들의 규모나 경영 상황이 단순하지 않았다.

기업의 사회적 책임을 연구하는 넥스트소사이어티재단이 2005년부터 2015년까지 총수가 수사 받고 기소되어 확정 판결을 받은 5개 대기업 집단(두산, 한화, 현대자동차, 삼성, 태광그룹)을 분석한 자료를 보면 뚜렷하게 알 수 있다.

먼저 수익성은 기소 시점 5.76퍼센트에서 최종선고 때 4.05퍼센트로 떨어졌다가 선고 이후에는 이전 수준으로 회복하는 모습을 보였다. 이것만 보면 총수 수사가 수익률에 일정 부분 부정적 영향을 미친 것으로 해석된다.

하지만 기업의 가치가 오히려 향상되는 것을 보여준 수치도 있다. 시가총액은 기업 총수가 기소된 이후 계속해서 상승했다. 투자와 고용 역시 지속적으로 증가하는 모습을 보였다. 오히려 수사 이후에 기업의 경영 상황이 좋아진 것으로 볼 수 있는 대목들이다.

결국 이 자료들은 '시점'만을 변수로 삼아서는 제대로 된 분석을 하기 어렵다는 사실을 보여준다. 당시 대내외적인 경제 상황이 어땠는지, 정부 정책이 어땠는지, 사회적 변화나 외부 충격 등의 변수가 총체적으로 고려되지 않으면 일관된 결과를 얻을 수가 없다.

다만 기업이 '총수 수사'라는 하나의 변수만으로 휘청거린다거나, 나라 경제가 악영향을 받는다는 주장은 이 수치들로 충분히 반박이 가능하다. 다양한 변수가 기업에 영향을 미치기 때문에, 총수 수사만으로는 인과관계를 설명할 수 없다는 결론이다.

기업 가치를 설명하는 가장 단순한 지표인 주가 추이만 봐도 이를 뒷받침할 수 있다. 이재용 부회장의 구속영장 청구를 앞두고, 삼성전자의 주가는 불과 일주일 사이에 194만 원에서 184만 7000원까지 떨어졌다. 그러나 좀 더 넓게 보면 결과가 달라진다. 박근혜-최순실 게이트가 본격화된 2016년 10월 말부터 삼성전자의 주가 추이는 지속적·추세적으로 큰 폭의 상승세였다. 실제로 이재용 부회장이 구속수감된 이후에도 삼성전자 주가는 계속 올라, 2017년 3월에 는 200만원을 넘어서기도 했다. 총수 구속에 따른 불안 심리가 그렇 게 크지 않았던 걸 알 수 있다.

비슷한 일은 이전에도 있었다. 2013년 총수가 구속됐던 SK 주가 추이다. 2013년 2월 4일에 최태원 회장이 구속됐을 당시 주가 는 10만 7000원이었다. 그런데 최 회장이 구속된 그날 이후로 주가 가 오히려 계속 올랐고, 도리어 최 회장이 사면된 2015년 8월 13일, 31만 500원 이후에 주가가 떨어졌다. 총수가 수사를 받으면 기업이 어려워진다는 속설과 정반대의 모습이었다.

결론적으로 총수의 수사·구속 여부와 기업의 경영 사이에는 뚜렷한 상관관계가 발견되지 않았다. 하물며 국가 경제 전반에 안 좋은 영향을 미친다는 속설은 더더욱 근거를 찾기가 어렵다. 고려대 학교 경제학과 강성진 교수는 장기적으로 보면 오히려 더 좋은 성과 가 나타날 수 있다고 진단하기도 했다. 기업 투명성이 확보되면서 긍 정적인 신호를 줄 수 있다는 것이었다. "총수에 의해서 기업이 망하 고, 그 기업에 의해 국가가 망한다면, 그건 망할 국가고 망할 기업이 다."라고 단호하게 자를 정도였다.

이재용 부회장의 구속을 전후해 나온 해외 언론들의 반응은 이런 주장들에 힘을 실어주고 있었다. 미국 《월스트리트저널》은 「재 벌 개혁을 위한 영장」이라는 사설을 게재하며 이 사건을 오히려 '기 회'로 봤다. 부패는 득 될 게 없다는 강력한 신호가 될 수 있다고 분 석한 것이다. 영국의 《파이낸셜타임스》 역시 "스캔들이 기업 지배구

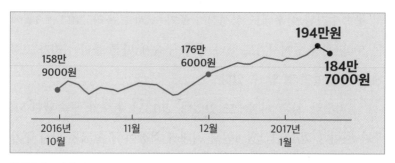

158만
9000원

176만
6000원

194만원

184만
7000원

2016년
10월

11월

12월

2017년
1월

삼성전자 주가 추이

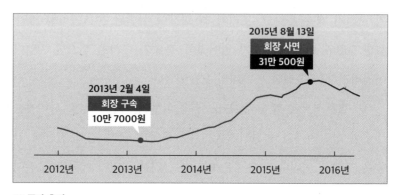

2015년 8월 13일
회장 사면
31만 500원

2013년 2월 4일
회장 구속
10만 7000원

2012년 2013년 2014년 2015년 2016년

SK 주가 추이

조의 중요한 개선을 가져올 것"이라고 진단했다.

결국 어떤 결과를 만들 것이냐는 사건을 어떻게 바라보고 어떤 노력을 기울이느냐에 달려 있다. 박근혜-최순실 게이트와 거기 연루된 기업들을 확실히 정리함으로써, 한국 사회의 오랜 병폐였던 정경 유착의 사슬을 끊는 발전적 계기를 만들어낼 수도 있다. 가능만 하다면, 세기의 스캔들은 오히려 한국 경제의 전화위복이 될 수도 있다는 게 전문가들의 공통된 분석이었다. '진짜 실력'은 위기를 막는 게 아니라, 위기를 극복하는 데서 드러나게 마련이다.

참고인과 피의자 사이

헌법 제27조 4항. 형사피고인은 유죄의 판결이 확정될 때까지는 무죄로 추정된다.

◑ "진짜 피의자로 입건이 되는 거예요?"

우리가 자문을 구하려고 전화를 했던 헌법학 교수가 오히려 되물었다. 현직 대통령을 범죄 혐의가 있는 '피의자'로 적시한다는 게 얼마나 어려운 일인지 다시 한번 확인하는 순간이었다.

검찰은 대통령에게 '피의자'라는 단어를 사용할지에 대해 심각하게 고민하고 있었다. 우리가 취재한 헌법학자들도 그 문제에 대해서는 의견이 통일되지 못하고 조금씩 입장이 엇갈렸다. 대통령 수사 가능성에 대해서는 한결같이 '가능'을 얘기하던 학자들조차 그랬다.

'피의자'는 결국 기소되어 재판을 받을 사람이라는 의미였고, 헌법 제84조에 명시된 대통령의 불소추 특권과 정면으로 충돌할 수밖에 없었다. 그만큼 예민한 문제였다. 그동안 헌법이니, 수사니 하는 '문서 단계'의 논란이 '피의자'라는 단어 하나로 강력한 현실감을 얻었다. 수의를 입은 죄수를 눈앞에 연상시키는 날카로운 현실의 감각 말이다.

우리가 그동안 따져 물었던 헌법에 적힌 원칙은 분명했다. 법치주의 대한민국에 '신분에 따른 예외'는 없다는 것. 그런데 헌법에는 '불소추 특권'이라는 예외조항 역시 존재한다. 그렇다면 팩트체커들이 취해야 할 태도는 정해져 있었다. 현직 대통령은 피의자가 될 수 있는가. 우리는 따져볼 수밖에 없었다. ◑

2016년 중반을 넘어가면서, 박근혜 대통령에 대한 수사는 피할 수 없는 현실이 되었다. 최순실 등 측근들이 저지른 온갖 범죄들의 배후가 박 대통령이라는 의혹이 여러 증거로 확인됐다. 최순실·안종범·정호성 등 소위 '키맨(key-man)'들의 공소장에는 박 대통령이 '공범'으로 적시되기도 했다. 현직 대통령이 말 그대로 '범죄 공모자'로 적시된 이상, 수사를 받지 않을 방법은 없어 보였다.

문제는 그가 여전히 현직 대통령이라는 사실이었다. 당시 검찰은 반드시 조사하겠다는 강경한 방침을 거듭 밝혔지만, 정작 박 대통령 조사가 언제 어떤 방식으로 이뤄질지는 예측이 어려웠다. 당장 조사를 받는 박 대통령의 '신분'을 어떻게 할지부터 논란이었다. 참고인 자격인지 피의자 자격인지를 놓고 검찰은 저울질을 했고, 대통령의 변호인들은 강하게 반발했다. 참고인과 피의자는 실제 조사 과정이나 조사 이후 증거 효력 등 여러 가지 측면에서 차이가 크기에 벌어진 논란이다.

피의자성 참고인?

우선 검찰에 나와 달라고 요청하는 출석요구서 자체가 완전히 다르다. 검찰이 사용하는 '참고인 출석요구서'와 '피의자 출석요구서'의 차이는 뚜렷하다. 참고인 출석요구서에는 "출석하여 주시기 바랍니다."라고 되어 있는 데 반해 피의자 출석요구서에는 "응하지 않으면 체포될 수 있습니다."라는 경고 문구가 들어가 있다. 같은 요구서이지만 그 요구의 정도는 굉장히 다르다.

처음에는 박 대통령을 참고인 신분으로 소환할 것이라는 검찰발 소식이 흘러나왔다. 그러자 국정농단 의혹의 당사자가 왜 참고인이냐는 주장과 현직 대통령이라는 사실을 감안해야 한다는 반론이 강하게 충돌했다. 그렇다면 현직 대통령을 수사할 때 예우를 해야 하는 규정이 따로 있는 걸까?

결론부터 말하면 대통령의 수사와 관련된 구체적인 조항은 따로 없다. 다만 헌법 84조에 현직 대통령의 '불소추 특권'이 명시되어 있을 뿐이다. 하지만 그렇다고 수사까지 피할 수는 없다는 게 법조계 전문가들을 취재해 우리가 내린 결론이었다. 그래서 자연스럽게 '일반 국민이었어도 참고인으로 불렀겠느냐'는 비판이 제기된 것이다. 이렇게 엄청난 혐의를 받고 있는데도 강제력이 약하고 형사 책임이 크지 않은 참고인 조사를 받는다면, 결국 특별대우라는 비판이었다.

다만 검찰이 대통령의 신분은 참고인이라고 강조한 것과 별개로 실제 조사에서는 '피의자성 참고인'이 될 것이라는 게 법조계의 해석이었다. 피의자성 참고인은 정식 법률 용어는 아니다. 피의자와 참고인을 결합한 비공식 용어인데, 참고인이지만 언제든 피의자가 될 수 있다는 뜻이다. 실제 수사 현장에서는 굵직한 사건의 소환 조사를 할 때 검찰이 이런 표현을 종종 사용한다. 참고인으로 소환을 했다가 조사 도중에 신분을 피의자로 전환해 신문을 하는 경우도 많다. 어느 경우에 참고인으로 부르는 게 맞고, 어느 경우에 피의자로 부르는 게 맞는지가 일도양단으로 나눠지는 게 아니기 때문이라고 최승재 변호사는 설명했다. 사건의 직접 당사자가 아니라고 판단했던 사람인데, 조사하다 보니 혐의가 발견되는 경우도 있다고 했다. 그래서 일단 넓게 스펙트럼을 짜놓고 검찰이 재량을 발휘한다는 것이다.

박 대통령 조사를 두고 검찰이 내놓은 법률 용어들 속에도 피의자에 대한 용어와 참고인에 대한 용어가 혼재되어 있었다. 예를 들어 검찰이 박 대통령 조사 때 '진술조서'를 받는다는 얘기가 흘러나왔다. 진술조서는 참고인에게 해당하는 진술서다. 피의자는 신문조서를 쓴다.

또 박 대통령에게 "진술거부권을 고지할 것으로 안다."는 말도 나왔다. 이는 피의자에게 의무적으로 해야 하는 절차다. 진술거

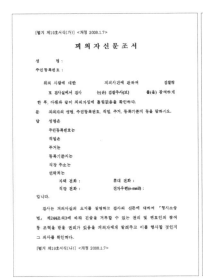
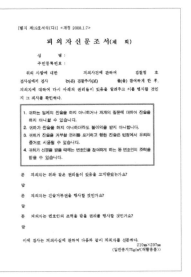

왼쪽이 '피의자 신문조서' 양식. 오른쪽은 '진술거부권 및 변호인 조력권 등 확인서' 양식.

부권 고지는 '진술을 하지 않을 수 있고, 진술하지 않아도 불이익이 없다'는 점을 본인에게 확인시켜주는 것이다. '진술을 하면 법정 증거로 사용될 수 있다', '변호인 조력을 받을 수 있다'는 내용도 포함된다. 설명을 들은 피의자는 자필 서명도 해야 한다. 자기방어권을 보장해주는 것이기 때문에 참고인에게는 필요 없는 피의자만의 절차라고 할 수 있다.

끝내 조사를 거부한 대통령

검찰의 태도를 종합해 유추해보면 조서는 '참고인'의 형식을 따르지만 정작 진술할 때는 '피의자'의 권리를 알려주겠다는 셈이었다. 소위 말하는 '피의자성 참고인'의 전형적인 사례인데, 검찰도 쉽게 한쪽으로 정리하지 못한 고충이 엿보이는 대목이다. 결국 검찰은 박 대통령 조사를 추진하는 시점에서 이미 피의자로 인식하고 있었거나 향후 피의자로 전환할 가능성을 열어두고 있었다는 점을 추론할 수 있다.

검찰로서는 너무나 당연한 절차였다. 참고인과 피의자를 구분하는 가장 큰 기준은 혐의점과 증거 능력이다. 당시 박 대통령에게는 이것들이 차고 넘쳤다. 박 대통령 본인이 직접 대국민 담화에서 기밀문건 유출을 일부 인정하는 발언을 했다. 그리고 기밀 유출·뇌물수수·헌법 위배 등에서 박 대통령과 혐의를 공유하는 측근들이 하나같이 대통령 지시에 따랐다고 진술했다. 상황을 종합해보면, 조사만 이뤄진다면 피의자로 신분이 바뀔 가능성을 예상하는 건 어렵지 않았다. 그래서 대통령의 변호인은 "사실관계가 정리된 뒤에 조사하라."며 검찰에 강하게 반발하기도 했다. 의혹만 가지고 대통령을 조사할 수는 없다는 주장이었다.

변호인이 이렇게 반발한 이유는 따로 있었다. 실제 조사실이라는 공간 안에서는 변호사의 조력에 한계가 있기 때문이었다. 검찰 사건사무규칙 제9조의2 항목에 따르면 "피의자를 대신하여 답변하거나 특정한 답변 또는 진술 번복을 유도하는 경우" 변호인의 조사 참여를 배제할 수 있도록 돼 있다. 변호인으로서는 대통령이 조사실에 들어가기 전에 최대한의 방어를 해둘 필요가 있었다.

2017년 3월 21일, 박근혜 전 대통령 검찰 출두

결국 박근혜 대통령에 대한 검찰 조사는 이뤄지지 못했다. 이 런저런 핑계를 대던 청와대는 끝내 조사를 거부했다. 박 대통령 측 은 "차라리 특검 조사를 받겠다"고 했다. 그러나 그 약속도 지켜지지 않았다. 탄핵될 때까지 박 대통령은 끝내 직접 조사를 받지 않았다. 우리의 헌법 체계와 법률 체계는 단호하게 어느 누구도 예외는 없다 는 법치주의를 선언했지만, 정작 헌법 수호의 의무가 있는 대통령은 마지막까지 '법 앞의 평등'을 거부했다. 박 대통령에 대한 검찰 조사 가 이뤄진 것은 탄핵당해 '전 대통령'이 된 이후였다.

대통령 강제수사 가능성

헌법 제11조 1항. 모든 국민은 법 앞에 평등하다.

◖ '에스컬레이팅을 하다 보면 결국 끝까지 가게 된다.' 언론 매체에서 일하다 보면 경험적으로 알게 되는 일종의 법칙이다. 조금씩 단계를 높여서 어떤 주제를 다루다 보면 점점 더 어려운 높이까지 올라가게 될 수밖에 없는 불문율. 박근혜-최순실 게이트에 대한 팩트 체크를 하면서 마주친 상황도 비슷했다. 3일 연속으로 '대통령 대상 수사'를 다루다 보니 점점 더 어려운 주제를 꺼내게 될 수밖에 없었고, 결국 '강제수사'라는 키워드를 검토할 수밖에 없는 시점이 왔다.

그런데 문제는 이렇게 깊이 들어갔을 때, 언론 매체가 마치 '수사를 하라'고 촉구하는 것 같은 느낌을 줄 수 있다는 점이었다. 단순히 가능성을 따져보는 수준을 넘어서 정국에 직접 개입하려는 인상을 줄 수도 있었다.

그럼에도 헌법 제84조, 대통령 불소추 특권의 한계 지점을 연일 확인할 수밖에 없었던 이유는 '진실에 접근하기 위해서'였다. 의혹의 중심에 대통령이 있고, 관련된 중요 자료들이 청와대에 잔뜩 쌓여 있는 상황에서 과연 청와대가 법을 초월한 치외법권처럼 남아 있어도 되는 것일까. 시청자는 우리도 계속 자문하지 않을 수 없었다.

"한발 더 갑시다." 누구도 그 민감한 포인트를 얘기하지 않을 때, 우리는 조금 더 들어가야 한다고 판단했다. 학자들조차 "뭐 이렇게 깊은 것까지 다루느냐?"고 의아해할 때, 우리는 결론을 찾아 조금씩 더 나아가고 있었다. ◐

'초유의 상황'이 많았던 박근혜-최순실 게이트 정국에서 가장 자주 거론된 초유의 상황은 역시 현직 대통령의 수사 여부였다. 탄핵의 핵심 사유 중 하나였던 뇌물죄가 제대로 적용되려면 뇌물수수 혐의를 받고 있는 박 대통령 본인에 대한 수사가 특히 중요했다. 하지만 검찰부터 특검까지 박근혜 대통령은 일관되게 수사에 비협조적인 태도를 보였다. "그냥 강제로 수사할 수는 없나?"라며 분통을 터뜨리는 시청자 문의가 많아진 것은 어쩌면 자연스러운 일이었다. 청와대를 방패로 일종의 '농성전'에 들어간 대통령을 향해 수사의 칼끝이 들어갈 수 있을 것인가.

2016년 11월 중순을 지난 시점에서는 대통령 수사 가능 여부에 대한 법조계의 결론이 어느 정도 나와 있었다. 사정기관 관계자든 법학자든 혐의가 있다면 대통령을 수사할 수 있다는 쪽이 절대

다수였다. 하지만 그 수사 방식이 강제성을 가져도 될 것이냐 하는 지점에선 의견이 갈렸다.

대통령도 한 사람의 국민이기 때문에 범죄 혐의가 있으면 피의자가 되는 것은 당연하다. 하지만 문제는 그다음 단계다. 대통령이 스스로 수사에 협조하지 않으면 '강제수사'를 하는 수밖에 없다. 여기에는 압수수색이나 체포 등의 강경한 조치가 포함된다. 현직 대통령이 검찰에 의해 체포당할 수도 있는 것일까? 어떤 전문가라도 쉽게 단언하기 어려운 문제였다. 당시 검찰 수사팀도 강제수사 가능 여부에 대한 언론의 질문에 "제가 헌법학자가 아니다."라는 답변을 내놨다. 검찰이 헌법 해석까지 하면서 강제수사를 할 수 없다는 얘기였다.

엇갈리는 헌법 해석

헌법학계에서는 기존에는 현직 대통령에게 부여된 불소추 특권이 강제수사를 받지 않는 것까지 포함하는 것으로 해석하고 있다. 자유한국당 정종섭 의원이 교수 시절에 쓴 『헌법학원론』은 불소추 특권에 대해 "법원의 재판을 전제로 하는 공소의 제기와, 이와 연관된 체포나 구속이 금지되는 것"(정종섭, 『헌법학원론』, 박영사, 2015, 1227쪽)이라고 해설했다. 그러니까 수사는 가능하지만 체포를 포함한 강제구인은 어렵다는 얘기다.

건국대학교 한상희 교수도 "비상사태이기 때문에 비상한 해석을 할 필요도 있긴 하지만, 자칫 잘못된 선례를 남길 수 있다."고 우려했다. 독점적 기소권을 가지고 있어 그러잖아도 강력한 검찰 권력이 자칫하면 대통령 위에 올라가게 될 수 있다는 얘기였다. 검찰에게 현직 대통령의 신변을 좌우할 권한을 주는 일은 당연히 신중할 수밖에 없었다.

하지만 워낙 이례적인 사건이었기 때문에 반대 의견도 있었다. 헌법학회장을 지낸 신평 경북대학교 교수는 "불행한 사태를 바라지 않는다."는 전제를 깔면서도 강제수사가 가능하다고 했다. 애초에 원칙적으로 수사가 가능하다고 해석을 했기 때문에, 그것은 강제수사까지도 포함하는 것으로 봐야 한다는 주장이었다. "수사는 가능한데 구인은 할 수 없다는 건 확대 해석일 수 있다."고 신 교수는 강조했다. 역시나 초유의 사태 앞에서 학계도 논의를 이제부터 본격적으로 시작해야 할 판이었다.

지켜지지 않은 대통령의 약속

이런 혼선을 줄이려면 대통령이 결단할 수밖에 없었다. 당시 검찰 역시 "의혹의 중심은 대통령이다."라고 명확히 밝혔다. 박 대통령 주변 인물들은 하나같이 '대통령의 지시'를 지목했다. 오직 대통령만 부정하며 버티고 있는 형국이었다.

그러다 보니 대통령의 버티기가 결국 다 계산된 시나리오라는 얘기도 나왔다. 뇌물 혐의는 대기업과 대통령, 그리고 최순실 사이의 연결고리를 반드시 확인해야 하는 사안이었다. 이번 사건의 경우, 이례적으로 많은 물증들이 나오긴 했지만, 그래도 당사자의 진술은 결정적인 증거가 될 수 있다. 그런데 대통령은 그저 조사를 피하며 하릴없이 시간만 보냈다.

대통령의 비협조로 탄핵심판과 형사 기소를 위한 구체적인 근거를 마련하는 데 끝내 실패한 검찰은 대통령과 연결된 최순실의 혐의에 뇌물죄를 넣지 못했다. 그렇게 사태는 특검 결과까지 지켜봐야 하는 장기전이 되어버렸다. 그동안 대한민국은 대통령 탄핵과 집권 여당의 붕괴, 조기 대선 정국 등 온갖 국정 혼란에 몸살을 앓아야 했다.

"검찰은 어떠한 것에도 구애받지 말고 명명백백하게 진실을 밝히고, 이를 토대로 엄정한 사법 처리가 이루어져야 할 것입니다. 필요하다면 저 역시 검찰의 조사에 성실하게 임할 각오이며……."

박 대통령이 2016년 11월 4일 대국민 담화에서 한 말이다. 그 약속은 지켜지지 않았고 대통령은 스스로 국정 혼란의 원인이 되어버렸다.

"현 정권이 경제를 살렸느냐? 국민을 편하게 했느냐? 외교를 잘했느냐? 이 정권은 나라를 살리는 정권이 아니라 나라를 망치는 파괴 정권이다."

2005년 사학법 개정 문제로 촛불을 들었던 박근혜 당시 한나라당 대표의 말이다. 2016년, 거의 6개월 가까이 거리에서 촛불을 들었던 국민들은 그 말을 그대로 박 대통령에게 되돌려줘야 했다.

청와대 압수수색 가능성

형사소송법 제110조 1항. 군사상 비밀을 요하는 장소는 그 책임자의
승낙 없이는 압수 또는 수색할 수 없다.
2항. 전항의 책임자는 국가의 중대한 이익을 해하는 경우를 제외하고는
승낙을 거부하지 못한다.

◑ 2017년 1월 4일 서울지방변호사회가 흥미로운 설문조사 결과를
발표했다. 소속 변호사들에게 물었더니 응답자의 85퍼센트가 "청와
대 압수수색이 가능하다."고 답했다는 것이다. 법조계 전체를 대표
할 수는 없다 해도 1528명의 변호사가 참여한 조사였기 때문에 그
의미를 애써 축소할 필요도 없었다. 이를 계기로 청와대 압수수색
가능 여부에 대해 깊이 있는 취재에 들어갔다. 특히 '강제진입'을 할
수 있는지에 초점을 맞췄다.

"법원이 영장을 발부했으니까 그냥 밀고 들어가면 안 되나요? 일
반적으로 다 그렇게 하잖아요." 회의 시간에 한 팀원이 말했다. 사
법부가 압수수색 영장을 내줬다는 것은 달리 말하면 허가를 한 것
이라는 논리였다. 법조인 상당수가 가능하다고 말하고 있고, 법원도
허락했기 때문에 불가능한 일은 아니라는 견해였다. 실제로 취재에

응한 법조인들은 이론적으로 청와대 압수수색은 가능하다고 했다.

하지만 이 분야에 정통한 법조인과 과거 청와대 근무자들에게서는 조금 다른 답변이 돌아왔다. 법과 현실의 괴리가 있다는 것이다. 법원의 영장이 있더라도, 법적으로 해석했을 때 문제가 없더라도 '초법적 상황'이 일어난다면 압수수색은 불가능하다는 것이었다. 한 변호사는 이렇게 표현했다. "총 들고 막아선다면 불가능하지 않겠나."

실제로 검찰에 이어 특검까지 나섰던 청와대 압수수색은 실패로 끝났다. 국정농단의 핵심 증거들이 여전히 그곳에 있을 것으로 추정되지만, 청와대의 문은 여전히 굳게 닫혀 있었다. '보안 손님'으로 불리는 최순실은 그렇게도 자주 드나들었다는 그 문이, 국가의 공식 수사기관에는 끝내 열리지 않았다. ◐

일반적으로 중대한 범죄를 저지르는 사람은 수사기관의 압수수색을 받을 수 있다. 범죄를 뒷받침할 증거들이 있을 수 있는 주거지나 사무실이 주요 대상이다. 초기에 압수수색을 얼마나 신속하고 효과적으로 하느냐가 수사의 성패를 좌우하는 경우가 많다.

압수수색은 경찰이나 검찰의 자체적인 판단으로 하지 못한다. 반드시 법원으로부터 허가(영장 발부)를 받도록 법에 정해져 있다. 법원은 필요성과 증거 인멸의 우려 등을 종합적으로 고려해 영장을 내준다.

청와대도 예외가 아니다. 2011년 이명박 대통령의 내곡동 사저 문제로 청와대 압수수색 영장이 발부되었다. 박근혜-최순실 게이트 수사 단계에서도 검찰과 특검이 청구한 영장은 받아들여졌다.

그러나 검찰과 특검은 그때마다 진입조차 하지 못하고 돌아왔다. 국가 안보의 중요 시설이라며 청와대가 거부했기 때문이다. 청와대가 거부하면 압수수색을 할 수 없는 것일까? 청와대는 범죄의 사각지대가 되어도 무방한 걸까?

청와대 압수수색의
법적 근거

청와대 압수수색은 일반적 압수수색과 다르다. 수사의 대상이 되는 청와대가 '승낙'을 해야 하는 특수성이 있다. 압수수색은 원래 불시에 진행해야 하는데 청와대는 허가자의 입장에서 사전에 가능 여부를 따진다. 청와대는 치외법권이냐는 비판이 나올 수밖에 없다. 그러나 아무리 범죄 혐의가 있더라도 청와대는 여전히 국가의 가장 중요한 시설이다. 그래서 요건을 엄격히 충족하도록 해둔 것 자체를 문제 삼을 수는 없다.

형사소송법에서는 군사상 비밀을 요하는 장소(110조)와 공무상 비밀에 관한 것(111조)은 승낙 없이 압수수색할 수 없다고 규정한다. 청와대는 군사와 공무상 비밀이 모이는 보안시설이므로 이 조항에 해당된다. 뒤집어 말하면 청와대가 군사상·공무상 비밀을 이유로 승낙하지 않으면 압수수색을 할 수 없다는 뜻이 된다.

그런데 이 법에는 하나의 단서 조항이 있다. "국가의 중대한 이익을 해하는 경우를 제외하고는 승낙을 거부하지 못한다." 국익을 해친다면 거절할 수 있고, 국익을 해치지 않는다면 압수수색을 거부할 명분이 없는 것이다. 그런데 국익에 대한 판단은 누가 하는 걸까? 이 부분이 매우 모호하다. 이번 게이트를 바라보는 국민의 시각으로는 청와대 압수수색이 도리어 국익을 지키는 행위라고 볼 수도 있다. 하지만 청와대가 반대 논리를 제시하면 반박할 근거가 마땅치 않은 것도 사실이다.

이에 대해 '내곡동 사저 특검'의 특별수사관을 역임한 탁경국 변호사의 분석을 눈여겨볼 필요가 있다. 탁 변호사도 2011년 청와대 압수수색에 나섰다가 실패한 경험이 있다. "[압수수색을 거부하면] 청와대는 완전히 범죄 사각지대가 되는 것 아닙니까. 실제 청와대와 관련된 범죄는 정말 국가를 흔들 만한 범죄들일 텐데, 그 범죄들에 대해서 아무도 터치를 못 한다면…… 말이 안 되는 거 아니에요?" 탁 변호사만의 의견이 아니었다. 팩트체크팀이 조언을 구한 다수의 법률 전문가들은 압수수색의 필요성을 강조했다. 법원이 영장을 내줬다는 것은 반드시 청와대에 들어가서 압수수색을 하라는 사법부의 판단이라는 것이다.

물론 이들의 법률적 분석이 일반적인 상황에서도 무조건적으로 청와대 압수수색을 용인해야 한다는 뜻은 아니었다. 청와대 압수수색을 오·남용하면 오히려 수사기관이 헌법기관인 대통령을 무

매일 같은 시간, 수사 상황을 보고했던 이규철 특검보. 청와대 문은 끝내 열리지 않았다.

너뜨리는, 일종의 '쿠데타적 상황'을 가져올 수 있다는 우려도 일부 있었다. 그럼에도 박근혜-최순실 게이트라는 전대미문의 범죄 의혹이 사실인지 명확하게 판단할 수 있는 방법 중 하나가 청와대 압수수색이라는 데에는 대체로 동의했다. 즉 이번 사건에서만큼은 압수수색이 필요하고 또 가능하다는 의견이었다.

수사기관은 압수수색에 방해를 받으면 보통 강제 진입을 시도한다. 아파트 문을 열어주지 않으면 열쇠 전문가를 불러서 '따고' 들어간다. 그게 어려우면 문을 부수고 들어가기도 한다. 법적으로 문제가 없기 때문이다. 형사소송법 120조에는 "건정을 열거나 개봉 기타 필요한 처분을 할 수 있다."고 돼 있다. 오히려 문을 열어주지 않으면 처벌을 받을 수 있다. 형법 155조에 근거가 있다.

FACT CHECK

물리적으로 막아서서 충돌이 일어난다면 공무집행방해가 되어 5년 이하 징역 또는 1000만 원 이하의 벌금에 처하는 무거운 죄가 된다. 현행범으로 체포할 수도 있다. 따라서 이를 청와대에 적용하더라도 같은 방식의 강제진입은 충분히 가능하다는 결론에 도달한다.

이론으로는 가능하나
박근혜 청와대에서는 불가하다

이번 사건의 많은 쟁점이 그러했듯, 그럼에도 불구하고 이론은 또한 이론일 뿐이었다. 청와대는 1급 보안시설이고 청와대 경호처와 경찰, 군이 무장한 채 지키고 있다. 청와대 주변부에서 대통령이 머무는 본관과 관저까지 3중으로 경호한다. 검찰이든 특검이든 영장 서류만 들고 뚫고 들어가기는 현실적으로 매우 어렵다. 과거 검찰에서 근무했던 김희수 변호사는 "이론적으로는 다 가능하다고 판단한다. 그런데 만약 경호실에서 총 들고 정문에서 막아선다면, 그것이 [특검의] 적법하고 정당한 권한 행사라 해도 물리적으로 해결하려면 혁명이 아니고서는 불가능하지 않겠나?"라고 조언했다.

김 변호사의 분석대로 청와대 압수수색은 법적·이론적으로는 가능하지만 현실적으로 매우 어렵다. 무장한 경호 인력들이 초법적으로 막아선다면 그것을 뚫고 청와대 안으로 들어가는 건 불가능하다는 '현실적 불가론'이 동시에 존재한다는 게 「팩트체크」의 결론이었다.

　한 법조인은 팩트체크팀에게 매우 현실적인 대안을 말하기도 했다. 청와대가 군사적, 공무적 비밀을 이유로 압수수색을 막는다면, '압수'와 '수색'을 분리해서 진행하자는 것이었다. 즉 청와대가 진입을 허락하고 우선 필요한 수색을 하게 한 뒤에, 그 자료가 비밀에 해당하는지 아닌지 수사기관과 청와대가 함께 판단하자는 얘기였다. 그 과정을 통해 기밀을 제외한 범죄 혐의 자료만 추려서 압수하도록 청와대가 협조하면 될 일이었다.

　하지만 박 대통령 탄핵이 결정될 때까지, 청와대 압수수색은 끝내 이루어지지 않았다. 전무후무한 국정농단 사태의 핵심 자료를 국민은 충분히 보지 못했다. '보안 손님'이라는 최순실은 그렇게 쉽게 드나들었던 청와대를 검찰과 특검은 문턱조차 밟지 못했다. 때문에 지금도 국정농단의 적폐가 완전히 청산되지 않았다는 생각을 지울 수 없는 것이다.

대포폰의 적법성

헌법 제18조. 모든 국민은 통신의 비밀을 침해받지 아니한다.
전기통신사업법 제30조. 누구든지 전기통신사업자가 제공하는
전기통신역무를 이용하여 타인의 통신을 매개하거나 이를 타인의 통신용으로
제공하여서는 아니 된다.

◑ "일국의 대통령도 지키지 않는 법을 국민들에게 지키라고…….", "청와대가 범죄 집단이냐, 기가 막힌다." 2017년 2월 15일 「팩트체크」 페이스북 페이지에 올라온 댓글들이다. 그날 박영수 특별검사팀은 박근혜 대통령이 최순실과 차명전화를 이용해 6개월간 570번의 통화를 했다고 밝혔다. 이 뉴스를 접한 시청자들은 실소를 금치 못했고, 매우 격앙된 반응들을 팀으로 보내줬다. 우리도 놀라움을 감출 수 없었다.

"선배, 하다하다 이제 대포폰까지……. 이거 법적으로 어떤 문제가 있는지 우리가 알아봐야겠는데요?"

특검이 말한 차명전화는 흔히 '대포폰'이라 불린다. 곧바로 인터넷 검색부터 시작했다. 대포폰은 "자신의 신분을 감추기 위해 다른 사람 명의로 등록해 사용하는 휴대용 전화"라는 해설이 눈에 띄었

다. 아니, 최고의 보안기능이 탑재된 전화기를 쓰는 대통령이 뭐가 부족하다고 대포폰을 썼을까? 6개월간 570번? 한 팀원이 계산기를 두드렸다. "570번/(30일×6개월)=하루에 3.16회……."

뉴스 속보는 계속 텔레비전 화면을 뒤덮고 있었다. "태블릿 PC 보도 전후로 통화가 몰려 있었다……."

대포폰은 현행법으로 보면 명백한 범죄 행위다. 전기통신사업법에 따르면 대포폰을 만들어 제공한 사람은 처벌을 받는다. 이걸 전달받아 사용한 사람 역시 사용했다는 이유만으로도 처벌 가능하다는 취지의 판결이 최근 나왔다. 박근혜 정부도 출범 직후 대포폰을 '3대 악' 중 하나로 규정하며 근절을 추진했을 정도다. 그러나 헌법은 조금 달리 규정한다. 18조는 "모든 국민은 통신의 비밀을 침해받지 아니한다."라고 말한다. 통신 비밀에 초점을 맞추고 있는 것이다. 대통령이 썼다는 대포폰, 법률과 헌법의 시각에서 본다면 어떤 결론에 도달할 수 있을까? ◐

제공자, 이용자 모두 처벌받는 불법 행위

"대통령도 차명폰이 있나요?"
"……그렇습니다."
잠시의 망설임 뒤 차분한 대답이 돌아왔다. 2017년 1월 19일 헌법재판소의 변론에 출석한 정호성 전 청와대 제1부속실장의 답변이었다. 박근혜 대통령 대포폰의 실체가 세상에 드러난 순간이었다. 이날 정 전 비서관은 자신도 "최순실과 차명 휴대전화로 서로 연락했다."고 인정했고 "도청 위험 때문에 만에 하나를 대비해 차명폰을 사용했다."고 말했다. 그로부터 한 달 가까이 지난 2월 15일, 박영수 특검팀이 또 다시 대통령의 차명 휴대전화를 언급했다. 대통령 최측근의 증언과 특검의 수사 결과를 통해 청와대에서 '대포폰'을 써왔음이 확인됐다.

대포폰은 불법인가? 결론은 제공자와 이용자 모두 법적 책임에서 자유로울 수 없다는 것이다. A라는 사람이 대리점에서 휴대전화 개통을 한다고 치자. 제일 먼저 신분증이 필요하다. 본인 확인 때문이다. 휴대전화는 본인 명의의 개통이 원칙이다. 다른 사람의 명의를 이용해서 개통을 하면 그 순간 불법이 된다. A가 자신의 이름으로 개통한 전화를 A가 쓰면 아무 문제가 없고, 이게 일반적인 상황이다. 그런데 이 전화를 B에게 넘긴다? 그 순간 '대포폰'이 된다. 이 전화를 지속적으로 사용하도록 건넸다면 그렇다. 뿐만 아니라 그걸 받은 사람이 다시 제3자에게 넘겼다고 해도 법적인 책임을 물을 수 있다. 전기통신사업법은 "전기통신역무를 [……] 타인의 통신용으로 제공하여서는 아니 된다."고 규정한다. 물론 국가 비상사태에서 재해의 예방, 구조 등을 위한 경우, 반복적이지 않고 일시적으로 사용하게 한 경우, 개발업체의 개발용 샘플인 경우 등은 예외로 한다.

그러나 정호성 전 비서관이 타인 명의의 대포폰을 박근혜 대통령에게 건네서 사용하게 한 것은 이런 예외적 상황에 해당하지 않는다. 정 전 비서관이 자신 명의의 전화를 줬든, 제3자 명의의 전화를 전달받아 대통령에게 줬든, 그것을 전달한 이상 법적으로 책임을 물을 수 있다. 전기통신사업법은 "제공한 자는 1년 이하 징역, 또는 5000만 원 이하 벌금"에 처하도록 규정하고 있다. 그런데 대포폰을 전달받아 이용한 사람에 대한 처벌 규정이 법에는 뚜렷이 나와 있지 않다. 법이 '이용자'에 대해서는 구체적으로 언급해놓지 않은 것이다.

그런데 취재 과정에서 의미 있는 판결문 하나를 확보했다. 2016년 서울중앙지방법원이 이 법을 근거로 대포폰 이용자에 대해 유죄를 선고했는데 당시 이렇게 밝혔다. "타인 명의 휴대전화를 교부받아 사용하는 것 역시 처벌하고자 입법한 것으로 보인다." 즉 이용자 처벌을 명확하게 밝히지 않았지만, 법 자체가 이용자도 처벌이 가능하다는 취지로 만들어졌다는 법원의 해석이다. 법원은 애매한 법 조항에 대해 입법 취지를 해석할 수 있고, 그 해석을 바탕으로 유무죄를 선고할 수 있다.

그렇다면 박근혜 대통령의 대포폰 사용 혐의도 이런 근거를 통해 처벌할 수 있는가? 된다, 안 된다를 명료하게 말하기는 어렵다. 수사기관에서 수사를 통해 기소를 한다면 법원에서 결론이 날 것이다. 다만 분명한 것은 대통령이 사용했다고 해서 대포폰이 합리화될 수 있다거나 용인될 수 있는 것은 아니라는 점이다. 정 전 비서관은 '도감청 우려'를 이유로 들었지만, 사실 청와대에서 대통령에게 제공하는 휴대전화는 고도의 보안 기능을 탑재하고 있다.

대포폰 자체를 둘러싼
헌법적 논란

취재 과정에서 매우 아이러니한 자료를 하나 발견했다. 2013년 박근혜 정부가 출범 직후 대포폰 근절을 국정의 핵심 과제로 선정했다는 내용이다. 당시 법무부의 보도자료 제목은 '불법 차명물건(일명 대포) 근절로 서민생활 침해범죄의 토양 제거'였다. 불법 차명물건의 유통 실태가 심각하고 그동안 정부의 근절 노력도 효과를 거두지 못했다는 내용. 그래서 박근혜 정부에서 반드시 근절하겠다는 약속이었다. 그랬던 박근혜 대통령 본인이 대포폰을 사용했다니.

이 사건과는 별개로 근본적으로 대포폰 논란이 헌법과 상충한다는 반론도 있다. 헌법 18조는 "모든 국민은 통신의 비밀을 침해받지 아니한다."고 규정하고 있다. 통신의 비밀과 익명성은 헌법이 보장한 가치라는 것이다. 따라서 대포폰 제공자와 사용자를 모두 처벌하는 이른바 '휴대폰 실명제'가 익명 통신의 자유와 개인 정보 인권을 침해한다는 목소리가 나온다. 대포폰 논란은 법률적으로도 헌법적으로도 완전히 종료되지 않는 여전한 논쟁거리이다.

또 부모님에게 휴대전화를 마련해드리고 그 요금도 자식이 대신 내는 경우가 종종 있다. 흔히 '효도폰'이라고 지칭한다. 그런데 효도폰을 전기통신사업법의 틀로 해석하면 대포폰(차명폰)에 해당한다. 범죄 의도와 무관하게 효도폰의 존재를 법적으로 냉정하게 규정하

: 대포폰·대포통장·대포차 등 불법 차명물건 근절 대책

▣ 대포폰·대포통장·대포차 등 불법 차명물건은 서민생활 침해 범죄의
　기본 수단으로 사용되고 있고, 정부의 근절 노력도 뚜렷한 효과를
　거두지 못하고 있음

불법 차명물건 유통 실태

대포폰	○ 전국적으로 약 27만대 유통 추정
대포통장	○ 약 6만개 유통 추정 ○ 2011년 10월~2012년 9월 보이스피싱 등 사용으로 금감원 에 신고된 대포통장 총 43,268개
대포차	○ 전국에 약 97만대(서울 약 17만대) 운행 중인 것으로 추정 ○ 전체 차량의 5.2%

'대포 근절', 박근혜 정부의 7대 법무부 핵심추진 정책 중 하나였다.

면 그렇다는 것이다. 그래서 국회에서는 이런 '선의의 대포폰'까지 금
지하는 것은 과하다고 판단해 법 개정을 추진하고 있다. 이원욱 민
주당 의원이 대표로 발의했는데 "요금 등을 대신 부담할 목적으로,
본인 또는 배우자의 직계존·비속, 형제·자매 등에 제공하는 경우"는
예외로 두는 내용이다.

　　하지만 이러한 대포폰 법적 규제에 대한 사회적인 논란과는
무관하게, 박근혜 정부가 앞으로는 대포폰을 근절해야 할 사회악으
로 꼽으면서도, 뒤로는 자연스럽게 사용했다는 사실이다. 법이 자신
들에게 평등하게 적용된다는 의식이 있었다면 불가능한 태도였을
것이다. 법과 원칙에 대한 이런 이중적인 태도는 박근혜-최순실 게
이트에서 반복적으로 드러난 모습이다. 그래서 박근혜 전 대통령의
'대포폰 사용'이라는 사건은 사소한 위법 행위를 넘어서는 중대하고
심원한 문제의 징후로 보기에 충분하다.

사찰과 감찰 사이

헌법 제17조. 모든 국민은 사생활의 비밀과 자유를 침해받지 아니한다.

◑ 한국담배인삼공사. 지금은 'KT&G'로 이름이 바뀐 담배 및 건강 식품 제조회사. 그리고 그 자회사 중 하나인 인삼공사.

우병우 전 청와대 민정수석에 대한 특검의 구속영장 청구 뉴스를 보고 잠깐 동안 우리는 혼란스러웠다. 회사 이름에 붙어 있는 '공사'라는 명칭 때문이었다. 우 전 수석이 인삼공사 대표에 대한 '불법 사찰'을 지시한 혐의가 영장 청구 사유에 들어 있었다.

"공사면, 공공기관이잖아? 공공기관장은 원래 감찰 대상이 맞지 않나?"

우 전 수석에 대한 수사 여론이 높던 시점이기는 했지만, 적법한 감찰을 '불법 사찰'로 무리하게 건 게 아니냐는 논란이 우리끼리 벌어지기도 했다. 그런데 좀 더 알아보니 그게 아니었다.

인삼공사는 예전 이름을 여전히 쓰는지라 '공사'라는 명칭의 흔적이 남아 있기는 하지만 엄연히 민영화가 끝난 지 한참 된 민간기업이었던 것. 그렇다면 얘기가 완전히 달라진다. 민간인에 대한 뒷조사는 범죄, 그것도 헌법의 '사생활 보호' 원칙을 위배하는 반헌법적 범죄다. 이 사안은 좀 더 자세히 들여다볼 필요가 있었다. ◐

'감찰' 업무의 의미

특검이 우병우 전 민정수석에게 제기한 민간인 사찰 의혹은 크게 두 가지였다. KT&G 자회사인 인삼공사의 사장 후보자를 사찰했다는 의혹, 그리고 K스포츠재단 직원으로 고용할 헬스 트레이너의 병역 자료와 소셜미디어 활동 내용 등을 수집했다는 의혹이다. 문제는 두 사람 모두 완전한 '민간인'이라는 것이다. 민간인을 대상으로 청와대 공식 조직이 뒷조사를 했다면 심각한 직권남용죄가 될 수 있다.

'공사'라는 타이틀이 붙어 있어 공공기관처럼 보일 수도 있지만 KT&G와 인삼공사는 2002년 이미 민영화되었다. 인삼공사는 기존 공공기관 시절과의 차별화를 위해 'KGC인삼공사'라는 명칭을 사용하고 있고, KT&G는 코스피에 상장된 주식회사다. 심지어 외국계 지분이 50퍼센트를 넘을 정도로 '글로벌화' 되어 있는 기업이기도 하다.

K스포츠재단은 박근혜 전 대통령이 스스로 '경제단체 주도

로 설립된 민간재단'이라고 강조한 민간재단이다. 실제로 전경련이 설립 과정에 개입했고, 재단의 출자금은 주요 민간 대기업들이 댔다. 박 전 대통령 주장대로라면 운영 방식 역시 민간 자율이었으니, 설립부터 구성, 운영까지 완전한 '민간재단'이라고 할 수 있다.

이 기업과 재단 들은 공공기관이 아닐 뿐더러, 민정수석실이 사찰한 것으로 의심되는 민간인들은 뒷조사 시점에는 정작 기관에 소속되어 있지도 않았다. 사장으로 뽑히거나 직원으로 채용하기 이전이었으니 말 그대로 '순수한 민간인' 신분이었다고 할 수 있다. 이런 사람들에 대해서 민정수석실이 뒷조사를 벌였다면, 이는 당연히 범죄다.

민정수석실의 업무 영역은 크게 민정, 법무, 공직기강, 민원 등 네 가지로 나뉜다. 민정은 주로 검찰 같은 사정기관 관련 업무, 법무는 법원·헌재 등 사법부 관련 업무를 한다. 민원은 말 그대로 민원 처리나 시중 여론 취합 등을 담당한다. '사찰'은 원칙적으로 안 될 뿐만 아니라 본래 직무와도 맞지 않다.

다만 업무분과 중 하나인 공직기강 비서관실이 '인사검증'과 '감찰' 업무를 맡고 있기는 하다. 그러나 '사찰'은 아니다. 인사검증이나 감찰 모두 공직자 또는 공직후보자를 대상으로 하기 때문이다.

검증·감찰은 사찰과 유사한 개념처럼 보이지만, 실상은 전혀 다르다. 특히 인사검증을 할 때는 '정보제공 동의서'를 본인에게 직접 받아서 허락을 구해야 한다. 본인도 모르게 뒷조사를 하는 것과는 차원이 다른 일이다.

또 법령(대통령령)으로 정해진 대상자만을 감찰하도록 엄격히 규정이 정해져 있다. 임의로 정해서 '아무 공무원'이나 할 수 있는 것도 아니다.

결국 종합해보면, 민간기업의 사장 후보를 '인사검증'하겠다는 것도 말이 안 되고, 민간재단의 채용 대상자를 뒷조사하는 것도 완전히 불법 사찰이란 뜻이다. 제기된 의혹이 사실이라면, 민정수석실은 범죄를 저지른 것이다.

민간인 사찰 의혹에 대한
국가기관의 안이한 태도

인터넷에는 종종 '감찰은 합법, 사찰은 불법'이라는 식으로 말하는 글이나 기사 들이 올라온다. 엄밀히 따지면 틀린 얘기다. 대상 공직자에 대한 감찰도 어떤 방식을 사용하느냐에 따라 불법이 될 수 있다. 불법 도청이나 주거 침입을 통해 감찰했다면 당연히 불법이다.

반대로 사찰이라고 해서 모두 불법은 아니다. 일부 수사기관, 정보기관에서 수집 활동을 할 수는 있다. 넓은 의미에서 '사찰'이라고 말할 수도 있지만, 범죄 수사에 꼭 필요한 경우나 국가 안보와 관련된 경우 등으로 엄격히 제한돼 있다.

권한도 없는 국가기관이 민간인의 정보를 수집하는 경우가 처음은 아니다. 이명박 정권 시절 국무총리 산하의 '공직윤리지원관실'의 민간인 사찰이 폭로된 일이 있다. 공직 감찰만을 해야 할 기관이 민간기업에서 일하던 시민을 사찰하고 압박하는 일이 벌어졌다. 이명박 전 대통령에 대해 비판적인 동영상을 자신의 개인 블로그에 게시했다는 어이없는 이유 때문이었다. 정부기관의 압박으로 이 시민은 직장을 잃고 오랫동안 정신적 고통에 시달려야 했다.

이 사건은 내부고발로 세상에 알려져 결국 관련자들이 재판에 넘겨졌다. 폭로 5년 뒤인 2013년에 관련자들의 혐의가 인정돼 유죄가 확정됐고, 8년 뒤인 2016년 3월에는 5억 2000만 원의 배상 판결이 나왔다. 법원이 민간인 사찰을 얼마나 무겁게 처벌하는지 보여주는 사례다.

특검은 바로 그 '민간인 사찰'을 우병우 전 수석이 지시해 민정수석실에서 시행한 것으로 봤다. 하지만 우 전 수석에 대한 구속영장은 법원에서 받아들여지지 않았다. "소명의 정도와 법률적 평가에 관한 다툼의 여지"가 있다는 게 영장 기각의 이유였다. 즉 관련 혐의에 대한 증거가 부족하고, 특검이 적용한 법조항이 적확하지 않다고 본 것이다.

뒤집어 말하면 수사가 보강되고 증거가 보충된다면 구속이 가능했다는 얘기였다. 2017년 2월 28일 특검의 1차 수사기한이 연장되지 않은 후폭풍은 우 전 수석에 대한 수사에도 이렇게 영향을 미쳤던 셈이다. 그러나 특검의 지속 여부와 무관하게 의혹은 그대로 남았다. 특검이 못다 한 일은 검찰이 넘겨받았다. 박근혜 정권 하에서 자행된 많은 반헌법적 범죄 중 하나인 '민간인 사찰 의혹'을 밝혀내는 일은 여전히 진행형이다.

게다가 탄핵심판 최종 결정을 앞둔 시점에는 심지어 국정원이 헌법재판소를 사찰했다는 의혹까지 보도됐다. 헌재를 담당하는 국정원 조직이 있으며, 4급 국정원 직원이 헌재 관련 정보를 수집했다는 내용이었다. 국회에서는 탄핵심판과 관련된 첩보나 사찰 활동을 벌인 것 아니냐는 비판이 나올 수밖에 없었다. 그러잖아도 시중에는 헌법재판관들의 '약점'을 잡으려고 정보기관들이 혈안이 되어 있다는 흉흉한 소문이 돌던 참이었다.

그런데 당시 이병호 국정원장의 답변은 "헌재 정보를 수집한 건 맞지만 탄핵 관련 정보를 수집하거나 불법 사찰한 적은 없다."였다. 대북·대테러 활동이 주 목적인 정보기관이 최고 사법기관의 정보를 수집해놓고, 쉽게 납득이 가지 않는 해명만 내놓은 것이다. 불법의 경계를 넘나드는 사찰이 얼마나 시민 가까이에 있고, 이에 대한 국가기관들의 문제의식이 얼마나 일천했는지를 단적으로 보여주는 사례였다.

물론 헌법재판소와 재판관들은 국정원의 '사찰 의혹' 여부와 관계없이 단호히 박 전 대통령 탄핵을 결정했다.

4장

국민 vs 대통령

서울시와
경찰의 물대포 급수

헌법 제21조 1항. 모든 국민은 [······] 집회·결사의 자유를 가진다.

◗ "그런데 그 일이 실제로 일어났습니다!"

농담처럼 건네던 이야기가 실제 현실에서 벌어졌을 때 놀라움을 과장하는 인터넷식 표현이다. 문제는 박근혜 정부 4년 동안 그런 일이 너무 자주 발생했다는 것이다. 2016년 집회 현장에서의 물대포 사용을 놓고 벌인 서울시와 경찰의 줄다리기가 그런 사례 중 하나라고 할 수 있다. 광화문광장 시위대를 향해 경찰이 물대포를 쏠 수 없도록, 서울시가 수돗물을 공급하지 않겠다고 나선 것이다.

"서울시가 물 공급을 안 해주면 되는 거 아니에요?"

2015년 11월 광화문 민중총궐기에서 물대포를 맞은 백남기 씨가 사망하고 논란이 이어질 때, 팀원 중 하나가 무심하게 이런 얘기를 했다. 당시 JTBC는 직접 기자가 물대포를 맞아보기도 하고, 경찰의 물대포 사용량이 급증한 자료를 밝히기도 하는 등 관련 기사를 치밀하게 보도하고 있던 참이었다. 경찰이 물대포 강도를 높이기 위해 막대한 양의 물을 사용하고 있었기 때문에, 소화전을 통해 추가 급수를 받지 못하면 물대포 자체가 무력화될 수 있지 않겠느냐는 아이디어였다. 그런데 서울시가 실제로 그렇게 하겠다고 나선 것이다.

시민 저항권의 상징이자 소통의 상징이 광화문광장이었다면, 이명박–박근혜 정권으로 이어지는 정부의 상징은 경찰차벽과 물대포였다. 헌법에 보장된 집회·시위의 자유와 표현의 자유를 행사하는 시민들을 향해, 공권력은 강경한 차단과 공격으로 맞섰다. 그리고 그 결과는 비통한 죽음과 불통이었다.

비극을 끝내겠다는 서울시의 선언은 중앙정부의 행정권에 대한 지방정부 행정권의 반발이기도 했다. 중앙정부기관이 '협조 공문' 하나 보내면 순순히 협조하는 지방정부가 되지 않겠다는 선언이기도 했다. 물대포에 물을 공급하지 않겠다는 서울시의 선언은 이렇게나 다양한 '헌법의 결'을 가지고 있었다. ◐

농민 백남기 씨가 경찰의 물대포 직사에 의해 의식불명에 빠진 2015년 11월, 광화문에서 열린 대규모 집회는 '민중총궐기'라는 이름으로 불렸다. 궐기한 민중은 헌법적으로 집회 시위의 자유를 지닌 시민이다. 그러나 집회 시위의 합법성을 정한 까다로운 요건은 종종 이들을 범법자로 분류한다. '불법 행위'의 경계는 모호하고 불법 여부를 결정하는 변수도 많다. 그래서 집회 현장에서 일어난 사태

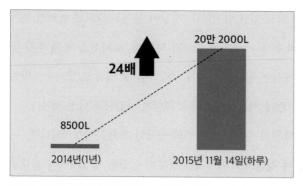

경찰의 살수차 소방용수 사용량 비교. 수치상의 팩트는 극히 상징적으로 보인다.

를 최종적으로 책임져야 하는 주체는 본래 공권력이다. 저항권과 표현의 자유가 국민의 헌법상 권리에 해당한다면, 국가는 최선을 다해 저항에 나선 국민을 보호해야 할 헌법적 의무를 진다.

백남기 농민 사망 사건을 비롯한 일련의 사태는 헌법 정신과 상식을 흔들었다. 임기 내내 소통이 부족했던 박근혜 정부가 광장을 대하는 태도는 차벽과 살수차로 시민을 향해 작동했다. 백남기 농민의 죽음 앞에서도 경찰은 비상식적이라 할 만큼 책임을 인정하지 않았다. 장례가 치러질 때까지 커져가던 분노와 여론의 요구는 상식에 인색한 정부에 대한 항의였다.

고 백남기 씨가 쓰러지던 밤, 그날 하루 동안 경찰은 시위대를 향해 20만 2000리터의 물을 살포했다. 2014년 한 해 동안 같은 용도로 사용된 물이 8500리터이니 무려 24배에 달한다. 단순 비교임을 감안해도 유례가 없는 양이다. 수십 년 동안도 쓸 수 있을 물이 단 하루 만에 시위에 나선 시민들을 해산시키는 데 집중되었다.

FACT CHECK

법으로 보장된 집회 질서를 유지하는 데 동원되는 경찰력의 대전제는 인명을 살상하지 않는다는 것이다. 공권력이 적절하게 작동하려면 잘 짜인 현장 수칙과 책임 있는 관리가 필요하다. 이 점에서 살수차의 존재 자체가 논란의 대상이었다. 살수차의 과도한 살상력 문제는 도입 초기부터 누누이 지적되었다. 경찰은 공권력 집행의 효용성과 안전성이라는 두 원칙이 잘 지켜지고 있다는 입장만 되풀이했다. 공권력의 정당한 행사였는지에 대한 '시민'의 물음에는 답하지 않았다. 백남기 농민은 2016년 9월 25일 서울대병원에서 끝내 숨을 거뒀다. 정부는커녕 경찰청장의 사과 한마디 없었다. 경찰은 백남기 씨의 죽음이 물대포에 의한 부상 때문이 아니라고 주장했다.

우리는 근본적 질문을 던졌다. 법의 논리 안에서 정부는 합법적으로 폭력을 행사할 수 있는 유일한 존재다. 그렇기에 그 책임도 무겁다. 그렇다면 집회 질서를 이유로 벌이는 국가의 폭력은 어디까지 합법이며 정당한가?

살수차 급수 공방의 법적 근거들

백남기 씨의 사망 직후 박원순 서울시장은 이 질문에 대해 적극적인 답을 내놨다. 경찰이 시위 진압용으로 물을 쓰려 한다면 지자체장 직권으로 물 공급을 막겠다고 발표했다. 제2의 백남기를 막겠다는 취지로 서울시가 적극적 대응에 나선 것이다. 그러나 박 시장의 강경책을 놓고 설왕설래가 오갔다. 핵심은 박원순 시장의 월권 여부였다. 새누리당은 서울 시내 상수도는 서울시의 사유물이 아니라며 반발했다.

우리는 제일 먼저 소화전에 주목했다. 살수차는 현장에서 물이 떨어지면 광장 곳곳에 비치된 소화전으로 물을 보충한다. 소화전을 관리하는 주체는 지방정부다. 반면 모든 살수차는 행정자치부, 그러니까 중앙정부가 운영한다. 물을 채우려면 정부가 서울시에 협조를 구해야 한다는 얘기다. 박원순 시장은 이를 거부하겠다는 의지를 밝혔다. 서울시 내 소화전을 모두 틀어막겠다는 것이다. 법적 근거가 있었다. 소방기본법이다. 소방용수의 사용 목적은 산불의 예방과 진압, 자연재해에 따른 급수·배수 지원, 집회와 공연 등 행사시의 사고 대비, 화재 등으로 인한 피해복구 지원 등 네 개 항목에 한정된다. 총리령까지 살펴봤지만 시위 진압용이라는 내용은 그 어디에도 없었다.

게다가 서울시는 민중총궐기보다 6개월 전에 이미 중앙정부의 유권해석을 받았다. 소방용수를 시위 진압용으로 써도 되는지에 대해 국민안전처에게 판단을 구했던 것이다. 답은 이랬다. "가급적 소방 활동에 사용하고, 자연재해로 인한 식수 공급과 방역 지원 등 재난(위기) 상황 극복에 한정하는 것이 바람직하다."

그러나 새누리당 정진석 당시 원내대표는 두 가지 측면에서 현행법 위반 소지가 있다고 주장했다. 첫째는 "생명·신체의 위해와 재산·공공시설의 위험을 억제하기 위하여 부득이한 경우에는 현장 책임자의 판단에 의하여 [……] 살수차를 사용할 수 있다."고 되어 있는 경찰관 직무집행법을 제시했다. 경찰이 스스로 판단해 쓸 수 있다는 논리였다. 둘째는 협조 요청이 오면 반드시 협조해줘야 한다는 주장이었다. 행정절차법은 "인원·장비의 부족 등 사실상의 이유로 독자적인 직무 수행이 어려운 경우"에 다른 기관에 도움을 요청하도록 해왔다. 정 원내대표는 경찰의 요청이 적법하므로 서울시가 자의적으로 이를 거부할 수 없다고 해석했다.

그런데 이 법에는 예외조항이 있었다. "다음 각 호의 어느 하나에 해당하는 경우에는 응원을 거부할 수 있다. [……] 2. 행정응원으로 인하여 고유의 직무 수행이 현저히 지장받을 것으로 인정되는 명백한 이유가 있는 경우." 즉 살수차에 물을 채워주려다가 화재진압 같은 본연의 임무에 지장이 있다고 판단되면 거부할 수 있다는 뜻이다.

소방기본법 VS 행정절차법

원래 목적대로 쓰라는 소방기본법과 도움 요청이 오면 지원하라는 행정절차법이 충돌했다. 어느 법이 우선일까?

행정절차법은 절차법에 해당한다. 절차법은 말 그대로 절차상의 요건을 참고하기 위해 규정해놓은 법이다. 반면 소방기본법은 일반적인 법보다 우선해 적용되는 특별법이다. 따라서 소방기본법이 우위에 있다. 서울시의 판단이 사실에 가까웠던 것이다.

민중총궐기 이후 경찰 살수차가 다시 동원되는 일은 벌어지지 않았다. 탄핵 정국을 전후로 한 광화문 집회는 유례없는 평화 집회로 기록되었기 때문이다. 당연히 서울시와 새누리당 사이의 언쟁도 그대로 사그라졌다.

그러나 백남기 농민의 사망 이후 지금까지 그 누구도 그의 죽음에 대한 국가 차원의 사과를 한 적이 없다. 이 사안의 근본은 국가가 시민의 기본권을 어떻게 바라보느냐이다. 이 끝나지 않는 물음은 다음 정부에서 마침표를 찍을 수 있을까?

청와대 앞 행진 불허

헌법 제21조 2항. [······] 집회·결사에 대한 허가는 인정되지 아니한다.

◑ 가끔 시답잖은 대화 도중 놀라운 통찰이 튀어나올 때가 있다. 청와대 앞까지 촛불행진이 진출할 수 있는지를 두고 경찰·법원과 집회 주최 측의 줄다리기가 이어지던 2016년 겨울의 어느 날도 그랬다.

"삼청동으로 해서 청와대 쪽으로 올라가려고 하면 거기 분위기 완전 살벌하거든."

"저는 예전에 여자 친구랑 경복궁 돌담길 끼고 산책하다가 불심검문 당하기도 했어요."

"뭐 얼마나 위험하게 생겼으면 불심검문을 당해······."

"위험하게 생겼건 어쨌건 아무나 붙잡고 검문하고 그러면 안 되는 거 아니에요?"

그렇다. 아무나 붙잡고 검문을 하더라도 시민은 그 검문을 거부할 수 있다. 그것은 헌법이 규정한 기본권이다. 상대가 누구이건 소속과 직책을 밝히라고 요구할 수도 있다. 청와대 근처에서 데이트 도중 받았던 불심검문은, 이제와 생각해보니 기본권 침해였다.

그런데 2016년 겨울, 또 하나의 기본권 침해 논란이 주말을 달궜다. 역시나 헌법에 보장된 '어디서든 집회할 권리'를 경찰이 검열하던 관행에 제동이 걸렸다. 법원은 경찰이 막았던 청와대 앞 행진을 열어줬다. 덕분에 세월호 유가족들은 참사 이후 2년 8개월 만에 청와대 100미터 앞까지 나아가 무심한 대통령에게 '나오라'고 외칠 수 있었다. 이로써 광장은 또 한 뼘 넓어졌다. ◐

2016년 10월 29일 처음 시작된 촛불집회는 해를 넘겨 토요일마다 이어졌다. 청와대와 정부청사, 주요 일간지 언론사들이 밀집한 광화문 주위에 모여든 인파의 힘은 컸다. 전례 없는 규모의 집회는 그 어느 때보다 평화적이었다.

그리고 3차 촛불집회를 앞두고 있던 11월 둘째 주, 집회 주최측은 청와대 앞까지 평화 행진을 기획했다. 탄핵 정국이 본격화할수록 대통령이 국민의 거센 항의에 개의치 않을 것이라는 의심이 커져가고 있었다. 경찰은 집회 신청을 받아들이지 않았다. 집회 및 시위에 관한 법률이 그 근거였다. 평화 행진을 준비했던 주최측은 같은 법을 근거로 경찰이 시위를 허가하거나 불허할 권한이 없다고 주장했다. 판단은 재판부의 몫으로 넘어갔다.

촛불집회가 이틀 앞으로 다가온 시점, 우리는 경찰과 시민 사이의 이 논란에 참가했다. 가장 먼저 되짚어볼 대상은 역시 '집시법'

이었다. 광장의 한쪽에 선 경찰과 그 반대편에 선 시민들 사이의 경계는 종종 합법과 불법의 경계선처럼 보일 때가 있다. 그런데 정작 우리 법전에 나와 있는 집시법의 근본 취지는 그러한 편 가르기와는 거리가 멀었다. 집시법은 평화집회를 최대한 보장하는 법이었다.

집회 제한의 근거 및 사유

3차 집회 당시 주최 측이 사전 신고한 경로는 시청광장에서 출발, 광화문광장과 그 주변 도로를 빠져나가 청와대로 가는 길목인 경복궁역 사거리에서 합쳐지고, 여기서 다시 청와대 인근의 청운효자동주민센터까지 직진하는 것이었다. 경찰은 이 경로를 인정하지 않았다. 대신 청와대에서 1킬로미터 남짓 떨어진 광화문광장 내 세종대왕상까지를 '질서유지선(폴리스라인)'으로 정했다. 첫 번째 공방은 이 '허용 거리'를 둘러싼 것이었다. 집회 및 시위에 관한 법률(이하 집시법) 제11조는 대통령 관저의 경계 지점으로부터 100미터 밖에서는 옥외집회나 시위를 할 수 있다고 정한다. 이 규정만 보면 경찰은 과도하게 제재에 나선 것이다.

우리는 경찰이 행진을 제한한 구체적인 사유를 취재했다. 그 결과 경찰이 세 가지 사유로 행진을 막았다는 것을 알게 되었다.

① 집시법 8조 : 제2종 일반주거지역

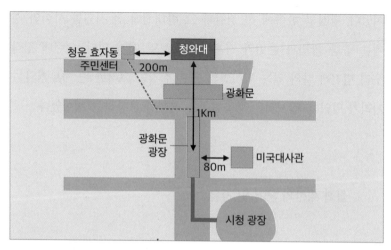

시청광장에서 청와대 200m 앞까지로 계획된 촛불집회 행진 경로.

② 집시법 11조 : 외교기관 100미터 이내

③ 집시법 12조 : 주요도로 해당

먼저 집시법 8조에 따르면 경찰은 '사생활의 평온'을 보장해야 할 경우, 인근에 학교가 있어 학생들의 학습권이 보장되어야 할 경우에 시위를 금지할 수 있다.

그러나 경찰의 소명은 여러모로 옹색하다는 것이 우리의 판단이었다. 물론 주민이나 상가 영업주 들의 사생활의 평온이 보호되어야 한다. 하지만 그것이 집회에 참여한 시민들의 정치적 기본권을 제한하는 절대적 근거가 될 수는 없었다. 예컨대 대다수 주민의 의사가 아닌 몇몇 신고자의 요청을 근거로 집회 시위의 자유를 제한할수 있냐는 것이다. 더구나 신고된 광화문 집회는 인근 학교들이 수업을 하지 않는 토요일에 열릴 예정이었다. 행진 경로에 서울맹학교와 국립서울농학교, 청운초등학교 등이 몰려 있었지만 그날은 수업이 없는 것으로 확인됐다. 오히려 경찰이 서울맹학교 측에 먼저 협조 공문을 요청했다는 사실이 언론 보도를 통해 알려졌다. 공문을 요청하고 그것을 근거로 제재에 나서는 일종의 '자작극'까지 벌인 것이다.

경찰이 제시한 두 번째 사유도 설득력이 떨어졌다. 경찰은 행진 경로 100미터 내에 주한미국대사관이 위치하고 있다고 했다. 집시법 11조는 청와대와 더불어 외교공관 인근에서의 집회 시위를 금할 수 있게 하고 있다. 그런데 이 조항에 따르면 시위가 그 기관의 휴무일에 열리는 경우 집회 금지의 사유가 되지 못한다.

경찰이 말하는 마지막 사유도 납득되지 않았다. 불가피하게 교통체증을 유발하며 다른 시민들의 이동의 자유를 침해한다는 것인데 경찰이 이런 이유로 통제할 수 있는 '주요도로'는 서울 시내에만 열여섯 곳에 이른다. 팩트체크팀이 도로주소에 따라 일일이 표시를 해본 결과, 서울 전역, 특히 도심 지역의 거의 모든 자동차 도로들이 여기에 해당한다. 밀집 지역인 서울 도심에서 아예 이동 집회를 하지 말라는 뜻이나 다름없다.

헌법은 집회의 자유를 '허용'하는 것을
금지한다

집시법은 헌법에 보장된 집회의 자유를 보장하며, 동시에 다른 사람들의 기본권도 지키는 데 목적이 있다. 이 문제에 대해 헌법재판소가 판단한 사례가 있다. "집회의 자유가 행정권의 사전판단에 따라 그 허용여부가 결정되는 이상, 그것은 언론출판의 자유에 있어서 허가나 검열과 같은 것"이라고 밝혔다.(2008헌가25) 집회의 자유를 허용할지 말지 판단하는 것이 헌법 정신과 부딪힌다는 뜻이다.

우리는 헌법학 교과서와 주석서, 헌재의 관련 결정례, 마지막으로 헌법학자들을 취재했다. 집회의 자유는 헌법 가치이며, 경찰이 허용하느냐 마느냐의 성질이 아니라는 데 모두가 동의했다. 실제로 집회·시위는 '허가제'가 아니라 '신고제'이다. 그럼에도 경찰은 사실상의 '허가제'로 운영했다. 한 헌법학자는 "경찰이 청와대를 구중궁궐화해왔다."며 따갑게 비판했다.

결국 행진 문제는 서울행정법원의 판결에 의해 경복궁사거리까지 처음으로 보장되었다. 재판부는 표현의 자유를 더 중요하게 봤다. 이에 따라 2016년 11월 30일 시민들은 촛불을 들고 청와대 인근의 청운효자동주민센터 앞까지 야간 행진을 보장받았다. 물론 현장에서 시민들은 경찰차벽에 끝내 가로막히기는 했지만 말이다.

경찰의 '폴리스라인'은 애초에 유동적으로 관리되어야 한다.

집회 측이 이 선을 넘는다고 해서 경찰이 집회에 나선 시민들을 폭도로 취급해서는 안 된다. 그런 의미에서 경찰이 과도하게 집회 시위권을 제약한다는 비판은 오래전부터 제기되어 왔다. 그 대표적인 예가 이명박 정부 들어 광화문에 처음 등장한 경찰차벽, 일명 '명박산성'이다. 차벽 '밖'의 시위대를 '사회의 적'으로 간주하는 공권력은 관행으로 자리 잡았다. 경찰의 이러한 관행은 광장의 의제와 그 민주적 정당성을 대하는 정권의 태도와 깊게 관련되어 있다.

MB정부 이전에도 그 태도는 정도의 차이는 있으나 마찬가지였다. 2016년 연말 전국에서 빛을 밝힌 촛불은 집회의 자유를 다시 한번 깨닫게 해주었다. 시민들은 경찰차벽에 종이로 된 꽃을 붙였다. 오랫동안 불온한 것처럼 유통되었던 '집회', '시위'라는 말이 본연의 자리를 찾는 과정이었다.

샤이 박근혜?

헌법 제67조 1항. 대통령은 국민의 보통·평등·직접·비밀선거에 의하여 선출한다.

◑ 박근혜 정권은 우리 헌정사에 '사상 초유'의 기록을 여럿 남겼다. 그중에서도 놀라운 기록은 퇴임 전 가장 낮은 지지율을 보인 대통령이었던 것이다.

최순실 태블릿 PC 보도와 박 전 대통령의 대국민담화 직후인 2016년 11월 1주차 갤럽의 여론조사 결과가 발표됐다. 직무수행 긍정평가 5퍼센트. 누구도 깰 수 없을 기록으로 꼽히던 IMF 사태 직후 김영삼 전 대통령 지지율 6퍼센트의 벽을 깨버린 것이다. 게다가 3주 뒤 4퍼센트 지지율을 기록함으로써 스스로의 '최저 신기록'을 갱신까지 했다.

"아니, 그럼 아무도 지지하지 않는다는 말 아니에요?"

매주 갤럽의 여론조사 결과가 발표되는 금요일 오전, 팀원들이 쓰는 업무용 메신저에 이런 말이 올라왔다. 실상이 그렇기도 했다.

갤럽조사의 오차는 위아래로 3.1퍼센트였으니, 4~5퍼센트 지지율이라는 건 오차범위를 따지면 0퍼센트 지지율에 근접하다는 얘기가 된다. '어쩌면 아무도 지지하지 않는 정권'일 수도 있는 상황이었다.

원래 박근혜 전 대통령의 상징은 '콘크리트 지지율'이었다. 유시민 작가는 방송에서 "나라를 팔아먹어도 지지할 30퍼센트의 지지층이 있다."고 분석한 적도 있다. 실제로 박 전 대통령의 지지율은 최순실 스캔들 이전에 30퍼센트 아래로 내려간 일이 거의 없었다. 그러나 콘크리트가 깨져나간 자리에는 바닥없는 추락이 기다리고 있었다.

그런데 친박계에서 갑자기 '샤이 박근혜'라는 생소한 표현을 쓰기 시작했다. 5퍼센트라는 숫자가 미처 파악하지 못한 콘크리트 지지층이 어딘가 숨죽이고 있으리라는 강렬한 믿음에서 나온 표현이었다. 하지만 팩트체크 결과, 이는 여론조사에 대한 몰이해와 부풀린 선동에 불과했다. ◑

박근혜-최순실 게이트와 더불어 대통령의 국정지지도는 11월 들어 5퍼센트대 이하로 급전직하했고, 집권 여당의 지지율도 보수정당 사상 최저치를 면하지 못했다. 이후에도 그 추세는 흔들리지 않았다. 일종의 정치적 반동이라고 할 수 있을까. 탄핵 초기부터 집권 여당은 신중하게 여론전을 도맡았고, 탄핵심판 중에는 대통령 대리인단이 그 역할을 충실히 수행했다. 우리의 역할은 탄핵 정국 내내 그렇게 정치적으로 부상한 궤변의 프레임들을 상대하는 일이기도 했다.

광화문 촛불 집회가 불붙기 시작할 무렵, "촛불은 바람 불면 꺼진다."는 발언이 새누리당에서 나왔다. 대통령 퇴진에 대한 국민의 요구를 단순한 구호 정도로 이해한 데 따른 것이었다. 그 발언은 여론조사 수치로 나타난 대통령 지지율이 회복 가능하다는 궤변으로 이어졌다. 심지어 '샤이 박근혜'라는 생소한 표현까지 등장했다. 대통령 지지율 5퍼센트라는 숫자가 미처 파악하지 못한 콘크리트 지지층이 어딘가 숨죽이고 있다는 친박 일부의 주장이었다.

낮은 평가를 합리화하는 말

'샤이 박근혜'는 미국 대선에서 나타난 '샤이 트럼프(Shy Trump)'에서 따온 말이다. 당시 미국에서는 실제로는 트럼프를 지지하면서도 그 마음을 숨기는 유권자가 적지 않았다. 대선 전 여론조사에서 힐러리 클린턴은 도널드 트럼프를 뚜렷하게 앞서나가고 있었다. 여러 언론과 여론조사 기관들은 클린턴의 우위를 점쳤다. 그러나 실제 투표 결과는 정반대였다. 여론조사에 나타나지 않은 숨은 지지층이 있었던 것이다. 이런 현상을 미국 정가에서 '샤이 트럼프'라고 불렀다.

'샤이 박근혜'라는 정체 불명의 말에는 이런 기대 심리가 담겨 있었다. 급격히 사라진 대통령 지지층이 어딘가에는 남아 있을

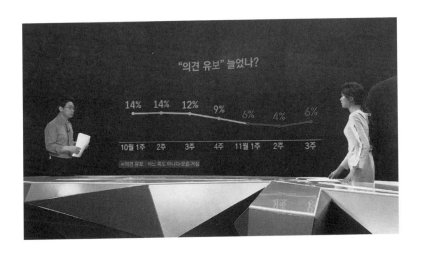

것이라는 '팩트가 아닌 희망사항'이라고 전문가들은 분석했다.

특히 '샤이 박근혜'라는 개념 자체가 성립하지 않았다. '샤이 박근혜'는 선거 결과와 여론조사 수치를 비교해야 확인할 수 있다. 트럼프는 이게 가능했다. 곧바로 대선이 치러졌기 때문이다. 그러나 박근혜 대통령에 대해 마음을 숨기거나 거짓말로 대답하는 사람들의 숫자를 셀 수 있는 방법이 없다. 국민투표를 할 것은 아니니 말이다. 숨은 표가 오직 사후적으로만 확인될 수 있는 이상, 숨은 표가 존재한다고 증명할 근거는 없다. 오피니언라이브의 윤희웅 여론분석센터장은 "사전 여론조사와 실제 선거 결과, 투표 결과가 불일치했을 때 설명하는 개념일 뿐인데…… [샤이 박근혜로] 현재의 낮은 평가를 합리화할 수는 없"다는 분석을 내놨다.

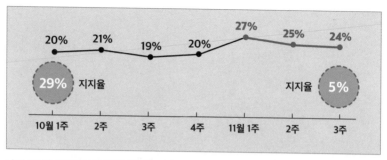

낮은 응답률 때문에 여론조사 결과를 믿을 수 없다는 주장이 있다. 그러나 응답률이 높아졌다면 더 이상 다툴 여지가 없다.

실체 없는 지지층의 마음을 추적하다

우리는 한국갤럽이 실시한 여론조사의 원자료(로데이터)를 분석했다. 여론조사 '응답률'과 '의견 유보' 비율, '무당층' 비율, 이 세 가지에 집중했다. 박근혜-최순실 게이트가 본격화되기 직전인 10월 첫째 주부터 방송 당일인 11월 넷째 주까지의 여론조사가 분석 대상이 되었다.

첫째, 여론조사 응답률은 접촉한 사람 중에 몇 명이 조사에 응했는지 그 비율을 말한다. 응답률이 높으면 조사에 적극적이라고 볼 수 있다. 반대로 낮으면 정치적 의견을 내는 데 소극적이라는 해석이 가능하다. 한국갤럽의 정기 여론조사 결과 전체 응답률은 11월 들어 꾸준한 하락세를 보였다. 그러나 그보다 앞선 10월 첫째 주까지 대조 범위를 넓히면 응답률은 오히려 증가했다. 박근혜-최순실 게이트 이후, 정치적 의사를 더 적극적으로 표명한 것으로 우리는 판단했다.

둘째, '의견 유보' 항목은 응답을 회피하며 관망하는 사람을 말한다. 비율이 높을수록 속마음을 숨기는 사람이 많다고 볼 수 있다. 그런데 이 역시 8퍼센트포인트 감소한 것으로 나타났다. 박근혜-최순실 게이트 이후 정치적 의사결정이 오히려 뚜렷해진 것으로 해석된다. 특히 '샤이 박근혜'의 핵심층으로 추정되던 60대 이상, TK 지역에 조사 결과를 한정해도 유보율은 최대 15퍼센트에서 6퍼센트, 18퍼센트에서 최저 2퍼센트, 최근 10퍼센트까지 확연히 감소함을 볼 수 있었다.

셋째, '무당층' 비율은 어떤 정당도 지지하지 않는 유권자의 비율이다. 개인이 아닌 당에 대한 선택을 정하는 문제이니만큼 대통령과 집권 여당에 대한 실망감으로 지지를 일시 철회한 잠재적 여권 지지자들이 있다면 이곳에 모일 가능성이 컸다. 그러나 대조 결과 해당 기간 정당 지지율 분포도에서 무당층 비율은 2퍼센트 늘어나는 데 그쳤다. 보다 주목해야 할 것은 여당에서 급감한 그 지지율을 복수의 야당이 골고루 흡수하는 양상을 보였다는 점이다. 야당으로 판 쏠림이 이미 시작되고 있었다. 새누리당이 기대하는 숨은 지지층은 오히려 점차 사라지고 있을 가능성이 컸다.

결국 15퍼센트까지 추락한 새누리당 지지도는 해가 바뀌어 조기 대선 정국에 들어갈 때까지도 회복되지 않았다. 한번 분출된 대통령 하야, 탄핵 여론은 헌재 심판이 끝나기까지 흔들리지 않았다. 12월 국회의 탄핵소추안 표결 직전 81퍼센트로 조사된 탄핵 찬

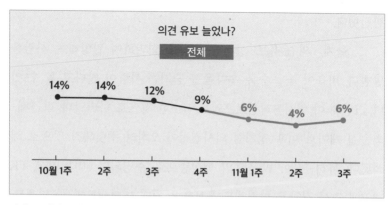

의견유보자란 응답자 중 선택지를 고르지 못한 사람. '모름' 의견으로 표시되기도 한다.

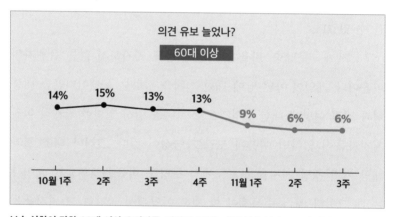

보수 성향이 강한 60대 이상 유권자들. 판단을 미루는 사람이 늘었다고 보기 어렵다.

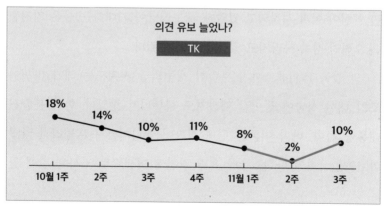

대구 경북 지역은 박근혜 전 대통령의 '텃밭'. 여기서도 유보층이 감소했다.

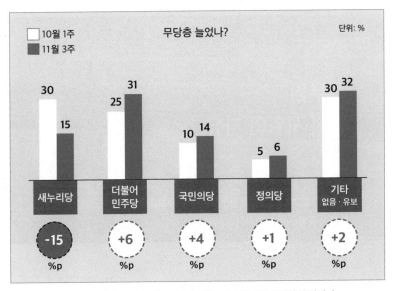

	새누리당	더불어 민주당	국민의당	정의당	기타 없음·유보
10월 1주	30	25	10	5	30
11월 3주	15	31	14	6	32
	-15 %p	+6 %p	+4 %p	+1 %p	+2 %p

무당층 늘었나?

단위: %

표심을 정하지 않은 이들이 모이곤 하는 무당층 비율 역시 뚜렷이 증가하지 않았다.

성 여론은 헌재 심판 막바지로 치닫던 이듬해 2월 중순까지도 79퍼센트에 달했다.(한국갤럽)

결국 샤이 박근혜는 그들의 바람일 뿐이었다. 국민이 믿었던 가치는 훼손되었고, 이를 회복하지 않고서는 지지율 반등은 불가능에 가까웠다. 배종찬 리서치 앤 리서치 본부장은 이렇게 말했다. "대통령을 엄호하거나 보호해줄 수 있을 만한 근거를 찾을 수가 없다. 명분과 근거를 찾을 수가 없는 그런 게이트다. '샤이 박근혜'보다는 '셰임(shame) 박근혜', 면목이 없는, 창피한, 이런 현상으로 봐야 할 것……."이라고. 52퍼센트……. 헌법을 근거로 국민에 의해 선출된 대통령의 마지막 남은 지지율 수치는 4퍼센트였다.

공무원
집회·시위의 자유

헌법 제7조 2항. 공무원의 신분과 정치적 중립성은
법률이 정하는 바에 의하여 보장된다.

◐ '국록(國祿)을 받는다'는 표현이 있다. 관료에게 일한 대가로 주어지는 돈을 말한다. 나라에서 봉급을 받는 공무원을 가리킬 때 쓰는 표현이다. 그리고 행정부를 총괄하는 대통령은 대부분의 공무원에 대한 '최종적인 인사권'을 가지고 있다. 공무원들이 받는 '국록'은 궁극적으로는 대통령이 최종 서명을 하는 예산안에 따라 집행된다. 당연히 국가의 통제를 받을 수밖에 없다.

그런데 탄핵 정국에서 팀원 하나가 이런 문제제기를 했다.

"공무원 이전에 한 사람의 시민 아니에요?"

헌법에 권리가 보장되는 '시민'의 한 사람인 공무원은 어디까지 공무원으로서 의무를 져야 하고, 어디서부터 시민으로서 권리를 행사할 수 있을까? 전 세계적으로도 가장 높은 수준의 정치적 중립을 요구받는 대한민국 공무원은 '어떤 시민'으로 정의내릴 수 있을까?

특히 대통령 탄핵 같은 국가적 중대사 앞에서 이들은 어떤 자세를 취해야 할까?

대한민국의 전체 공무원 수는 약 190만 명. 적다면 적고 많다면 많은 이 '동료 시민'들의 권한 범위에 대해서도 명확한 분석과 해설이 필요했다. ◐

2016년 연말, 촛불이 광장을 뒤덮으면서 집회 참여에 대한 궁금증도 많아졌다. 특히 공무원의 촛불집회 참여 여부를 놓고 당사자들은 물론 일반 시청자들도 궁금해했다. 국록을 먹는 공무원이 정치적 의사 표현을 위해 광장 집회에 나가고, 심지어 '대통령은 하야하라'를 함께 외쳐도 되는 것인지, 주말마다 비슷한 질문들이 들어왔다.

이런 논란을 먼저 부추긴 건 정부였다. 행정안전부의 집회·시위 참여 관련 '지침' 공문이 각 지방자치단체까지 하달되면서 일선 공무원들이 혼란스러워했다. 정부 지침 자체가 애매하게 되어 있었기 때문이다. 집회 참여 자체를 금지한 것은 아니지만, 실질적으로는 상당한 제약을 가하는 내용이었다.

예를 들어 경상남도가 산하 기관들에 하달한 공문의 제목은 "공무원 단체 활동 관련, 소속 공무원 복무관리 철저 요령"이다. '복무관리'를 철저히 하라는 제목이지만 사실은 '단체 활동'에 초점이 맞춰져 있다. "공무원의 불법 행위를 법과 원칙에 따라 엄중 처벌하겠다."라는 내용도 포함되어 있었다. 집회 참여를 막지는 않지만, 불법이 있으면 처벌하겠다는 것이다.

'불법이 있으면' 처벌하겠다는 것이니 여기까지는 이해할 수 있다. 그런데 현장 중간관리자들은 문자메시지를 따로 직원들에게 보내 '단속'을 하기도 했다. 그 문자메시지 안에는 "집회 단순 참여도 중징계"라거나 "현장에서 채증"이라는 말들이 포함되어 있었다. 현장에서 증거 수집을 하겠다는 얘기니 일선 공무원들에게는 이런 위험을 무릅쓰고 집회에 나가는 게 부담이 될 수밖에 없었다.

공무원의 정치적 중립성

그런데 공무원들의 불법을 단속하겠다는 이런 공문이나 문자메시지가 오히려 불법적인 요소를 담고 있었다. 집회 및 시위에 관한 법률 제3조 1항은 "평화적인 집회 또는 시위를 방해하거나 질서를 문란하게 하여서는 아니 된다."고 명확하게 밝히고 있기 때문이다. 문제가 된 문자메시지는 집회에 참여하지 못하게 차단하려는 의도가 분명히 읽힌다. '불법 시위'를 가정해서 미리 금지령을 내렸다고도 볼 수 있다. 게다가 우리 헌법은 모든 국민에게 집회의 자유를 보장하도록 하고 있다(제21조 1항). 집회를 막는 것은 곧 헌법 위반이다.

하지만 공무원 신분인 사람에게는 정치적 중립을 비롯해 여러 제약이 따르는 것도 사실이다. 이 내용은 헌법 제7조에 나와 있다. 공무원을 '국민 전체'에 대한 봉사자로 규정하고 있고(1항), 정치적 중립성을 보장받도록 되어 있다(2항). 국민의 한 사람인 동시에 공무원이라는 신분이기에 정치적 의사 표시에 어느 정도 제약을 받을 수밖에 없는 상황이다.

이 때문에 우리 법률 체계 안에서는 곳곳에서 공무원 개인의 집회 자유가 먼저냐, 정치적 중립이 우선이냐 하는 갈등이 생긴다. 우선 공무원 신분으로 집회에 나갈 수 있느냐를 따져보면, 집회의 자유를 보장하는 집시법은 공무원이라고 달리 적용되지 않는다.

그런데 국가(지방)공무원법에는 이와 충돌하는 것으로 보이는 규정도 있다. "공무원은 […] 공무 외의 일을 위한 집단 행위를 하여서는 아니 된다."는 국가공무원법 제66조 1항이다. 정부는 여기서 '집단'에 방점을 찍고 있다. 집단행동을 하는 데 제약을 가하겠다는 것이다.

그래서 공무원들이 어떤 조직의 깃발 아래 모인다면 문제가 될 수 있다. 공무원의 신분을 이용해서 조직화해 집회에 나간다면 나중에 법적 시비에 휘말릴 가능성도 있다. 그런데 거꾸로 말하면 공무원 신분을 내세우거나 이를 이용하지 않으면 집회에 개인 자격으로 참가할 수 있다는 얘기가 된다.

정부는 조직적인 것과 더불어 '공무 외'라는 부분에 또 다른 방점을 찍는다. 그러니까 '공익에 반하는 일'이나 '직무에 전념하지 못하는 상황'이 온다면 불법이 된다는 주장이다. 하지만 촛불집회는 퇴근 후, 주말에 열렸다. 당연히 직무에 방해가 되지 않는 활동이다,

대통령의 퇴진을 요구하는 게 복무규정에 어긋난다는 주장도 있었다. 국가(지방)공무원 복무규정 제3조에 집단 또는 단체 명의를 사용하여 국가 정책을 반대해서는 안 된다는 대목이 있다. 대통령의 직무 수행 자체가 '국가 정책'이니 퇴진을 요구할 수 없다는 것이다.

그러나 마찬가지로 '공무원 조직'의 이름을 사용하지 않는다면 큰 문제는 없다. 어떤 기관의 공무원이라고 공공연하게 밝히거나 해당 조직의 이름으로 대통령의 하야를 요구한다면 문제가 될 수 있지만, 역시나 개인 자격이라면 시비를 걸기 어렵다.

공무원도 시민이다

결국 공무원이 아닌 국민의 한 사람으로서 참여하는 건 아무런 문제가 없다는 게 법조계와 헌법학자들의 대체적인 결론이었다. 공무원이라도 개인 입장에서 대통령 하야를 촉구하는 것은 문제가 없으며, 평화롭게 거리에 나가고 다양한 방식으로 자신의 의사를 표출하는 것은 오히려 충분히 보장해야 한다는 주장·분석·해석도 많았다. 강원대학교 최희수 교수는 "집회에 참여는 할 수 있지만 구호나 피케팅은 못 한다고 하면 그건 개인의 집회의 자유를 부정하는 것과 마찬가지다."라고 못 박았다. 옆에서 그냥 서 있기만 하고 아무런 활동을 하지 못하게 한다면 의미 있는 참여라고 할 수 없다는 것이다.

광장에 선 시민들은 그들 모두가 하나하나의 촛불이었다. 광장을 밝힌 촛불들을 일일이 확인해 그가 공무원인지 회사원인지 학생인지 주부인지를 따지는 것은 본질이 아니다. 중요한 것은 주어진 권리를 평화롭고 건전하게 행사해서 민심의 바다를 함께 이루는 것 그 자체였다. 시민을 위해 국가가 존재하는 것이지, 시민을 통제하려고 존재하는 것은 아니기 때문이다. '공무원 개인의 집회 참여'는 이를 확인시켜주는 중요한 지표이기도 했다.

촛불 집계 방법

집회 및 시위에 관한 법률 제1조. 이 법은 적법한 집회 및 시위를 최대한 보장하고 [······] 국민을 보호함으로써 [······] 권리 보장과 공공의 안녕질서가 적절히 조화를 이루도록 하는 것을 목적으로 한다.

◑ 촛불집회가 한국의 집회·시위 문화에 본격적으로 들어온 것은 2000년대 초반이다. 특히 2002년 효순이·미선이 사건에 대한 촛불집회가 그 도화선이었다. 그 뒤 2004년 노무현 대통령 탄핵 반대 집회, 2008년 미국산 쇠고기 수입 반대 집회 등을 거치면서 '한국형 평화시위'의 상징으로 자리 잡았다.

그런데 늘 집회 참가자의 규모를 두고 논란이 있어왔다. 집회를 주최한 쪽에서는 최대한 많이, 집회를 통제하는 쪽에서는 최대한 적게 발표를 하려는 경향이 있다 보니 서로 '우리가 정확하다'고 우기는 상황이었다. 통일된 기준이 없으니 주말 집회에 취재차 참석했던 팀원 하나가 "제 느낌엔 100만 넘겠던데요?"라고 해도 딱히 뭐라고 할 수도 없었다.

촛불집회가 권력을 끌어내리는 결정적 역할을 했던 2016년 박근혜 대통령 탄핵 촉구 촛불집회에서는 21세기에 걸맞은 다양한 형태의 '집회 참가자 집계하기' 공식이 등장했다. 대학 교수들이 자신의 전문 분야 기술과 컴퓨터 프로그래밍까지 도입해 만들어낸 공식들이었다. 이번에야말로 정확한 집회 규모 산출이 가능할까? ◑

집회의 규모는 곧 그 문제에 대한 여론의 크기를 반영하는 것이기도 하다. 그래서 집회를 주최하는 측에서는 최대한 많은 인원이 참가한 것으로 발표하고 싶어 한다. 하지만 집회를 '관리'하고 '통제'하는 일이 잦은 경찰의 발표는 좀 다르다. 때로는 주최 측과 경찰 측 참가 인원 추산이 몇 배씩 차이가 나기도 하는데, 역대 최대 규모로 시민들이 참여한 2016년 연말 촛불집회에서 특히 이런 차이가 극심했다.

경찰 추산 26만 명, 주최 측 추산 100만 명. 11월 12일 광화문 주말 집회에 대해서 네 배나 차이 나는 숫자가 발표되면서 '왜 이렇게 차이가 크냐' 하는 의문은 더욱 증폭됐다. 참가자 수는 정해져 있는데 발표되는 숫자가 다른 이유는 집계 방식의 차이 때문이다.

경찰은 집회 인원 추산에 일명 '페르미 추정법'을 활용하는 것으로 알려져 있다. 페르미 추정법의 기본 계산 단위는 3.3제곱미터다. 흔히 1평이라고 하는 3.3제곱미터 안에 앉으면 여섯 명, 서면 열 명이 들어가는데, 평균 여덟 명이 들어가는 것으로 설정한다. 경찰은 이 표본을 광화문광장 전체 면적에 대입하는 방식으로 집회 인

페르미 추정법으로는 유동인구의 집계가 불가능. 1월에 들어 경찰은 추산치를 발표하지 않았다.

원을 계산했다. 광화문광장의 면적을 10만 제곱미터로 보고 총 26만 명 정도가 참가한 것으로 추산했다.

워낙 대규모 집회이다 보니 한 명 한 명을 일일이 다 셀 순 없기 때문에 이런 식의 계산이 아예 논리가 없는 건 아니다. 여름 휴가철에 광안리 해수욕장에 다녀간 인원수처럼 운집한 인원을 계산할 때 전통적으로 사용해온 방식이다.

하지만 어디까지나 추산이기 때문에 정확한 통계까지 보장할 수 있는 방식은 아니다. 광화문 집회의 주최 측은 그날 준비한 피켓이나 촛불 등의 물품이 얼마나 소모되었는지 현물 기준으로 추산하는 방식을 쓴다고 한다. 그래서 경찰 측과 주최 측의 추산 결과가 무려 74만 명이나 차이 나게 된 것이다. 광장에 나가서 의사를 표현한 시민들은 자신의 노력이 경찰이 만든 숫자에서 빠져 있는 것은 아닐까 걱정할 수밖에 없다.

그래서 몇몇 학자들이 자신의 전공을 바탕으로 좀 더 정확하게 계산해보자고 나섰다. 이들 과학자들은 직접 구체적인 계산법까지 만들어내기도 했다.

FACT CHECK

고정인원		유동인원		인원
26만명	+	72만명	=	98만명

원병묵 교수는 집회현장에 자발적으로 드나드는, '유동하는 민심'에 주목했다.

'유동 인구'를 고려하라

성균관대학교 신소재공학부 원병묵 교수의 모델은 '유동 인구'에 주목했다. 집회 장소는 경찰의 계산과 마찬가지로 직사각형의 광화문광장이라고 가정한다. 이때 안쪽에 들어찬 인원들은 거의 이동하지 않고 서서 집회 시위를 하는 고정 인원이다. 이동은 주로 바깥쪽 테두리에서 일어난다. 경찰은 중앙에 서 있는 고정 인원이 26만 명이라고 밝혔다. 원 교수는 바깥에서 나갔다가 들어왔다가 하는 유동 인구가 빠졌기 때문에 경찰의 계산에 왜곡이 있다고 지적했다.

집회 인원으로 가득 찬 광화문광장은 물이 가득 담겨 있는 그릇과 같다. 그런데 물(집회 참가자)이 꽉 찬다고 해서 물의 공급이 멈추는 것이 아니다. 물은 계속해서 그릇에 부어진다. 그릇의 한계는 정해져 있기 때문에 반대쪽으로는 물이 빠져나간다. 수위는 가득 찬 상태로 유지되지만, 실제로는 물이 계속 새로 들어오고 빠져나가는 일이 일어나고 있는 것이다. 경찰은 이렇게 가득 차 있는 상태가 물의 총량이라고 발표하는 셈이다. 하지만 빠져나간 물과 들어온 물을 다 합쳐야 실제 물의 총량이 얼마인지 알 수 있다는 게 원병묵 교수의 계산 모델이다.

집회도 마찬가지다. 총 참가자가 얼마인지를 확실히 알려면 고정 인원뿐 아니라 광장 바깥쪽에서 끊임없이 드나드는 유동 인원을 파악해야 한다. 게다가 이 유동 인원은 고정 인원보다 훨씬 많다는 게 원 교수의 계산 결과였다. 그 결과가 72만 명으로, 경찰 추산 고정 인원인 26만 명과 합치면 총 98만 명이 된다. 주최 측의 추산과 거의 유사하다.

서울시립대학교 물리학과 박인규 교수의 모델은 컴퓨터 프로그램을 이용한 계산법이다. 먼저 촛불집회 장면을 원경으로 잡은 사진을 통해서 촛불의 개수 하나하나를 파악했다. 1만 제곱미터를 표본으로 해서 그 안에 몇 개의 불빛이 있느냐를 일일이 셌다고 한다. 촛불의 수는 곧 촛불을 든 사람의 숫자다. 이렇게 하면 일단 단위면적 안에서 어림짐작하지 않고 컴퓨터로 이 수만 명 단위의 사람을 다 셀 수가 있다고 한다.

그런데 주목할 부분은 촛불을 든 사람의 인원수를 활용하면 들지 않은 사람의 숫자도 파악할 수 있다는 점이다. 실제 현장에서는 촛불을 들지 않고 대신 피켓이나 깃발을 든 사람도 있고, 아무것도 들지 않은 사람도 있기 때문에 '허수'를 파악하는 일이 중요하다. 박 교수가 세 차례 현장에 나가서 촛불을 든 사람과 그렇지 않은 사람의 비율을 따져보니 4 대 6 정도 됐다고 한다. 이 비율을 대입해보면 1만 제곱미터 안에 약 5만 명 정도의 사람이 있었다는 결과가 나

입자 물리학을 연구하는 박인규 교수는 밤하늘의 별을 세는 프로그램으로 '촛불 카운터'를 만들었다.

온다. 이 숫자를 다시 광화문광장 면적인 10만 제곱미터로 환산하면 약 50만 명이 된다. 직접 숫자를 센 비율이기 때문에 경찰 조사 결과보다 더 정확하다는 게 박 교수의 주장이다.

그런데 이 50만 명 역시 유동 인원이 빠진 숫자다. 박 교수가 계산한 고정 인원 50만 명에 원 교수가 계산한 유동 인원 72만 명을 더하면, 120만 명에 달하는 집회 참가자 숫자가 나온다. 역시나 경찰 추산보다 훨씬 많은 참가자다.

민의의 크기를 축소하지 말라

학자들은 경찰의 단순한 셈법과 달리 보이지 않는 숫자, 흘러나간 숫자까지 빠짐없이 파악해야 한다고 주장했다. 경찰은 유동 인원을 전혀 고려하지 않고 가장 인원이 많은 그 순간만을 기준으로 파악을 하기 때문에 실제 그날 집회에서 의견을 표출한 사람의 숫자를 정확하게 추산하지 못했다. 경찰의 방식으로는 민심의 크기, 민의

2016년 12월 3일, 대통령 3차 담화 이후에 치러진 광화문 촛불집회. 이날 주최 측 추산 참여 인원은 전국 232만 명, 경찰 측 추산은 42만 명.

의 크기를 정확하게 파악할 수 없다는 주장이 나올 수밖에 없다.

물론 경찰 입장에서는 안전한 시위 관리가 중요하기 때문에 최대 인원이 몰린 시간대, 그 순간을 측정한다고 할지 모른다. 하지만 2016년 촛불 집회의 참가자 수가 중요한 이유는 그것이 단순한 숫자에 그치지 않기 때문이다. 집회는 권력을 향해 시민이 직접 목소리를 내는 행위이고, 집회의 크기는 곧 시민이 내는 목소리의 크기다. 이걸 정확하게 파악하지 못한다면 권력의 제대로 된 대답 역시 기대할 수가 없다. 시민의 목소리가 축소 전달되지 않게 하려면 집회 참가자의 숫자 파악부터 정확하게 해야 하는 것이다.

2016년 연말 팩트체크가 입자, 공간 전문가인 물리학자들의 계산에 주목했던 건 민심의 크기가 빠짐없이 기록되길 바라는 마음 때문이었다.

3부

탄핵, 그 후

"오 마이 갓……."

2016년 10월 24일 오전, 박근혜 대통령의 국회 시정연설을 함께 지켜보던 팀원들 사이에서 누군가 중얼거렸다. 그도 그럴 것이, 이날 박 대통령이 "개헌을 위한 실무 준비를 해나가겠다"고 선언했기 때문이다. 현직 대통령이 개헌 논의를 본격화하겠다고 했으니, 이보다 충격적인 뉴스가 몇이나 있겠는가.

"선배, 우리 아이템 바꿔야 되나요?"

충격은 충격이고, 일은 일이다. 당장 제일 먼저 고민해야 할 것은, 우리가 준비하고 있던 아이템을 버리고 개헌과 관련된(혹은 시정연설과 관련된) 아이템을 새로 잡아야 할 것인지 여부였다.

그날 우리가 준비하고 있던 주제는 '최순실, 독일에서 송환 가능한가?'였다. 미르재단과 K스포츠재단을 둘러싼 의혹들이 엄청나게 쏟아져 나왔고, 의혹의 중심인 '비선 실세' 최순실은 독일에서 잠적한 참이었다. 그만큼 당시 여론의 관심은 온통 최순실과 국정농단, 대통령 연루 여부 등에 쏠려 있었다. 그런데 박 대통령이 뜬금없이 국면 전환용 개헌 카드를 던진 것이다. 순식간에 뉴스의 흐름이 뒤집어질 것처럼 보였다.

"아니, 우린 그대로 가자. 물라고 던졌는데 덥석 물면 안 되지."

뉴스가 속도 전쟁이긴 하지만, 때로는 잠깐 멈춰서 고민하고 묵혀야 할 때도 있다. 당장은 대통령의 시정연설이라는 따끈따끈한 뉴스가 중요해 보일 수 있다. 늦으면 기회를 놓친다고 생각할 수도 있다. 하지만 조바심은 기초를 갉아먹는다. 어느 때보다 뉴스 가치를 정확히 판단해야 할 분기점이었고, 결과적으로 그 판단이 맞았다.

JTBC 「뉴스룸」을 통해서 최순실의 태블릿 PC와 기밀문서 유출이 보도됐다. 사실 팩트체크팀조차 이 보도가 준비 중인 사실을 몰랐다. 사내에서 이른바 '물 먹은' 것이다. 그래서 청와대가 이를 미리 알고 선수 친 것인지는 지금까지도 확인되지 않는다. 추정컨대 곪을 대로 곪아버린 국정농단의 전조들을 덮기 위해 헌법을 꺼내든 것으로 보인다. 하지만 그건 시민과 헌법에 대한 모독이었다.

1987년에 개정된 헌법 제10호, 일명 '제6공화국 헌법'에는 수많은 시민들의 피와 땀이 서려 있다. 박종철 열사를 비롯한 민주투사들의 희생과 6·10 항쟁으로 상징되는 시민혁명이 더해져 얻어낸 직선제 헌법이다. 그런데 박 대통령은 그런 헌법을 정치적 위기를 모면하기 위한 수단 정도로 치부했다. 헌법 수호의 의무가 있는(제66조 2항) 대통령이, 그 헌법의 가치를 스스로 떨어뜨린 것이다.

그런데 이 '개헌 카드'는 10월 24일 하루만 사용되고 끝나지 않았다. 그 뒤로도 정치권에서는 틈만 나면 개헌론이 등장했다. 때로는 탄핵을 지연시키기 위해서, 때로는 열세에 놓인 지지율을 뒤집기 위해서 끌고 왔다. '최순실 국정농단'의 진짜 원인은 너무나 막강한 대통령 중심제라는 주장까지 나왔다. "헌법이 잘못했네."라는 말이었다. 그러나 우리가 넉 달간 살펴본 결과, 87년 헌법은 무죄이다.

정치권 말대로 현행 헌법은 강력한 직선제 대통령제를 채택하고 있다. 간접선거로 권력을 잡아 '체육관 대통령'이라는 조롱을 받았던 전두환 정권을 타파하고 만들어졌으니 어쩌면 자연스러운 귀결이었다.

국회뿐 아니라 정부도 법률안을 제출할 수 있고(헌법 제52조), 대통령은 국회가 만든 법률에 거부권을 행사할 수도 있다(헌법 제53조 2항). 국회는 예산안에 대한 심의권을 갖고 있지만(헌법 제54조 1항), 정부의 동의 없이는 예산을 증액하거나 신규로 만들 수 없다(헌법 제57조). 심지어 대통령은 국회의원을 자신의 참모인 국무위원(장관)에 임명할 수도 있다. 대통령은 단순히 행정부의 장일 뿐만 아니라, 국가의 원수라고 헌법에 명시되어 있다(헌법 제66조 1항).

그리고 박근혜 대통령은 이러한 헌법적 지위를 마음껏 행사하며 국회의 합의 절차를 무시하고 일방적인 국정 운영을 한다는 비판을 받아왔다. 그렇게 헌법을 무시하고 법치주의를 무너뜨리는 '비선 정치'를 한 끝에 탄핵까지 당했다.

그런데 아이러니하게도 그런 대통령을 끌어내린 원동력 역시 현행 헌법 안에 들어 있었다. 강력한 대통령제인 동시에, 독재가 거의 불가능한 시스템을 갖추고 있었기 때문이다.

임기는 5년, 단임으로 헌법에 박혀 있다(헌법 제70조). 국회에 대한 해산 권한이 없으며, 심지어 대통령이 계엄령을 선포해도 국회 과반수가 의결하면 계엄을 무력화할 수 있다(헌법 제77조 5항). 대통령이 법률에 대한 거부권을 행사해도 국회가 재의결을 하면 곧바로 법률이 확정되며(헌법 제53조 2항), 국정감사 제도 등을 통해 상시적으로 대통령과 행정부를 감시할 수 있다.

제6공화국 헌법은 그렇게 절묘한 균형점을 만들어냈다. 헌법

덕분에 박근혜 대통령은 몇 달 동안이나 청와대에서 농성하며 버틸 수 있었지만, 동시에 바로 그 헌법이 준 권리로 시민들은 그를 탄핵할 수 있었다. 시민이 선거로 선출한 권력자는 막강한 힘을 위임받지만, 바로 그렇기 때문에 시민이 명령하면 그 권력은 사라진다.

헌법이 곧 이 사태의 시작이자 끝이었다. 이번 사태를 거치면서 우리는 헌법을 다시 발견했다. 누구나 그 해석에 초청되어 있다는 걸 경험했다. 법률 전문가가 아닌 사람도 조문을 읽고 무엇이 더 민주적인가를 따져볼 수 있다는 걸 알았다. 소위 '엘리트' 학자나 정치인들만의 전유물이 아니라는 말이다. 헌법은 누구나 자발적으로 해석할 수 있고, 그 가치를 자유롭게 토론할 수 있다. 박근혜-최순실 게이트는 헌법이 누구의 것이었는가를 재확인하는 과정이었다.

대통령이 헌법을 어겨 탄핵된 마당에 헌법을 탓하며 '헌법을 고치자'는 정치인들의 태도는 가볍기 그지없었다. '두 달 반'이면 개헌 절차를 끝낼 수 있다는 호언장담도 있었고, 현직 대통령의 임기 단축을 개헌으로 하자는 주객전도도 있었다. 여전히 헌법이 엘리트 정치인들의 것이라는 생각이 노골적으로 깔려 있는 태도였다.

정작 헌법 가치를 지켜낸 진짜 공로자들은 엘리트 정치인이 아니라 광장의 시민들이었다. 개헌 논의가 필요하다면, 그것은 당연히 광장의 시민들에게서 시작되어야 한다. 1987년, 지금의 헌법이 만들어질 때처럼 말이다.

개헌에 필요한 시간

헌법 제128조 1항. 헌법개정은 국회재적의원 과반수 또는 대통령의 발의로
제안된다.

◑ 6개월여 동안 이어진 박근혜–최순실 게이트와 탄핵 정국 기간
동안, '개헌'은 정치적 세력을 구분하는 중요한 척도로 자주 활용됐
다. 특히 박 대통령의 탄핵을 요구하는 대부분의 국민들 입장에서
개헌을 주장하는 정치인들은 대개 '탄핵 열차'를 지연시키려는 사람
들로 비춰지기 일쑤였고, 결국 대부분의 개헌파는 정치적 타격을 입
고 패퇴하는 양상을 반복했다.

그러다가 급기야 개헌파 일각에서 실제 개헌 절차가 '두 달 반밖
에 안 걸린다'는 주장까지 나왔다. 그만큼 '빠르게' 개헌을 처리할 수
있다고 강조하기 위해 나온 얘기였다. 일반적인 인식으로는 이해가
안 가는 주장이었다.

"어? 진짜 두 달밖에 안 걸렸는데요?"

그런데 막상 예전 개헌 사례들을 검토해보니, 아주 틀린 말은 아

니었다. 개헌안이 발의돼서 통과되기까지의 과정만 따지자면 대부분의 개헌 절차가 두 달도 채 걸리지 않았다. 그렇다면 개헌파의 '속전속결 개헌론'은 정말 타당한 주장이었을까? 거기에는 몇 가지 '누구도 말하지 않는 속사정'들이 숨어 있었다. '악마는 디테일에 숨어 있다.'는 격언처럼, 개헌을 위해 실제로 필요한 시간도 꼼꼼하게 따져볼 필요가 있었다. ◗

국면 전환을 위한 '꼼수'라는 비판이 쏟아졌음에도 불구하고, 개헌에 대한 정치권의 욕망은 탄핵 정국에서도 수시로 튀어나왔다. 급기야 개헌을 '두 달 반'이면 할 수 있다는 주장까지 나왔다. 야권 개헌파의 대표적 인물이었던 당시 더불어민주당 김종인 의원은 "4·19 이후에 개헌을 하는데 불과 두 달 반 만에 했다. 6·10 항쟁 뒤 [87년] 개헌도 역시 두 달 반 정도 시간이 걸렸다."는 말로 '신속 개헌론'에 불을 지폈다. 대한민국의 큰 틀을 바꾸는 개헌이 불과 두어 달이라는 짧은 시간 안에 가능할지, 그리고 급하게 후다닥 해치울 일인지 의문이 제기될 수밖에 없었다.

개헌안이 발의된 뒤에 통과돼서 확정될 때까지 시간을 확인해보니, 그렇게 긴 시간이 걸리지 않은 것은 사실이었다. 1960년 개헌에 불과 35일이 걸렸고, 1987년 개헌은 41일 만에 이뤄졌다. 김종인 의원의 얘기보다 더 짧은, 한 달에서 한 달 반 정도가 걸린 것이다. 지금까지 아홉 차례 이뤄진 개헌들 대부분 두 달 내외 기간이 걸

1987년 개헌 추진 과정

1960년 개헌 추진 과정

린 것으로 나타났다. 1960년에는 개헌이 두 번이나 있었는데, 두 번째는 불과 12일밖에 걸리지 않았다.

웬만한 법안 처리보다도 짧은 12일이 걸린 '1960년 두 번째 개헌'의 비밀은 당시의 개헌 절차에 있었다. 헌법 개정을 위한 절차에 '국민투표'가 없었기 때문이다. 국민투표에 걸리는 시간 한 달 정도가 빠지면서 국회의원들의 합의만으로 12일 만에 개헌을 해버린 경우다. 국민투표에 의한 개헌은 1960년 이후에 생겨났다. 법적·제도적·시대적 상황에 따라 분석을 해야 정확한 논의가 가능하다는 걸 알 수 있다. 그때그때 다른 것이다.

1987년과 1960년 개헌의 배경

1987년을 예로 들면, 당시 개헌은 발의→공고→국회 표결→
국민투표→공포 순으로 이뤄졌다. 이 절차를 아주 빠르게 진행하면
두 달 반 안에 가능하긴 하다. 하지만 이건 그냥 기술적, 행정적 절
차일 뿐이다. 이런 행정절차를 밟기에 앞서 훨씬 더 많은 논의와 정
치적 협의 과정이 필요하다.

일단 논의의 시발점만 잡아도 2년 전인 1985년까지 거슬러
올라간다. 소위 '체육관 선거'로 불리는 간접선거에 의해 전두환 정
권이 들어선 이후, 대통령 직선제 개헌에 대한 요구는 정권이 출범한
1980년부터 시작됐다고 할 수 있다. 그리고 이러한 국민적 열망이
정치권으로 모여 논의가 본격화된 시점이 1985년 전후한 시기다.

이때부터 있었던 논의들을 하나하나 되짚어봐야 개헌 논의
과정을 전체적으로 알 수 있다. 1985년 6월 5일 '양 김'을 포함한 야
권의 지도자들은 "내년(1986년)에 개헌을 해야 한다."고 뜻을 모았다.
하지만 이런 야권의 요구는 1986년 1월 17일에는 전두환 정권에 의
해 거부당한다. 개헌에 대한 반대 이유는 '국론 분열'이었다.

하지만 야권과 재야에서는 꾸준히 개헌론을 제기했고, 이런
논의가 1985년부터 1987년까지 계속해서 이뤄졌다. 야권에선 개헌

을 위한 '1천만 서명운동'을 1986년 1년간 벌이기도 했다. 재야단체
와 학생들을 포함한 거의 모든 시민들이 동참했지만 전두환 정권은
끝내 반대했다. '4·13 호헌조치'가 전두환 정권에서 나온 것은 1987
년 4월 13일이었다. "이제 본인은 임기 중 개헌이 불가능하다고 판단
하고, 현행 헌법에 따라 내년 2월 25일 본인의 임기 만료와 더불어
후임자에게 정부를 이양할 것을 천명하는 바입니다."라고 전두환은
선언했다. 그러자 시민들이 들고 일어났고, 결국 6월 항쟁을 계기로
개헌이 이뤄졌다.

그러니까 1987년 개헌이 이뤄지기까지 2~3년간 꾸준한 논의
와 충돌을 거쳤다는 얘기다. 실제 1987년 '헌법개정안 공고안'을 보
면 "마침내 국민대화합을 이룩하여 역사상 처음으로 여야 합의에
의하여 헌법개정안을 제안할 수 있게 되었다."고 적혀 있다. 정치권
과 국민이 다 같이 동참해 이뤄낸 성과임을 명확히 밝히고 있는 것
이다.

반면 1960년 개헌 때는 지금과 상황이 확연히 달랐다. 자유
당 정권에 의해 3·15 부정선거가 일어났고, 시민들은 4·19 혁명으
로 맞섰다. 정권 붕괴 위기에 직면해 수습책이 필요했던 자유당은 4
월 23일에 '내각제 개헌 추진'을 발표했다. 그리고 다음 날 이승만
대통령이 대국민 담화를 내놨다. '정국 수습책'으로 개헌을 끌고 나
온 것이다.

하지만 이건 올바른 해법이 아니었다. 정권을 향한 시민들의
분노는 어설픈 수습책을 용납하지 않았고, 연일 더 강경한 시위가

일어났다. 성난 민심을 버티지 못한 이승만 대통령은 결국 3일 만에 하야했다. 내각제로의 개헌이 확정된 것은 그 직후였다. 개헌에 필요한 기술적 절차에 35일 걸렸고, 당시에는 국민투표도 없었다. 1987년 같은 사회적 공론화 과정 없이 서둘러서 이루어진 셈이다.

성난 여론을 뒤집기 위한 수습책으로 개헌론이 나왔다는 점에선 2016년의 상황과 상당히 비슷한 측면이 있다. 당시 국민들이 요구한 것은 시민들의 주권 행사를 짓밟고 부정하게 치러진 정·부통령 선거의 '재선거'였다. 그러나 정치권에서 내놓은 수습책은 엉뚱하게도 '개헌'이었다. 붕괴 위기의 자유당 입장에선 개헌을 통해 기득권을 유지할 필요가 있었고, 민주당을 비롯한 야당 입장에선 그동안 요구해왔던 내각제를 이참에 관철시킬 수 있는 좋은 기회였다. 여야의 이해관계가 맞아떨어지면서, 개헌이 '후다닥' 이뤄진 것이다.

지금은 아니라는 사인

1960년의 개헌과 1987년의 개헌은 성격 면에서나 목적 면에서 무척 다르다. 그래서 실제 개헌에 필요했던 기간도 매우 다르다. 그런데 김종인 의원은 '두 달 반'이라는 기간만으로 둘을 묶어서, "개헌 금방 할 수 있다."라는 주장의 근거로 내놓은 것이다.

물론 개헌론자들은 1987년 이후 30년간 논의가 축적되었기에 시작만 하면 금방 끝낼 수 있다고 주장하기도 한다. 그런데 문제는 누가 합의의 주체가 되느냐 하는 점이다. 국정농단 사태에서 시민들이 확인했던 건 헌법이라는 법률 체계가 철저히 삶에 녹아 있다는 사실이었다. 예를 들어 모든 국민은 인간으로서의 존엄과 가치를 가진다(10조), 모든 국민은 법 앞에 평등하다(11조) 같은 우리 삶의 기본을 정의하고 있다. 따라서 시민사회와 국민들이 적극 동참해 논의를 끌어가야 하는 것은 당연하다. 그렇게 해야 더 탄탄하고 '오래가는' 헌법 체계를 만들 수 있다.

취재 과정에서 참고한 「시민중심의 개헌논의와 시대정신」이라는 국회 입법조사처 자료에도 시민사회의 활발한 논의의 중요성이 등장한다.

"개헌의 여부·방향·내용을 소수의 현자가 결론을 정해 국민에게 강요할 수 있는 시대가 아니다. 일부 정치 엘리트가 개헌과 관련해 어떤 결론을 낸다 해도 국민이 광범한 지지를 보낼지 의구심이 든다."(임성호, 「시민중심의 개헌논의와 시대정신」, 공동 세미나 '시대정신과 헌법 개정' 자료집, 국회입법조사처, 2016)

실제로 탄핵 정국에서 정치권이 반복적으로 꺼낸 개헌론에 대해서 시민들은 '지금은 아니다'라는 신호를 여러 차례 보냈다. 이제 더 이상 '정치 엘리트'들이 정치와 헌법을 독점하는 시대가 아니라는 점을 시민들은 명확하게 밝힌 것이다.

세월호 7시간과
대통령 기록물

대통령기록물법 제17조 1항. 대통령은 [······] 대통령기록물에 대하여
열람·사본제작 등을 허용하지 아니하거나 자료제출의 요구에 응하지 아니할 수
있는 기간을 따로 정할 수 있다.

◑ "청와대 안에서 문서 파쇄기가 돌아가고 있을지도 모른다."

청와대 민정수석실 공직기강비서관 출신인 조응천 의원이 페이스
북에 이런 글을 썼을 때, 우리 팀원들도 모두 비슷한 걱정을 하고 있
었다.

박근혜 전 대통령의 탄핵소추안이 국회에서 가결된 이후, 전례를
찾을 수 없는 수많은 난제들이 도처에서 튀어나왔다. 박 전 대통령
에 대한 근원적 불신에서 생겨난 것들이 대부분이었는데, 그중 청와
대 안에 쌓여 있을 엄청난 분량의 '대통령 기록물'에 대한 걱정도 끼
어 있었다.

형사 피의자인 대통령은 직무가 정지된 채 청와대 안에 있었다.
수많은 국정 자료들이 혹시 음지에서 폐기되고 있는 것은 아닌지,
예전 같으면 상식 밖이었겠지만 더 이상 황당하다고만 치부하기 힘

든 의혹이 증폭되었다. 그런 의혹 중 하나가 세월호 7시간의 진실에 관한 것이었다.

대통령기록물 관리에 관한 법률(이하 대통령기록물법)에 따라, 대통령은 특정 자료에 대해 최장 30년간 본인 외 열람을 금할 수 있는 권한을 가진다. 대통령이 이러한 권한으로 세월호 7시간에 관해 자신에게 불리한 물적 자료들을 밀봉해버린다면 어찌해야 할 것인가. 그렇다면 세월호 7시간의 진실을 열기 위해서 또 얼마나 많은 시간과 노력을 허비하게 될 것인가.

우리 헌정사에 증거 인멸 혐의를 받는 대통령은 존재한 적이 없다. 곧 탄핵될 대통령이 과연 대통령 기록물을 지정할 권한이 있는지도 애매했다. 기준점이 없으니 체크도 어디서부터 해나가야 할지 쉽게 결정할 수가 없었다.

그러다 대통령기록물법의 입법 과정을 살펴보던 팀원이 흥미로운 팩트를 하나 건져 올렸다. 우리 대통령기록물법의 원형인 미국의 '대통령 녹취록 및 자료 보존법(Presidential Recording and Materials Preservation Act)' 입법사에 우리와 유사한 사례가 있었다. 탄핵 위기에 몰렸던 미국 대통령, 리처드 닉슨의 사례였다. 워터게이트 사건으로 탄핵 소추를 받아 표결 직전 하야를 선택했던 닉슨이 사건의 핵심 녹취록을 밀반출하려다 적발된 사건이었다. 미국과 한국의 대통령제, 그리고 대통령 기록물 문제가 극적으로 연결되는 순간이었다. ◑

대통령의 모든 업무행위는 통상 문서로 하게 된다. '문서주의'는 헌법 82조에 규정된 대통령의 의무사항이다. 따라서 사적인 메모들을 포함해 대통령이 재임 중 생산한 모든 문건은 법률(대통령 기록물 관리에 관한 법률)의 범위 내에서 기록물로 보존된다. 대통령 기록물은 대통령 기록관으로 이관된다. 이렇게 역대 정부의 국정 자료는 체계적으로 보존되며, 국민의 알 권리를 충족시킨다.

대통령 기록물은 청와대 업무 중 수시로 등급별 분류되어 이관 전까지 목록으로 작성된다. 이 등급에 따라 누구나 접근할 수 있는 '공개' 기록물, 인가된 사람만 접근할 수 있는 '비밀' 기록물, 특정한 변수가 없다면 대통령 본인만이 열람할 수 있는 '지정' 기록물이 나뉜다.

탄핵소추 절차에 돌입하며 박근혜 대통령이 특검과 헌재의 거듭된 자료 요청에 응하지 않으며 대통령 기록물과 관련한 우려가 제기됐다. 특히 '세월호 7시간'을 둘러싼 유족 및 시민단체들의 거센 정보공개 요청과 "원천 비공개는 부적절하다."는 법원의 결정이 있었는데도 청와대는 '국가기밀'이라는 핑계를 앞세운 버티기 전략에 돌입했다. 이런 상황에서 대통령 지정 기록물 제도가 악용될 수도 있다는 우려였다. 이미 피의자로 전환된 대통령이 본인 및 청와대에 불리한 자료를 '대통령 지정 기록물'로 묶어버리면 해당 기록들은 최소 15년간 법적으로 봉인된다. 나아가 이 기록이 대통령의 사생활이라는 조건이 붙게 되면 봉인 기간은 30년으로 늘어난다. 세월호 사고 동안의 행적을 '여성 대통령의 사생활'에 부친 대통령 측의 변론 전략은 불안감을 더 키웠다.

현행 대통령기록물법은 국회 3분의 2의 동의, 고등법원의 영장을 전제로 열람이 허용된다는 조항을 둔다. 개헌에 준하는 국회 동의 요건이 암시하듯, 대통령 지정 기록물을 열람한다는 것은 그만큼 위중한 사태에 해당한다. 국회와 법원이 나서야 하는 이 문제를 미리 우려할 만큼, 박근혜 대통령과 청와대에 대한 불신은 커지고 있었다.

탄핵된 대통령의 기록물 지정 권한

우리는 '세월호 7시간'의 자료를 과연 대통령 기록물로 지정할 수 있는지 확인에 나섰다. 탄핵으로 직무정지된 대통령의 기록물 이관에 대한 규정은 명확하지 않았다. 전례도 없었다. 정상적인 경우라면 대통령 기록물의 이관 시한은 임기 종료 전년도 말까지다. 취재를 위해 어렵게 접촉한, 이전 정부 당시 청와대 기록물 비서관들이 직무정지된 대통령 기록물 문제를 명확히 알지 못했던 이유는 이 때문이었다. 이 탄핵소추가 아니었다면 2017년 12월 31일까지 대통령의 고유 권한으로 이관이 완료되면 된다. 그러나 박근혜 대통령은 당시 직무정지된 상태였고, 대통령 기록관 측은 따라서 기록물 지정 권한 자체가 정지된다고 봐야 한다는 해석을 내놓았다.

또 다른 문제는 대통령 기록물 지정 권한의 주체였다. 황교안 권한대행이 박근혜 정부의 기록물 지정 권한까지 대리할 수 있을까? 역시 명문화된 규정은 법률에 나와 있지 않았다. 설사 대리가 가능하다 하더라도 모순이 생긴다. 권한대행이 지정한 기록물의 열람 권한이 누구에게 있느냐는 문제다. 대통령이 퇴임하며 지정한 기록물을 열람하는 것은 퇴임한 전직 대통령의 고유 권한이다. '퇴임 권한대행'이라는 말이 성립하지 않는 이상, 황교안 대행이 본인이 지정한 대통령 기록물을 사후 열람한다는 것은 법 취지상 합리적이라고 보기 어렵다.

대통령 기록물은
역사의 사초이자 교육자료

우리가 찾은 과거 사례는 미국에 존재했다. 한국의 탄핵 정국과 매우 유사했던 미국 워터게이트 때였다. 리처드 닉슨은 탄핵소추안이 하원 법사위를 통과하자 스스로 사임하는 길을 택했다. 그런데 닉슨이 전직 대통령 신분으로 백악관에서 대통령 기록물을 무단반출하려 시도하다 신임 법률 고문에게 발각된 것이다. 1974년의 실화이다. 반출된 기록물에는 당연하게도 닉슨에 대한 의회의 탄핵 사유가 된, 증거 인멸 지시가 담긴 불법 녹음테이프가 포함되어 있었다.

닉슨은 사임 전 당시 행정부에서 총무처 장관을 맡고 있던 아서 샘슨과 퇴임 이후 불법 증거들을 반출하는 과정을 문제 삼지 않겠다는 '닉슨-샘슨 협정'이라는 밀약까지 맺어놓은 상태였다. 대통령의 사임과 무관하게 대통령의 불법 행위 증거를 수집하던 백악관 법률팀에 의해 대통령 기록물의 소유권은 미국 내에서 최초로 논쟁거리가 된다.

기록물 반출 논란은 법정 공방으로 이어졌고 특검팀과 닉슨 측의 소송에서 법정은 결국 특검 측의 손을 들어줬다. 그러나 이 논란의 종지부를 찍은 것은 의회였다고 할 수 있다. 닉슨의 기록물 파기까지 우려되는 상황에서 미 의회는 1974년 12월 대통령 녹취록 및 자료보존법을 제정했다. 그 결과 닉슨 재임 시 백악관에서 생산된 대통령 기록물은 연방정부에 의해 일괄 몰수되어 특별 관리 대상이 되었다.

그 이전까지 대통령 기록물은 대통령의 전유물처럼 여겨졌다. 프랭클린 루즈벨트가 1938년 최초로 우리의 대통령 기록관에 해당하는 문서고 설립을 관행화했지만, 민간재단에 의한 자율적 관리와 이를 위한 대통령의 '기증' 개념에 가까웠다. 이후 오바마 행정부에 이르기까지 미국 정부의 대통령 기록물 관리는 "민주주의의 발자취, 역사의 사초이자 교육 자료"(서정건 경희대학교 교수)로 인식되어 왔고, 최대한 공중에 공개하는 방향으로 발전해왔다.

「팩트체크」가 이 문제를 다루기 이틀 전 JTBC는 김영한 전 민정수석의 비망록을 단독 공개했다. 그 수첩에 적혀 있던 문구들, "VIP의 기록물, 비공개, 법적 검토. 외부 노출 ×"은 박근혜 정권이 대통령 기록물을 대하는 인식을 여실히 보여준다.

현재 미국인들은 워터게이트를 국가적 수치로 기억하지 않는다. 언론이 시작한 백악관과의 싸움은 점차 시민사회와 의회의 전쟁으로 확산되었고, 그 결과 워터게이트 사건의 전말을 담은 모든 자료들은 현재 인터넷에 전면 공개되어 있다. 전 세계 어디서나 별도의 절차 없이 볼 수 있는 '닉슨 대통령 사이버 기록관'을 찾으면 방대한 분량의 불법 녹음 파일은 물론 잘 정리된 녹취록까지 직접 확인할 수 있다. 대통령의 반헌법적 통치가 사초이자 교육 자료로서 공유되는 전례가 됐다는 점에서, '닉슨의 수치'가 담긴 유산은 자랑스런 공공재가 되었다. 우리의 선택이 어떤 방향을 향해야 할지도 또렷이 보이는 대목이다.

권한대행의 대선 출마

헌법 제68조 2항. 대통령이 궐위된 때[……]에는 60일 이내에 후임자를 선거한다.

◐ 우리 헌법은 대통령의 사고 또는 궐위가 발생했을 때 국무총리가 그 권한을 대행하도록 하고 있다. 때문에 대통령 권한대행 자리는 총리가 지는 중요한 헌법적 의무이기도 하다. 당연히 권한대행직을 거부하거나 쉽게 그만둘 수 없다. 오직 국무총리직을 사임하고 자연인으로 돌아가야만 그 직무에서 벗어날 수 있다. 그러나 대통령이 부재한 혼란스런 상황에서 함부로 직을 버리는 건 어찌 보면 '안 될 말'이다.

그래서 황교안 권한대행의 대선 출마설은 기이한 위화감마저 들게 하는 풍문이었다. 아이템을 준비하던 중 누군가 던진 질문이 정확히 그 위화감의 정체를 반영했다.

"그럼 대통령 재선 아니에요? 당선되기라도 하면 재선이에요, 초선이에요?"

물론 현행 헌법상 대한민국 대통령은 재선이 금지되어 있다. 권한대행의 자리 역시 대통령의 지위와 등치될 만한 것이 아니다. 그럼에도 불구하고 이 뼈 있는 농담은 실제의 법적 상황과 상당히 근접한 것이기도 했다.

단적으로 황교안 대통령 권한대행은 헌법에 정한 절차대로 조기대선일을 직접 정해 그 날짜를 공표할 권한을 지닌다. 그렇다면 권한대행이자 잠재적 대권 주자인 황교안 총리의 지위는 재선을 준비하는 현직 대통령에 버금가는 것이 된다. 그의 '비정상적 입장'이 존재할 수 없는 헌법 내의 가상공간까지 만들어내고 있었던 것이다.

대통령 권한을 대행 중인 국무총리는 시민의 한 사람으로서 부여받은 참정권을 비상시국에 따른 권한대행 직무 앞에다 놓을 수 있을까? 헌정사상 최초의 대통령 탄핵을 눈앞에 둔 상황에서, 대통령 권한대행의 출마 논란은 또 다시 예측불가로 전개됐다. 결국 황 대행은 불출마를 결정했다.

우리 헌정사에는 통틀어 단 두 명의 '권한대행' 전례를 찾을 수 있었다. 그리고 그중 한 명은 황 대행의 처지와 흡사한 정치적 행보를 한참 앞서 밟았다. 헌정사의 중단과 재개, 쿠데타의 처음과 끝을 모두 홀로 결정했던 그 사람은 대통령 권한대행이자, 제5대 대통령으로 선출된 박정희였다. ◗

우리 헌법은 미국과 달리 부통령직을 두지 않으며, 대통령의 사고가 발생했을 때 현직 총리가 그 권한 일부를 대행한다. 때문에 총리의 권한대행은 자의로 거부하거나 그만둘 수 없는 헌법적 의무가 있다. 박근혜 대통령의 탄핵 당시 황교안 총리의 직분이 그러했다. 황교안 권한대행의 대선 출마 여부가 논란이 된 이유다. 대통령 권한을 대행 중인 국무총리가 비상시국에 따른 헌법적 직무를 뒤로 하고 참정권을 앞세워 대선에 출마할 수 있는가?

"지금은 오직 그 생각[국정 안정화]뿐입니다." "지금은 그런[대선 출마] 상황이 아니고⋯⋯."

황교안 국무총리 겸 대통령 권한대행의 신년 기자회견, 논란이 되던 대선 출마 여부를 묻는 질문에 황 총리는 '지금은'이라는 단서를 달았다. 여론은 상황에 따라 출마를 고려할 수 있다는 뜻으로 받아들였다.

대통령 탄핵 정국에서는 총리의 사직서를 수리할 대통령이 없다. 새 총리를 임명하는 일도 어렵다. 따라서 대통령 부재 시 총리가 대선 출마를 위해 사퇴를 결정하는 일은 오롯이 황교안 총리 본인에게 달려 있었다. 황교안 총리가 사임을 결심할 경우, 대통령 권한 대행은 자동으로 소멸된다. 당연히 대선 출마 자체가 부적절하다는 지적이 나왔다. 총리의 입장이 불분명할수록 의문이 커졌다. 팩트체크의 핵심은 황교안 총리가 어떤 법적 조건에 놓여 있고, 법에 따른 황 총리의 합리적 선택은 무엇일지 가늠하는 것이었다.

90일이냐 30일이냐

현행 법률상 국무총리를 비롯한 모든 공직자는 선거 출마에 제한을 받는다. 현직에 있는 공직자가 선거에 영향을 주는 것을 방지하려는 목적이다. 만약 12월 대선 일정이 일찌감치 예측되는 보통의 경우라면 어떨까? 국무총리도 일찍 총리직을 내려놓고 출마하면 된다. 이에 따라 공직선거법 53조 1항이 정한 사퇴 시한은 선거일 90일 전까지다. 그러나 탄핵 정국이라는 일반적이지 않은 상황이 문제였다. 결과적으로 대통령은 탄핵됐다. 그래서 헌법 68조 2항에 따라 인용일로부터 60일 안에 다음 대선이 치러져야 한다. 총리를 비롯한 모든 공직자는 정해지지 않은 대선일보다도 30일 앞서 공직 사퇴를 감행해야 한다. 특히 선출직 공무원이라면 결과를 모르는 상태에서 사퇴 결정을 내리는 것이 무시할 수 없는 정치적 부담이다.

취재 당시 헌법재판소의 탄핵심판 결정은 3월 전후로 예측되었다. 탄핵 인용 전망도 압도적으로 우세했다. 먼저 4월 말, 5월 초를 대선 기점으로 가정하고 90일을 역산해보았다. 직을 내려놓는 날은 1월 말에서 2월 초 중 어느 날이어야 했다. 방송 시점은 1월 23일, 이미 황교안 대통령 권한대행이 출마를 위해 사직해야 할 시점이 임박해 있었다.

그런데 이런 곤란한 법적 조건을 뒤집을 또 다른 변수가 떠올랐다. 대통령 탄핵소추안이 헌재에서 인용될 경우 60일 내 치러질

선거가 보통의 대선이 아니라면? 즉 선거법에 규정된 '보궐선거'라고 본다면 어떨까? 공직선거법 53조 2항은 "보궐선거 등"에 출마하는 공직자의 사퇴 기한을 30일 전까지로 허용하고 있다. 이 예외조항을 '대통령 궐위로 인한 선거'에 준용할 경우 권한대행의 출마를 가로막는 제한이 풀린다. 3월 초 박근혜 대통령에 대한 탄핵이 인용되고, 황 총리가 60일 안에 치러질 다음 대선 일자를 스스로 공표한 뒤 4월 초에 사임, 출마를 결심해도 좋다는 뜻이다.

황 총리의 대선 출마설에 대한 여론은 차가웠다. 그러나 법률의 '팩트'가 민심보다는 원칙의 편에 설 때가 있다. 특히 선거법은 더더욱 그렇다. 후보의 출마 자격과 관련한 법 해석 논란이 발생하는 경우, 법은 원칙적으로 개인의 출마 자격을 최대한 넓게 보장하는 방향을 가리킨다. 공직선거법 35조 1항에 "대통령의 궐위로 인한 선거"의 선거일은 "실시사유가 확정된 때부터 60일 이내"로 규정하며, 이 항목을 "보궐선거 등의 선거일"로 표명하고 있다. 4항, "보궐선거 등"의 개념은 "1항의 규정에 의한 선거"를 포함한다. '대통령의 궐위로 인한 선거'에 '보궐선거' 규정을 준용한다는 선관위의 유권해석이 여기서 나왔다.

보궐선거는 전임자의 잔여 임기를 채우는 선거이므로 대선을 보궐선거로 볼 수 없다는 반론도 있었다. 그러나 대통령의 임기를 규정한 공직선거법 제14조 1항은 궐위로 인한 선거에 의해 선출된 대통령의 임기가 당선 결정 즉시 개시된다고만 되어 있다. 국회의원·지자체장 보궐선거가 전임자의 잔여 임기를 승계하도록 규정한 것과

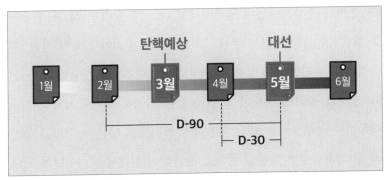

1월 23일 경, 많은 이들의 예상. 3월 탄핵, 5월 대선, 황교안 권한대행의 출마 시한이 임박해 있
었다.

구별되는 점이다. 헌법상 모든 대통령의 임기를 5년으로 보장하려는
취지로 읽힌다.

'대통령 권한대행 겸 국무총리 직무대행 겸
부총리 겸 기획재정부 장관'

황 대행의 불출마 선언 전까지 출마가 '적절한가'에 대한 질
문은 끊이지 않았다. 좀 더 나은 판단을 위해 우리는 법적 원칙과
별개로 정치적이고 정황적인 합리성을 따져 묻기도 했다.

권한대행인 황 총리가 대선 출마를 위해 사퇴한다면 필연적
으로 국정 공백이 생긴다. 역시 입법자들이 미처 염두에 두지 않았
을 예를 들어 보자. 헌법에 따르면 대통령 권한대행이 불가피하게 공
석이 되었을 경우, 해당 직은 그 다음 순번의 국무위원에게 넘어간

다. 순서는 정부조직법에 명시되어 있다. 국무총리 아래 제1부총리를 겸직하는 기획재정부 장관, 그리고 제2부총리인 교육부 장관, 최종적으로 국민안전처 장관이 차례로 대통령 권한대행을 맡으면 된다. 황교안 총리의 사퇴와 직후 상황을 가정해본다면 어떨까. 일단 대통령과 국무총리는 대선 이후까지 공석으로 남는다. 그리고 부총리 겸 기획재정부 장관인 유일호 장관이 권한대행을 이어받게 된다. 이 경우 헌법 71조와 정부조직법 12조, 그리고 부총리 겸직을 규정한 정부조직법 19조에 의거, 유일호 장관은 '대통령 권한대행 겸 부총리 겸 기획재정부 장관'이 된다. 여기에 더해 국무총리의 공석과 그 직무대행을 정한 정부조직법 22조까지 적용되면 이 직함은 더 길어진다. 유일호 장관은 국무총리 직무대행까지 추가로 겸직한다. 그 결과 '대통령 권한대행 겸 국무총리 직무대행 겸 부총리 겸 기획재정부 장관'이라는 미증유의 직함이 생겨나는 것이다. 실제 「팩트체크」의 보도 이후, 유일호 장관의 가상 직함은 농담일 수만은 없는 가정으로 회자되기도 했다.

박정희 '권한대행'의 대선 출마

우리 헌정사에서 이와 동일한 전례는 발견되지 않았다. 최규하 전 대통령이 그나마 비슷한 사례다. 그는 1979년 10·26 사태 이후 국무총리 겸 대통령 권한대행을 수행하다가 대통령에 선출되었다. 그러나 당시 10대 대선은 유신체제 아래 간선제로 치러졌으니 지금 상황과는 성격이 꽤 달랐다. 오히려 더 흥미로운 사례는 1963년 5대 대선이다. 박정희 당시 국가재건최고회의 의장이 대통령으로 당선되어 제3공화국이 출범하던 시점이다. 바로 이 선거 직전, 박정희 의장의 또 다른 직함 역시 대통령 권한대행이었다.

1961년 5·16 군사 쿠데타 성공 뒤 불과 20여 일 만에 군사정부는 민주주의 헌정을 중단시키고 기존 헌법을 무력화했다. 이때 기존의 헌법을 대신해 공포된 '국가재건비상조치법'은 대통령은 물론 모든 국가기관을 잠정적으로 통제할 수 있는 법적 근거가 됐다. 군인 신분인 국가재건최고회의 의장이 양원과 내각, 사법부까지 3권을 모두 통할했다. 무엇보다 최고회의 의장은 대통령 유고 시 그 권한을 대행하게 되어 있었다. 초대 의장이었던 장도영 당시 육군참모총장이 쿠데타 직후 숙청되고 박정희 소장이 의장직을 맡는 데 채 두 달이 걸리지 않았고, 윤보선 대통령은 1962년 하야했다. 그 결과 박정희 의장은 비상조치법에 따른 대통령 권한대행을 633일간 겸직할 수 있었다.

제3공화국은 박정희 군부의 '민정 이양 계획'에 따라 출범했고, 국민 직선제로 대통령을 뽑은, 외견상의 민주정부였다. 대통령제 개헌을 위한 국민투표가 가결됐다. 금지됐던 정치활동이 합법화됐고 야당도 생겨났다. 하지만 장기독재의 토대가 되었던 5대 대선에 관한 절차적 논란이 끊이지 않았다. 박정희 의장의 민정 불참 약속은 지켜지지 않았고, 대선을 불과 두 달 보름여 남겨 놓은 시점에 직접 민정 이양 일정표를 내놓았다. 박정희 의장이 대장으로 예편해 예비역 신분이 된 바로 그날, 그는 공화당에 입당, 총재가 되었고 공식 대선 후보가 되었다. '군정 연장 기도'라는 재야의 반발이 극심했다. 서울시청 앞에서는 재야 정치인들의 군정 연장 반대 데모가 열렸다. 공정선거를 호소하며 "선거 보이콧"이라는 구호(「선거법 등 개정 않으면 선거를 보이콧」, 《동아일보》, 1963.5.6.)가 등장하기도 했다. 그러나 박정희 의장은 선거 당일까지 군사정부의 수반이자 국가 원수 대행, 거대 여당의 총재직을 모두 유지할 수 있었다.

박정희-공화당을 향했던 50여 년 전 그때의 논란과 오늘의 논란은 다른 듯 닮았다. 그러나 최소한 힘든 시간을 겪은 뒤 달라진 것, 나아진 것은 있다. 예컨대 '90일이냐 30일이냐'는 지금의 논란은 헌정에 따른 당당한 시민적 감시 속에 제기되었고, 시민들은 권력의 사리사욕에 매몰된 정치적 대의를 정당하게 불신임했다. 박정희는 군사독재의 시동을 알리던 그날 퇴임사에서 "다시는 나처럼 불행한 군인이 나오지 않기를 바란다."는 말을 남겼다. 황교안 대행은 결국 "국정 안정과 공정한 대선 관리를 위해 출마하는 것은 적절하지 않다."며 대선 불출마를 선언했다.

최초의 대통령 보궐선거

공직선거법 제35조 1항. 대통령의 궐위로 인한 선거[……]는 그 선거의 실시사유가 확정된 때부터 60일 이내에 실시하되, 선거일은 늦어도 선거일 전 50일까지 대통령 또는 대통령권한대행자가 공고하여야 한다.

◖ "투표 시간 연장되면 야당한테 유리한 거 아니에요? 자유한국당에서 받아줄까요?"

"그 얘기는 증명된 적이 없는 가설이야. 지난 대선에서 투표율 높으면 야당이 유리하다는 속설도 깨졌잖아."

"근데 공휴일인 건 맞아요? 공휴일 아니면 투표율은 확실히 떨어질 텐데."

조기 대선이 점차 다가오면서 팀원들 사이에서는 선거일을 둘러싸고 이런저런 토론들이 오갔다. 그중에서도 투표일이 어떤 식으로 결정될 것인지를 놓고 관심이 높았다.

그동안 대통령 선거는 당연히 12월, 그것도 한창 추운 12월 말쯤 치러진다는 게 너무나 당연했기 때문에 의문을 가져본 적이 없었다. 그런데 '5월 장미 대선'은 대선이 치러지는 계절과 날씨만큼이나 여러 측면에서 달랐다.

일단 직전 대통령이 임기를 다 채우지 못한 상태에서 치르는, 말하자면 '현직 대통령'과 '집권 여당'이 없는 상태에서 치러지는 최초의 선거였다. 날짜가 확정되지 않은 채 모두가 최종 발표권을 가진 대통령 권한대행의 입만 쳐다봐야 하는 선거인데, 바로 그 권한대행이 대선에 나올지도 모르는 기묘한 상황이기도 했다. 보궐선거인지 아닌지, 전 대통령의 잔여 임기를 채우는 방식인지 아닌지 등 체크해봐야 할 기본적인 사항도 많았다. 혼란스럽고 정리할 게 많을 때는, 역시 팩트체크팀이 또 나서야 했다. ◑

박근혜 전 대통령이 파면되면서 대한민국은 공식적으로 '대통령 궐위 상태'가 됐다. 그동안 예측과 전망으로만 이야기되던 '조기 대선'이 그야말로 눈앞에 닥친 것이다.

조기 대선이 가시화되자 그 방식을 두고 많은 궁금증이 나왔다. 이번 대선이 어떤 성격의 선거인지 규정하는 것부터 문제였다. 대통령이 자신에게 주어진 임기를 다 채우지 못하고 파면되었으니 '보궐선거'가 되는 건데, 그렇다면 대선도 일반적인 보궐선거처럼 치러야 하는 것이냐는 의문은 어쩌면 자연스러운 것이었다.

조기 대선은 법률적으로는 '대통령 궐위로 인한 선거'다. 공직선거법은 이 경우를 제35조 1항에 '보궐선거 등'으로 정해놨다. 따라서 대통령의 궐위로 인한 조기 대선 역시 보궐선거 규정에 따라야

한다.

　　문제는 유권자들에게 익숙한 일반선거와 보궐선거가 몇 가지
다른 방식을 취하고 있다는 점이다. 전국단위로 공휴일에 치러지는
일반 선거는 오전 6시부터 오후 6시까지 투표를 하게 되어 있지만,
평일에 치러지는 보궐선거는 오후 8시까지 투표를 할 수 있다. 투표
참여율을 높이기 위해 투표 시간이 2시간 더 길다. 따라서 보궐선거
인 조기 대선도 투표 시간은 8시까지다.

　　그렇다면 조기 대선도 보궐선거니까 평일에 투표를 하는 걸
까? 이 문제는 공직선거법 외에 '관공서의 공휴일에 관한 규정'(이하
'공휴일 규정')도 함께 살펴봐야 한다. 관공서가 쉬는 공휴일은 일요일,
4대 국경일, 양력 설, 음력 설 등이다. 공직선거법에 따른 선거일, 즉
대선, 총선, 지방선거 선거일 등도 이 규정 2조 10의2에 따라 법정
공휴일로 정해져 있다. 2012년 12월 19일 18대 대선 역시 수요일이
었지만 공휴일로 지정돼 투표가 이뤄졌다.

　　그러나 공휴일 규정 2조 10의2에는 "임기만료에 따른 선거일
경우"라는 조건이 하나 붙어 있다. 대통령이 임기를 못 채워서 치르
는 선거는 해당이 안 되는 것이다. 따라서 조기 대선은 법정 공휴일
이 아니며, 평일에 치러지는 보궐선거여서 저녁 8시까지 투표할 수
있다는 정도로 요약이 가능하다.

　　그런데 변수가 하나 더 있다. 공휴일 규정 2조 11에 따르면
"기타 정부에서 수시 지정하는 날"도 공휴일로 지정할 수 있다는 점
이다. 정부가 필요하다고 판단하면 공휴일로 지정할 수 있는 건데,

이게 흔히 말하는 '임시 공휴일'이다. 실제 박근혜 정부에서 2015년 8월과 2016년 5월에 소비 진작을 위해 임시 공휴일을 지정한 바 있다. 그러니까 조기 대선이 법정 공휴일은 아니지만, 임시 공휴일이 될 여지는 있는 셈이다.

탄핵 이전에 나온 관계기관들의 반응도 긍정적이었다. 인사혁신처는 전국 단위 선거는 늘 임시 공휴일로 지정했기 때문에 이번 조기 대선 역시 그래야 될 걸로 생각한다고 했고, 중앙선관위 역시 참정권의 실질적 보장을 위해서는 공휴일로 지정되어야 한다는 입장을 밝혔다. 주무부처인 인사처와 선관위가 이런 입장을 내면서 결국 조기 대선일의 임시 공휴일 지정은 국무회의에서 통과됐다.

사상 최초의 '대통령 보궐선거'에 대한 논란은 결국 '오후 8시까지 투표할 수 있는 임시 공휴일'로 정리가 되었다. 더 많은 국민들이 쉽게 투표에 참여할 수 있게 됐다는 점에서 긍정적인 결론이었다.

또 다른 의문점은 새로운 대통령의 임기 문제였다. 조기 대선이 보궐선거라면, 조기 대선에서 선출될 새 대통령은 박근혜 전 대통령이 남겨놓은 잔여 임기를 채우는 '9개월짜리 대통령'이 되는 것 아니냐는 우려가 나왔기 때문이다.

하지만 이런 걱정은 앞에서 설명했듯이 사실이 아니다. 보궐선거라도 차기 대통령의 임기는 5년이다. 국회의원이나 지자체장 보궐선거처럼 '잔여 임기'를 채우는 방식이 아니다. 대통령의 임기는 5년이라고 헌법 제70조에 박혀 있기 때문이다. 보궐선거이건 아니건, 대통령의 임기는 5년 외에 다른 선택지가 없다.

이런 의문점들이 계속해서 나올 수밖에 없었던 이유는 결국 이 모든 과정이 일상적이지 않은, 비정상적인 정권 교체 상황이었기 때문이다. 반헌법적 대통령은 헌법이 보장한 5년의 임기를 채우지 못하고 물러나 헌정사상 최초의 '대통령 보궐선거'를 야기했다. 국민들은 그 과정에서 여러 가지 혼란을 겪어야 했고, 대통령 선출에 있어서 무엇보다 신중해야 한다는 교훈을 아주 비싼 값을 치르고 배운 셈이 되었다.

새로 탄생하는 정부는 인수위도 꾸리지 못하고 몇 달간 혼란을 겪어야 한다. 이 역시 비정상적·반헌법적 대통령이 우리에게 남기고 간 과제였다.

사건번호 2016헌나1

◑ 2017년 3월 10일 오전 11시, 이정미 헌법재판소장 대행이 결정문을 읽어 내려가기 시작했다. 팀장인 오대영 기자는 곧바로 이어질 뉴스특보의 앵커를 맡기로 돼 있었다. 한 치 앞도 내다볼 수 없는 상황에서 어떤 결론이 나오든 침착하게 앵커석에 앉아야 하는 운명이었다. 오 기자는 출연자 대기실에 머물며 텔레비전에서 흘러나오는 이 대행의 발표 내용을 수첩에 깨알같이 기록했다. 같은 시각 팀원들은 「팩트체크」 회의실에 모여 차분히 결과를 기다렸다.

선고 결과는 국가의 미래를 바꾸는 중차대한 사안이었다. 동시에 팩트체크팀에게는 일종의 '성적표'였다. 박근혜−최순실 게이트가 지속된 4개월간 '헌법'의 틀로 '사실'과 '옳음'을 따져왔고, 그 주제의 핵심이 바로 대통령 탄핵심판과 관련된 거짓 주장들이었기 때문이다. 우리가 '맞다, 옳다'고 결론 내렸던 근거는 '헌법의 가치'와 '헌법의 정신', 혹은 '헌법의 해석'이 대부분이었다. 빼도 박도 못하는 수치나 객관적인 이론들로 확인할 수 없는 영역이었다. 그래서 헌법재판소의 최종 판단이 팀 입장에서는 '팩트체크의 팩트체크'였던 것이다.

"그래, 맞잖아. 와, 똑같은 결론이네."

팀원들은 이 대행이 결정문을 읽는 22분 동안 몇 차례나 탄성을 질렀다. 헌재가 밝힌 사실들이 그동안 「팩트체크」가 내린 결론과 일치했기 때문이다. 예를 들어 대통령 측이 주장했던 '8인 체제 위헌 가능성'이나 '국회 절차 위배 논란'에 대해 「팩트체크」도 헌법재판소도 사실이 아님을 뚜렷이 밝혔다. '탄핵심판의 본질'이 무엇인지에 대해서도 대통령 측의 거짓 주장들을 명쾌한 사실들로 반박했다. 사이다 같았던 「팩트체크」의 결론, 그리고 2016헌나1의 결론을 지금부터 자세히 비교 분석해보자. ◗

8인 체제 위헌 여부

대통령 측은 8인 체제의 헌법재판소가 공정한 재판을 받을 권리를 침해해 위헌 소지가 있다며 심판을 중단할 것을 요구했다. 팩트체크 결과 이는 틀린 주장이었다. 2011년 조대현 재판관의 후임을 제때 임명하지 못해 1년 2개월간 재판관 공석 사태가 지속됐다. 그러나 이 시기에 448건의 헌법 재판이 이루어졌다. 「팩트체크」는 이 통계를 근거로 대통령 측 주장을 '거짓'으로 결론 내렸다.

헌법과 헌법재판소법은 '6인 이상의 찬성'을 인용 요건으로, '7인 이상의 출석'을 정족수 요건으로 들고 있다. 9명 전원으로 재판부를 꾸릴 수 없는 불가피한 경우에도 재판을 계속하기 위해 최소 인원을 명시하고 있는 것이다.(2017년 2월 28일 JTBC「팩트체크」)

이에 대해 헌법재판소도 같은 취지의 결론을 발표했다.

탄핵의 결정을 할 때에는 재판관 6인 이상의 찬성이 있어야 하고, 재판관 7인 이상의 출석으로 사건을 심리한다고 규정하고 있습니다. 아홉 명의 재판관이 모두 참석한 상태에서 재판할 수 있을 때까지 기다려야 한다는 주장은 [……] 헌정 위기 상황을 그대로 방치하는 결과가 됩니다. [……] 헌법과 법률상 아무런 문제가 없는 이상 [……].(2017년 3월 10일 2016헌나1 결정요지)

국회의 증거 조사

대통령 측은 국회가 탄핵소추 과정에서 '법제사법위원회'의 증거 조사를 하지 않았다며 절차 위반을 문제 삼았다. 해당 상임위원회에서부터 절차를 제대로 안 지켰으니 무효라는 주장이었다. 그러나 「팩트체크」는 이 역시 잘못된 주장이라고 반박했다. 헌재의 선고를 불과 이틀 앞두고 벌어진 '절차 하자' 논쟁이었다.

국회의 조사는 국회법상 의무가 아니다. 확실한 근거는 '2004헌나1'이다. 조사의 여부를 국회의 재량으로 규정하고, 별도 조사를 하지 않았다 하더라도 헌법이나 법률을 위반하였다고 할 수 없다. 2004년에 헌법재판소가 이미 명확하게 결론을 내렸다.(2017년 3월 8일 JTBC「팩트체크」)

이틀 뒤 헌재의 선고 내용도「팩트체크」의 결론과 같았다.

국회의 의사절차의 자율권은 권력분립의 원칙상 존중되어야 합니다. 국회법에 의하더라도 탄핵소추 발의 시 사유조사 여부는 국회의 재량으로 규정하고 있으므로 그 의결이 헌법이나 법률을 위배한 것이라고 볼 수 없습니다.(2017년 3월 10일 2016헌나1 결정요지)

형사 재판과 탄핵 심판의 순서

대통령을 지지하는 쪽에서는 막판까지 "법 위반이 확정된 뒤 결론을 내려야 한다."고 주장해왔다. 법원에서 유죄 판결이 나온 것도 아닌데 무슨 근거로 탄핵을 시키느냐, 당장 중단하라는 억지였다. 이 주장은 언뜻 듣기에는 그럴 듯한 논리이다. 하지만 사실에 기반하고 있지 않은 '거짓 주장'이었다. 2017년 3월 8일자 팩트체크의 결론은 이랬다. 근거는 탄핵 제도 그 자체였다.

대통령은 재임 중 형사소추, 즉 기소를 받지 않는다. 그래서 다음 단계인 재판도 할 수 없고, 유죄를 확정할 방법이 없다. 임기가 끝나야 가능하다. 그래서 탄핵이라는 제도를 헌법에 둔 것이다. 그런데 대통령 측 주장대로라면 임기 중에 탄핵소추를 아예 하지 말라는 얘기가 된다. 탄핵 제도 자체를 부정하는 주장이다. 탄핵심판의 유일한 목적은 '대통령직 파면' 판단에 있다.(2017년 3월 8일 JTBC 「팩트체크」)

헌법재판소도 유사한 결론을 내리며 대통령 측의 '흠결' 주장에 대해 조목조목 반박했다.

헌법상 탄핵소추 사유는 공무원이 그 직무 집행에서 헌법이나 법률을 위배한 사실이고, 여기서 법률은 형사법에 한정되지 않습니다. 그리고 탄핵 결정은 대상자를 공직으로부터 파면하는 것이지 형사상 책임을 묻는 것은 아닙니다. 따라서 피청구인이 방어권을 행사할 수 있고 심판 대상을 확정할 수 있을 정도로 사실관계를 기재하면 됩니다.(2017년 3월 10일 2016헌나1 결정요지)

헌법재판소의 결정은 그 자체가 '최종적'이고 '불가역적'인 판단이다. 물론 재심이라는 제도가 있으나 극히 제한적이다. 따라서 헌법을 근거로 삼는 탄핵심판에서 헌재의 마지막 결정에 그 누구라도 승복해야 하는 것이다.

"파면함으로써 얻는
헌법 수호의 이익이 압도적으로 크다"

헌법재판소가 판단한 박근혜 대통령의 헌법 및 법률 위반은 크게 두 가지이다. 첫째, 국민 전체에게 봉사해야 할 대통령이 최순실의 이익을 위해 일했다, 그래서 대통령의 지위를 남용했다는 것이다. 이는 헌법과 국가공무원법의 위반이라고 판단했다.

헌법은 공무원을 '국민 전체에 대한 봉사자'로 규정해 공익 실현 의무를 천명하고 있고, 이 의무는 국가공무원법과 공직자윤리법 등을 통해 구체화되고 있습니다. 피청구인의 행위는 최서원의 이익을 위해 대통령의 지위와 권한을 남용한 것으로 공정한 직무 수행이라고 할 수 없으며, 헌법, 국가공무원법, 공직자윤리법 등을 위배한 것입니다.(2017년 3월 10일 2016헌나1 결정요지)

둘째, 직무상 비밀에 해당하는 수많은 문건을 최순실에게 유출했다는 점이다. 국가공무원법을 어겼다는 결론이다. 요약하면 대통령은 국민보다는 최순실을 위해, 최순실에 의해 존재해왔다는 것이다.

피청구인의 지시 또는 방치에 따라 직무상 비밀에 해당하는 많은 문건이 최서원에게 유출된 점은 국가공무원법 비밀 엄수 의무를 위배한 것입니다.(2017년 3월 10일 2016헌나1 결정요지)

헌법과 법률을 위반했다고 무조건 탄핵이 되는 것은 아니다. 그 위반의 정도가 탄핵을 해야 할 만큼 '중대해야' 한다. 헌법재판소는 "피청구인을 파면함으로써 얻는 헌법 수호의 이익이 압도적으로 크다."며 재판관 전원이 일치된 의견으로 파면했다.

피청구인의 헌법과 법률 위배 행위는 재임 기간 전반에 걸쳐 지속적으로 이뤄졌고, 국회와 언론의 지적에도 불구하고 오히려 사실을 은폐하고 관련자를 단속해왔습니다. […] 이러한 피청구인의 위헌, 위법 행위는 대의민주제 원리와 법치주의 정신을 훼손한 것입니다. […] 이 사건 소추 사유와 관련한 피청구인의 일련의 언행을 보면 […] 헌법 수호 의지가 드러나지 않습니다. […] 국민의 신임을 배반한 것으로, 헌법 수호의 관점에서 용납될 수 없는 중대한 법 위배 행위라고 보아야 합니다.(2017년 3월 10일 2016헌나1 결정요지)

헌재가 박근혜 대통령의 헌법·법률 위배와 중대성을 종합해 내린 결과는 간결했다. "피청구인 대통령 박근혜를 파면한다."

'세월호 7시간'의 책임

대통령의 탄핵 사유에서 '세월호 7시간'은 빠졌다. 국회는 대통령이 '국민의 생명과 신체의 안전 보호 의무'를 위배했고, 그 위배 행위가 탄핵을 할 만큼 중대하다고 봤다. 그러나 헌법재판소의 판단은 달랐다. 헌재는 그 의무가 대통령에게 있는 것은 맞지만 '성실의 정도'가 추상적이고 상대적이라고 결정했다. 다시 말해 무능하고 결정상 잘못이 있더라도 그것이 탄핵 사유가 될 수는 없다는 것이다.

> 헌법은 국가는 개인이 가지는 불가침의 기본적 인권을 확인하고 이를 보장할 의무를 진다고 규정하고 있습니다. 세월호 침몰 사건은 모든 국민에게 큰 충격과 고통을 안겨준 참사라는 점에서 어떤 말로도 희생자들을 위로하기에는 부족할 것입니다. 피청구인은 국가가 국민의 생명과 신체의 안전을 보호할 의무를 충실하게 이행할 수 있도록 권한을 행사하고 직책을 수행하여야 하는 의무를 부담합니다. 그러나 [……] 재난 상황이 발생했다고 하여 피청구인이 직접 구조 활동에 참여하여야 하는 등 구체적이고 특정한 행위 의무까지 바로 발생한다고 보기는 어렵습니다. [……] 세월호 사고는 참혹하기 그지없으나 세월호 참사 당일 피청구인이 직책을 성실히 수행하였는지 여부는 탄핵심판 절차의 판단 대상이 되지 아니한다고 할 것입니다.(2017년 3월 10일 2016헌나1 결정요지)

이 결정은 박근혜 대통령의 '세월호 7시간'에 면죄부를 준다는 뜻이 아니다. 오히려 안전을 보호할 수 있도록 자신의 권한을 행사할 의무가 있다는 점을 뚜렷하게 규정했다. 탄핵 사유에서는 빠졌지만 책임이 없는 것은 아니라는 뜻이다. 특히 김이수, 이진성 재판관은 "헌법상 성실한 직책 수행 의무 및 국가공무원법상 성실 의무 위반"으로 봤다. 이들 재판관은 "이 사유만으로는 파면 사유를 구성하기 어렵다."고 결론지었다.

11시 21분, 치밀함 녹아 있는 결정문

2016헌나1의 결정문에는 독특한 대목이 있다. 바로 선고 시점이 '분 단위'까지 표시되어 있다는 것이다. 실제로 이정미 권한대행이 결과를 발표하던 당일 텔레비전 화면에는 시계를 몇 차례 응시하는 장면이 나온다. 이 대행은 "대통령 박근혜를 파면한다."라는 선고가 이뤄지는 시각을 확인해 11시 21분이라는 정확한 선고 시각을 결정문에 반영하기 위한 것이었다.

그 이유는 간단하다. 대통령의 파면이 효력을 갖는 것은 이정미 권한대행이 발표문을 읽은 바로 그 순간부터다. 그 즉시 파면이고 해임이다. 대한민국에서 대통령의 궐위 사태가 발생하는 시점이 11시 21분이었던 것이다. 대통령의 파면은 헌법과 법률상 여러 가지 추가적 문제가 발생하기 때문에 일반적인 선고와 달리 시간과 분까지 표시를 한 것이다. 대한민국 역사는 박근혜 대통령이 그 직을 완전히 상실한 시점을 2017년 3월 10일 오전 11시 21분으로 기록할 것이다.

2004헌나1, 그리고 2016헌나1

헌법재판소 출입기자가 되면 가장 먼저 배우는 일이 사건번호를 분류하는 것이다. 2004헌나1. 암호 같은 이 조합이 무엇을 의미하는지 몰라서 선배에게 크게 혼났던 기억이 있다. 맨 앞의 숫자 네 자리는 접수된 연도를 뜻한다. '헌나'는 탄핵심판 사건을 의미하는 고유 부호이다. 참고로 '헌가'는 위헌법률심판을, '헌다'는 정당해산심판을, '헌라'는 권한쟁의심판을 의미한다. 헌법소원은 '헌마'와 '헌바'로, 각종 신청사건은 '헌사', 각종 특별사건은 '헌아'로 나타낸다. 그 뒤에 붙는 숫자는 그해 접수된 동종 사건 중 몇 번째인가를 말한다. 따라서 2004헌나1은 2004년 헌재에 들어온 첫 번째 탄핵 사건을 뜻한다. 그것이 바로 대통령 노무현 탄핵심판 사건이었다.

2004년 이후 '헌나'가 붙는 (특히 대통령이 피청구인이 되는) 사건을 다시 볼 일이 없을 것이라 생각했다. 대통령 탄핵심판이 사회적으로 얼마나 큰 혼란을 일으키는지 한 차례 경험했기에 후임 대통령들은 탄핵소추까지 가지 않도록 경계하고 또 경계할 것이라고 믿었다. 그러나 우리는 '헌나'가 표기된 사건을 또 맞는 불행에 처했다. 2016

헌나1. 대통령 박근혜 탄핵심판.

그러나 사상 두 번째 탄핵심판은 사건번호의 생김새 외에는 이전 사건과 모든 것이 달랐다. 탄핵소추의 사유가 극명하게 달랐다. 민심의 방향도 달랐다. 같은 광화문 광장에서 촛불집회가 열렸지만 국민은 정반대의 구호를 외쳤다. 그리고 헌법재판소의 결론 역시 정반대였다. 2004년 5월 14일 "이 사건 심판 청구를 기각한다." 2017년 3월 10일 "피청구인 대통령 박근혜를 파면한다." 우리 헌법은 10여 년을 사이에 두고 두 번의 갈림길을 보여줬다. 모든 역사는 교훈을 남긴다. 두 차례 탄핵심판을 경험한 우리는 이제 미래의 대통령에게 묻는다. 당신에게 헌법은 무엇인가. 그리고 당신은 헌법을 어떻게 수호할 것인가. 분명한 것은, 우리 국민 모두 다시는 '헌나'가 붙는 사건이 생기지 않기를 바란다는 점이다.

2016헌나1 박근혜 대통령 탄핵심판 결정요지 전문

지금부터 2016헌나1 대통령 박근혜 탄핵사건에 대한 선고를 시작하겠습니다. 선고에 앞서 이 사건의 진행 경과에 관하여 말씀드리겠습니다. 저희 재판관들은 지난 90여 일 동안 이 사건을 공정하고 신속하게 해결하기 위하여 온 힘을 다하여 왔습니다. 지금까지 대한민국 국민들께서도 저희 재판부와 마찬가지로 많은 번민과 고뇌의 시간을 보내셨으리라 생각합니다.

저희 재판관들은 이 사건이 재판소에 접수된 지난해 12월 9일 이후 오늘까지 휴일을 제외한 60여 일간 매일 재판관 평의를 진행하였습니다. 재판 과정 중 이루어진 모든 진행 및 결정에 재판관 전원의 논의를 거치지 않은 사항은 없습니다.

저희는 그간 세 차례의 준비기일과 열일곱 차례에 걸친 변론기일을 열었습니다. 그 과정에서 청구인 측 증거인 갑 제174호증에 이르는 서증과 열두 명의 증인, 5건의 문서송부촉탁결정 및 1건의 사실조회결정, 피청구인 측 증거인 을 제60호증에 이르는 서증과 열일곱 명의 증인(안○범 중복하면 17명), 6건의 문서송부촉탁결정 및 68건의 사실조회결정을 통한 증거 조사를 하였으며 소추위원과 양쪽

대리인들의 변론을 경청하였습니다.

증거 조사된 자료는 4만 8000여 쪽에 달하며, 당사자 이외의 분들이 제출한 탄원서 등의 자료들도 40박스의 분량에 이릅니다. 대한민국 국민 모두 아시다시피, 헌법은 대통령을 포함한 모든 국가기관의 존립 근거이고, 국민은 그러한 헌법을 만들어내는 힘의 원천입니다. 재판부는 이 점을 깊이 인식하면서, 역사의 법정 앞에 서게 된 당사자의 심정으로 이 선고에 임하고자 합니다.

저희 재판부는 국민들로부터 부여받은 권한에 따라 이루어지는 오늘의 이 선고가 더 이상의 국론 분열과 혼란을 종식시키고, 화합과 치유의 길로 나아가는 밑거름이 되기를 바랍니다. 또한, 어떤 경우에도 법치주의는 흔들려서는 안 될, 우리 모두가 함께 지켜가야 할 가치라고 생각합니다.

지금부터 선고를 시작하겠습니다. 먼저, 이 사건 탄핵소추안의 가결 절차와 관련하여 흠결이 있는지 살펴보겠습니다. 소추의결서에 기재된 소추 사실이 구체적으로 특정되지 아니하였다는 점에 대하여 보겠습니다. 헌법상 탄핵소추 사유는 공무원이 그 직무 집행에서 헌법이나 법률을 위배한 사실이고, 여기서 법률은 형사법에 한정되지 않습니다. 그리고 탄핵 결정은 대상자를 공직으로부터 파면하는 것이지 형사상 책임을 묻는 것은 아닙니다. 따라서 피청구인이 방어권을 행사할 수 있고 심판 대상을 확정할 수 있을 정도로 사실 관계를 기재하면 됩니다. 이 사건 소추의결서의 헌법 위배 행위 부분이 분명하게 유형별로 구분되지 않은 측면이 없지 않지만, 법률 위배 행위 부분과 종합하여 보면 소추 사유를 특정할 수 있습니다.

다음으로, 이 사건 탄핵소추안을 의결할 당시 국회 법사위의 조사도 없이 공소장과 신문 기사 정도만 증거로 제시되었다는 점에 대하여 보겠습니다. 국회의 의사절차의 자율권은 권력분립의 원칙상 존중되어야 합니다. 국회법에 의하더라도 탄핵소추 발의 시 사유 조사 여부는 국회의 재량으로 규정하고 있으므로 그 의결이 헌법이나 법률을 위배한 것이라고 볼 수 없습니다.

다음 이 사건 소추의결이 아무런 토론 없이 진행되었다는 점에 관하여 보겠습니다. 의결 당시 상황을 살펴보면, 토론 없이 표결이 이루어진 것은 사실이나, 국회법상 반드시 토론을 거쳐야 한다는 규정은 없고 미리 찬성 또는 반대의 뜻을 국회의장에게 통지하고 토론할 수는 있습니다. 그런데 당시 토론을 희망한 의원은 한 사람도 없었으며, 국회의장이 토론을 희망하는데 못 하게 한 사실도 없었습니다.

탄핵사유는 개별 사유별로 의결 절차를 거쳐야 함에도 여러 개 탄핵 사유 전체에 대하여 일괄하여 의결한 것은 위법하다는 점에 관하여 보겠습니다. 소추 사유가 여러 개 있을 경우 사유별로 표결할 것인지, 여러 사유를 하나의 소추안으로 표결할 것인지는 소추안을 발의하는 국회의원의 자유로운 의사에 달린 것이고, 표결 방법에 관한 어떠한 명문 규정도 없습니다.

8인 재판관에 의한 선고가 9인으로 구성된 재판부로부터 공정한 재판을 받을 권리를 침해하였다는 점에 관하여 살펴보겠습니다. 헌법재판소는 헌법상 아홉 명의 재판관으로 구성되어 있습니다. 그런데 현실적으로 재판관의 공무상 출장이나 질병 또는 재판관 퇴임 이후 후임재판관 임명까지 사이의 공백 등 여러 가지 사유로 일부 재판관이 재판에 관여할 수 없는 경우는 발생할 수밖에 없습니다. 헌법과 법률에서는 이러한 경우에 대비한 규정을 마련해놓고 있습니다.

탄핵의 결정을 할 때에는 재판관 6인 이상의 찬성이 있어야 하고, 재판관 7인 이상의 출석으로 사건을 심리한다고 규정하고 있습니다. 아홉 명의 재판관이 모두 참석한 상태에서 재판을 할 수 있을 때까지 기다려야 한다는 주장은, 현재와 같이 대통령 권한대행이 헌법재판소장을 임명할 수 있는지 논란이 되고 있는 상황에서는 결국 심리를 하지 말라는 주장으로서, 탄핵소추로 인한 대통령의 권한 정지 상태라는 헌정 위기 상황을 그대로 방치하는 결과가 됩니다. 여덟 명의 재판관으로 이 사건을 심리하여 결정하는 데 헌법과 법률상 아무런 문제가 없는 이상 헌법재판소로서는 헌정 위기 상황을 계속해서 방치할 수는 없습니다. 그렇다면 국회의 탄핵소추 가결 절차에 헌법이나 법률을 위배한 위법이 없으며, 다른 적법요건에 어떠한 흠결도 없습니다.

이제 탄핵사유에 관하여 살펴보겠습니다. 우선 탄핵 사유별로 피청구인의 직무 집행에 있어 헌법이나 법률을 위배하였는지 살펴보겠습니다. 공무원 임면권을 남용하여 직업공무원제도의 본질을 침해하였다는 점에 관하여 보겠습니다. 문화체육관광부 노 국장과 진 과장이 피청구인의 지시에 따라 문책성 인사를 당하고, 노 국장은 결국 명예퇴직하였으며, 장관이던 유○룡은 면직되었고, 대통령비서실장 김○춘이 문화체육관광부 제1차관에게 지시하여 1급 공무원 여섯 명으로부터 사직서를 제출받아 그중 세 명의 사직서가 수리된 사실은 인정됩니다. 그러나 이 사건에 나타난 증거를 종합하더라도, 피청구인이 노 국장과 진 과장이 최○원의 사익 추구에 방해가 되었기 때문에 인사를 하였다고 인정하기에는 부족하고, 유○룡이 면직된 이유나 김○춘이 여섯 명의 1급 공무원으로부터 사직서를 제출받도록 한 이유 역시 분명하지 아니합니다.

언론의 자유를 침해하였다는 점에 관하여 보겠습니다. 청구인은 피청구인이 압력을 행사하여 《세계일보》 사장을 해임하였다고 주장하고 있습니다. 《세계일보》가 청와대 민정수석비서관실에서 작성한 정○회 문건을 보도한 사실과, 피청구인이 이러한 보도에 대하여 청와대 문건의 외부 유출은 국기문란 행위이고 검찰이 철저하게 수사해서 진실을 밝혀야 한다고 하며 문건 유출을 비난한 사실은 인정됩니다. 그러나 이 사건에 나타난 모든 증거를 종합하더라도《세계일보》에 구체적으로 누가 압력을 행사하였는지 분명하지 않고 피청구인이 관여하였다고 인정할 만한 증거는 없습니다.

다음 세월호 사건에 관한 생명권 보호의무와 직책성실의무 위반의 점에 관하여 보겠습니다. 2014년 4월 16일 세월호가 침몰하여 304명이 희생되는 참사가 발생하였습니다. 당시 피청구인은 관저에 머물러 있었습니다. 헌법은 국가는 개인이 가지는 불가침의 기본적 인권을 확인하고 이를 보장할 의무를 진다고 규정하고 있습니다. 세월호 침몰 사건은 모든 국민들에게 큰 충격과 고통을 안겨준 참사라는 점에서 어떠한 말로도 희생자들을 위로하기에는 부족할 것입니다. 피청구인은 국가가 국민의 생명과 신체의 안전 보호의무를 충실하게 이행할 수 있도록 권한을 행사하고 직책을 수행하여야 하는 의무를 부담합니다.

그러나 국민의 생명이 위협받는 재난 상황이 발생하였다고 하여 피청구인이 직접 구조 활동에 참여하여야 하는 등 구체적이고 특정한 행위의무까지 바로 발생한다고 보기는 어렵습니다. 또한, 피청구인은 헌법상 대통령으로서의 직책을 성실히 수행할 의무를 부담하고 있습니다. 그런데 성실의 개념은 상대적이고 추상적이어서 성실한 직책수행의무와 같은 추상적 의무 규정의 위반을 이유로 탄핵소추를 하는 것은 어려운 점이 있습니다.

헌법재판소는 이미, 대통령의 성실한 직책수행의무는 규범적으로 그 이행이 관철될 수 없으므로 원칙적으로 사법적 판단의 대상이 될 수 없어, 정치적 무능력이나 정책 결정상의 잘못 등 직책 수행의 성실성 여부는 그 자체로는 소추 사유가 될 수 없다고 하였습니다. 세월호 사고는 참혹하기 그지없으나, 세월호 참사 당일 피청구인이 직책을 성실히 수행하였는지 여부는 탄핵심판 절차의 판단 대상이 되지 아니한다고 할 것입니다.

지금부터는 피청구인의 최○원에 대한 국정 개입 허용과 권한 남용에 관하여 살펴보겠습니다. 피청구인에게 보고되는 서류는 대부분 부속비서관 정○성이 피청구인에게 전달하였는데, 정○성은 2013년 1월경부터 2016년 4월경까지 각종 인사 자료, 국무회의 자료, 대통령 해외 순방 일정과 미국 국무부장관 접견 자료 등 공무상 비밀을 담고 있는 문건을 최○원에게 전달하였습니다. 최○원은 그 문건을 보고 이에 관한 의견을 주거나 내용을 수정하기도 하였고, 피청구인의 일정을 조정하는 등 직무 활동에 관여하기도 하였습니다. 또한, 최○원은 공직 후보자를 추천하기도 하였는데, 그중 일부는 최○원의 이권 추구를 도왔습니다.

피청구인은 최○원으로부터 케이디코퍼레이션이라는 자동차 부품회사의 대기업 납품을 부탁받고 안○범을 시켜 현대자동차그룹에 거래를 부탁하였습니다. 피청구인은 안○범에게 문화와 체육 관련 재단법인을 설립하라는 지시를 하여, 대기업들로부터 486억 원을 출연받아 재단법인 미르, 288억 원을 출연받아 재단법인 케이스포츠를 설립하게 하였습니다. 그러나 두 재단법인의 임직원 임면, 사업 추진, 자금 집행, 업무 지시 등 운영에 관한 의사결정은 피청구인과 최○원이 하였고, 재단법인에 출연한 기업들은 전혀 관여하지 못했습니다.

최○원은 미르가 설립되기 직전에 광고회사인 플레이그라운드를 설립하여 운영했습니다. 최○원은 자신이 추천한 임원을 통해 미르를 장악하고 자신의 회사인 플레이그라운드와 용역계약을 체결하도록 하여 이익을 취하였습니다. 그리고 최○원의 요청에 따라, 피청구인은 안○범을 통해 케이티에 특정인 두 명을 채용하게 한 뒤 광고 관련 업무를 담당하도록 요구하였습니다. 그 뒤 플레이그라운드는 케이티의 광고대행사로 선정되어 케이티로부터 68억여 원에 이르는 광고를 수주했습니다. 또 안○범은 피청구인 지시로 현대자동차그룹에 플레이그라운드 소개 자료를 전달했고, 현대와 기아자동차는 신생 광고회사인 플레이그라운드에 9억여 원에 달하는 광고를 발주했습니다.

한편, 최○원은 케이스포츠 설립 하루 전에 더블루케이를 설립하여 운영했습니다. 최○원은 노○일과 박○영을 케이스포츠의 직원으로 채용하여 더블루케이와 업무협약을 체결하도록 했습니다. 피청구인은 안○범을 통하여 그랜드코리아레저와 포스코가 스포츠팀을 창단하도록 하고 더블루케이가 스포츠팀의 소속 선수 에이전트나 운영을 맡기도록 하였습니다. 최○원은 문화체육관광부 제2차관 김○을 통해 지역 스포츠클럽 전면 개편에 대한 문화체육관광부 내부 문건을 전달받아, 케이스포츠가 이에 관여하여 더블루케이가 이득을 취할 방안을 마련했습니다. 또 피청구인은 롯데그룹 회장을 독대하여 5대 거점 체육인재 육성 사업과 관련해 하남시에 체육시설을 건립하려고 하니 자금을 지원해달라고 요구하여 롯데는 케이스포츠에 70억 원을 송금했습니다.

다음으로 피청구인의 이러한 행위가 헌법과 법률에 위배되는지를 보겠습니다. 헌법은 공무원을 '국민 전체에 대한 봉사자'로 규정하여 공무원의 공익실현의무를 천명하고 있고, 이 의무는 국가공무원법과 공직자윤리법 등을 통해 구체화되고 있습니다. 피청구인의 행위는 최○원의 이익을 위해 대통령의 지위와 권한을 남용한 것으로서 공정한 직무수행이라고 할 수 없으며, 헌법, 국가공무원법, 공직자윤리법 등을 위배한 것입니다.

또한, 재단법인 미르와 케이스포츠의 설립, 최○원의 이권 개입에 직간접적으로 도움을 준 피청구인의 행위는 기업의 재산권을 침해하였을 뿐만 아니라, 기업 경영의 자유를 침해한 것입니다. 그리고 피청구인의 지시 또는 방치에 따라 직무상 비밀에 해당하는 많은 문건이 최○원에게 유출된 점은 국가공무원법의 비밀엄수의무를 위배한 것입니다.

지금까지 살펴본 피청구인의 법 위반 행위가 피청구인을 파면할 만큼 중대한 것인지에 관하여 보겠습니다. 대통령은 헌법과 법률에 따라 권한을 행사하여야 함은 물론, 공무 수행은 투명하게 공개하여 국민의 평가를 받아야 합니다. 그런데 피청구인은 최○원의 국정 개입 사실을 철저히 숨겼고, 그에 관한 의혹이 제기될 때마다 이를 부인하며 오히려 의혹 제기를 비난하였습니다. 이로 인해 국회 등 헌법기관에 의한 견제나 언론에 의한 감시 장치가 제대로 작동될 수 없었습니다.

또한, 피청구인은 미르와 케이스포츠 설립, 플레이그라운드와 더블루케이 및 케이디코퍼레이션 지원 등과 같은 최○원의 사익 추구에 관여하고 지원하였습니다.

피청구인의 헌법과 법률 위배 행위는 재임 기간 전반에 걸쳐 지속적으로 이루어졌고, 국회와 언론의 지적에도 불구하고 오히려 사실을 은폐하고 관련자를 단속해왔습니다. 그 결과 피청구인의 지시에 따른 안○범, 김○, 정○성 등이 부패 범죄 혐의로 구속 기소되는 중대한 사태에 이르렀습니다. 이러한 피청구인의 위헌·위법 행위는 대의민주제 원리와 법치주의 정신을 훼손한 것입니다.

한편, 피청구인은 대국민 담화에서 진상 규명에 최대한 협조하겠다고 하였으나 정작 검찰과 특별검사의 조사에 응하지 않았고, 청와대에 대한 압수수색도 거부하였습니다. 이 사건 소추 사유와 관련한 피청구인의 일련의 언행을 보면, 법 위배 행위가 반복되지 않도록 할 헌법 수호 의지가 드러나지 않습니다.

결국 피청구인의 위헌·위법행위는 국민의 신임을 배반한 것으로 헌법 수호의 관점에서 용납될 수 없는 중대한 법 위배 행위라고 보아야 합니다. 피청구인의 법 위배 행위가 헌법 질서에 미치는 부정적 영향과 파급효과가 중대하므로, 피청구인을 파면함으로써 얻는 헌법 수호의 이익이 압도적으로 크다고 할 것입니다. 이에 재판관 전원의 일치된 의견으로 주문을 선고합니다.

주문 피청구인 대통령 박근혜를 파면한다.

이 결정에는 재판관 김이수, 이진성, 안창호의 보충 의견이 있습니다. 이 결정에는 세월호 참사 관련하여 피청구인은 생명권 보호 의무를 위반하지는 않았지만, 헌법상 성실한 직책수행의무 및 국가공무원법상 성실의무를 위반하였고, 다만 그러한 사유만으로는 파면 사유를 구성하기 어렵다는 재판관 김이수, 재판관 이진성의 보충 의견이 있습니다. 그 취지는 피청구인의 생명권 보호의무 위반을 인정하지 못하는 것은 법정 의견과 같고, 피청구인이 헌법상 대통령의 성실한 직책수행의무 및 국가공무원법상 성실의무를 위반하였으나 이 사유만으로는 파면 사유를 구성하기 어렵지만, 미래의 대통령들이 국가위기 상황에서 직무를 불성실하게 수행하여도 무방하다는 그릇된 인식이 우리의 유산으로 남겨져 수많은 국민의 생명과 안전이 상실되는 불행한 일이 반복되어서는 안 되겠기에 피청구인의 성실한 직책수행의무 위반을 지적한다는 내용입니다.

또한, 이 사건 탄핵심판은 보수와 진보라는 이념의 문제가 아니라 헌법 질서를 수호하는 문제로 정치적 폐습을 청산하기 위하여 파면 결정을 할 수밖에 없다는 재판관 안창호의 보충 의견이 있습니다.

이것으로 선고를 마칩니다.

2013

2월 25일
박근혜 대통령
취임

2014

4월 16일
세월호 참사

11월
비선실세(정윤회)
국정개입 의혹

10월 19일
JTBC,
'최순실 연설문
수정' 보도

10월 5일
검찰,
미르·K재단
형사8부 배당

9월 28일
교문위 국감.
이대 정유라
특혜 의혹 증폭

9월 26일
국회 국정감사
시작,
최순실 게이트
본격 점화

9월 20일
《한겨레》,
K스포츠재단 의혹
보도 시작

10월 24일
박 대통령,
국회 시정연설서
'개헌 추진' 발언

JTBC,
'최순실 태블릿 PC'
보도

10월 25일
박 대통령, 1차 대국민
담화. 연설문 유출 등
일부 인정

10월 29일
검찰,
청와대
압수수색 실패

1차 촛불집회

10월 30일
해외 체류
최순실, 귀국

10월 31일
검찰, 최순실
긴급 체포

2017

1월 1일
박 대통령,
출입기자단 신년
인사회에서
탄핵소추 사유
전면 부인

12월 21일
박영수
특검팀 수사
착수

12월 18일
대통령 측,
헌재에 답변서
제출

12월 11일
헌재, 강일원
재판관 주심 배당.
탄핵심판 시작

1월 10일
대통령 측, '세월호
7시간' 답변서
제출. 헌재, 보완
요청

1월 31일
박한철 헌재소장
퇴임

2월 3일
특검, 청와대
압수수색 실패

2월 17일
이재용 삼성전자
부회장 구속

2월 27일
탄핵심판
최종변론기일

부록 2

박근혜·최순실 게이트 주요 타임라인

2015

5월
메르스 사태

10월 12일
역사교과서
국정화 결정

11월 14일
(노동입법 반대 등)
민중총궐기

12월 28일
한-일, 일본군
'위안부' 합의 발표

2016

9월 초
이대 학생들,
최경희 총장 사퇴 시위
및 이대 감사 요구

7월 30일
경찰의 이화여대
본관 점거농성
과잉진압

7월 26일
TV조선,
미르재단 의혹
보도 시작

7월 18일
《조선일보》,
우병우 의혹 보도
시작

4월 13일
20대 총선,
새누리당 참패,
여소야대

11월 4일
박 대통령 2차 대국민
담화. 검찰 조사 및
특검 수용 발표

11월 12일
3차 촛불집회
연인원 106만 명 기록.
법원, 청와대 인근
행진 허용

11월 20일
최순실·안종범·정호성
일괄 구속기소. 대통령
피의자로 입건

11월 29일
박 대통령
3차 대국민 담화,
"진퇴 문제 국회
결정에 맡기겠다."

12월 9일
박 대통령,
탄핵소추안 가결

황교안 대행 체제 시작

12월 6일
최순실 국정농단
청문회 시작

12월 3일
국회,
박 대통령
탄핵소추안
발의

11월 30일
박 대통령,
박영수 특검 임명

2월 28일
특검 연장 실패.
수사 종료

3월 4일
19차 촛불집회. 집회 측
추산 누적인원 1500만
명 기록

3월 6일
특검, 수사
결과 발표

3월 10일
박근혜 대통령
탄핵 인용.
대통령 파면

사진 출처   p.24 국회 미디어담당관실 / p.41 ©한국일보 / p.45 경향신문사, 민주화운동기념사업회 제공 / p.97 © 연합뉴스 / p.102 ©최윤석 / p.105 e영상역사관 제공 / p.112 ©뉴시스 / p.138 e영상역사관 제공 / p.144 ©연합뉴스 / p.150 ©최윤석 / p.165 ©연합뉴스 / p.190 (좌) ©시사IN, (우) ©연합뉴스 / p.196 문화재청 제공 / p.209 ©뉴시스 / p.217 ©연합뉴스 / p.220 ©연합뉴스 / p.227 ©포커스뉴스 / p.249 ©연합뉴스 / p.261 ©오마이뉴스 / p.272 ©뉴시스 / p.322 ©연합뉴스

탄핵,
헌법으로
체크하다

1판 1쇄 찍음 2017년 3월 29일

1판 1쇄 펴냄 2017년 4월 5일

지은이 JTBC 팩트체커 오대영 기자 외

펴낸이 박상준

펴낸곳 반비

출판등록 1997. 3. 24.(제16-1444호)

(우)06027 서울특별시 강남구 도산대로1길 62

대표전화 515-2000, 팩시밀리 515-2007

편집부 517-4263, 팩시밀리 514-2329

ISBN 9978-89-8371-833-4 03300

반비는 민음사 출판 그룹의 인문·교양 브랜드입니다.